Neue

Porträts

in Frage und Antwort

Günter Gaus

im Gespräch mit

Heinrich Fink

Wolfgang Thierse

Volker Braun

Hans-Jochen Vogel

Wolfgang Ullmann

Stefanie Spira

Regine Hildebrandt

Angela Merkel

Joachim Gauck

Hans Bentzien

Verlag Volk und Welt

Berlin

Die Deutsche Bibliothek – CIP-Einheitsaufnahme

Neue Porträts in Frage und Antwort: Günter Gaus im Gespräch mit Heinrich Fink, Wolfgang Thierse, Volker Braun, Hans-Jochen Vogel, Wolfgang Ullmann, Steffi Spira, Regine Hildebrandt, Angela Merkel, Joachim Gauck, Hans Bentzien. – Berlin: Verl. Volk und Welt, 1992
ISBN 3-353-00891-8
NE: Gaus, Günter; Porträts

Einbandentwurf: Lothar Reher
Gesetzt aus der Garamond, Linotype
Satz: deutsch-türkischer fotosatz, Berlin
Druck- und Bindearbeiten: Grafischer Großbetrieb Pößneck GmbH
Ein Mohndruck-Betrieb
Printed in Germany
ISBN 3-353-00891-8

Inhalt

Vorwort

Günter Gaus bin ich seit langem verbunden. Ich denke an seine Tätigkeit als erster Vertreter der Bundesregierung in der DDR. Er hat mir – ich war Vorsitzender im Bund der Evangelischen Kirchen in der DDR – entscheidend dazu geholfen, die Politik seiner Regierung zu verstehen. Sorgfältig hat er darauf gehört, was wir, Bürger, Christen in der DDR, zu sagen hatten. Man muß das heute hervorheben. Seine besondere Gabe ist es, auch leise Töne aufzunehmen, die in der lauten Politik leicht überhört oder unterdrückt werden. Ein Höhepunkt unserer Begegnungen war jener Märzabend 1980, an dem er den Vorsitzenden des (westdeutschen) Rates der Evangelischen Kirche in Deutschland, Landesbischof Lohse aus Hannover, mit dem DDR-Staatssekretär für Kirchenfragen, Klaus Gysi, und uns Vertretern des Bundes der Evangelischen Kirchen in der DDR in seiner Residenz in Pankow zu einer Diskussionsrunde zusammengebracht hat. Der Tag war für uns Kirchenleute besonders wichtig, weil der Staatssekretär für Kirchenfragen D. Lohse und mich das erste Mal offiziell zusammen empfangen hatte. Damit hatte der DDR-Staat nach elfjährigem, zeitweise heftigem Kampf endlich unser Bemühen anerkannt, an der »besonderen Gemeinschaft« mit den Kirchen der Bundesrepublik festzuhalten, die uns Deutsche trotz Zweistaatlichkeit und Mauer verband.

Das Zweite, woran ich mich gern erinnere, ist das Fernsehgespräch, das Günter Gaus mit mir im Jahre 1984 geführt hat, nachdem er in diesem Genre lange pausiert hatte. Das Arrangement war das übliche: Der Porträtierte (einschließlich seiner Hände) voll im Bild; von dem Interviewer nur der »berühmteste Hinterkopf Deutschlands« sichtbar. Was steckt in diesem Hinterkopf! Sorgfältige Recherchen werden in solche Fragen umgesetzt, die den Befragten nicht in Zwangslagen bringen, sondern ihn im Gegenteil freimachen, sich im wörtlichen Sinne zu »äußern«, also das Innere bloßzulegen, ohne dabei wirkliche Tabus zu verletzen. Der Interviewer kann »pro-vozierend« (auf deutsch: »herausrufend«) fragen, auch – eigentlich unpädagogisch – ein Ja oder Nein fordern. Sein spezielles Kunstmittel: Er gibt die Fragen, die er stellen will, nicht vorher bekannt. So bleibt das Gespräch offen und der Befragte kann sich nicht rechtzeitig mit spanischen Wänden versehen, hinter denen er sich versteckt. Versteckspiele duldet Günter Gaus nicht. Nebenbei: Günter Gaus »schönt« auch nicht. Das Gespräch wird ohne jeden Schnitt gesendet. Dabei wäre es unsinnig, obwohl »Zur Person« einen forensischen Tonfall hat, von einem Verhör zu sprechen. Der Frager will ein freies Gespräch unter freien Menschen, die keine Angst haben um ihrer selbst- oder mediengeschneidertes Image. Darum verbirgt er sich selber auch nicht, sondern läßt in seinen Fragen deutlich genug spüren, wie er selber denkt.

Gaus' Gesprächen ist eine Tugend eigen, die – nicht nur heutzutage – selten ist. Er sorgt dafür, daß Pauschalaussagen und noch mehr Pauschalurteile vermieden oder zerstört werden. Seine Interviews sind keine Holzschnitte, sondern eher Kaltnadelradierungen. Die Partner pflegen, wenn es nach Gaus geht, sehr differenziert miteinander zu sprechen. Darum erreichen diese Interviews wohl nicht gerade traumhafte Einschaltquoten. Aber sie sind Zeugnisse einer seltenen und kostbaren politischen Kultur.

Besonders wichtig ist mir heute, daß Gaus die Befragten auch zu Bekenntnissen eigner Schwachheit und eigner Fehler ermutigt. Das wirkt nicht peinlich, nicht moralisierend, aber ist ungemein menschlich. Seine Erzählung mit dem skurrilen Titel »Wendewut« (1990) ist ein hervorragendes Beispiel für diese Tugend. Dort ist von einem Menschenrecht auf Unauffälligkeit die Rede, von materieller und ideeler Überforderung des einfachen Menschen in den Bedrückungen des vergangenen Systems. Weder heroisiert Gaus den Widerstand gegen das SED-Regime, noch macht er den Schwachen, den Mitläufer, madig.

So tut Gaus mit seinen Porträts uns Deutschen heute einen großen Dienst: Indem er zeitprägende Persönlichkeiten, ihre Ziele, ihre Visionen, ihre Urteile, ihre Kritik, auch an sich selbst, vorstellt, leistet er Erhebliches zum Verarbeiten der Vergangenheit, zum Erkennen der Gegenwart und damit zum Gewinnen der Zukunft. Ich wünsche dieser neuen Sammlung der Porträts viele hörbereite und urteilswillige Leser.

Januar 1992 Albrecht Schönherr

Heinrich Fink

Gespräch vom 5. Februar 1991

Mein heutiger Interviewpartner ist Heinrich Fink. Jahrgang 1935, evangelischer Theologieprofessor, Magnifizenz, Rektor der Humboldt-Universität in Ostberlin. Er steht im Konflikt zwischen einer vom Staat vorgegebenen Abwicklung der meisten geisteswissenschaftlichen Fächer an der Humboldt-Universität zur Liquidierung des alten Regimes und der von ihm gewünschten Erneuerung aus eigener Kraft. Aus welchen Gründen kämpft er diesen Kampf? Sehen Sie zur Person: Heinrich Fink.

Herr Professor Fink, in einem Gespräch haben Sie unlängst gesagt, daß die Menschen in der damaligen DDR im Herbst 1989 öffentlich auf Plätzen von ihrer Befreiung geredet, sich gegenseitig durch Sprache, sich durch gegenseitiges Akzeptieren befreit hätten. Dem fügten Sie dann, Herr Fink, in dem erwähnten Gespräch hinzu, ich zitiere Sie wörtlich, »allerdings habe ich nun die Befürchtung, daß wir die zweite Phase der Befreiung, die innere, nicht mehr leisten werden«. Da steckt viel drin: Befreiung durch Sprache, durch Miteinanderreden, durch gegenseitiges Akzeptieren – womit ja wohl die Täter-, Opfer-, Mitläuferproblematik angesprochen ist – und die Skepsis, ob die zweite Phase, die innere Befreiung, noch geleistet werden könnte. Was läßt Sie zweifeln, Herr Professor Fink?

Mich läßt zweifeln, daß Menschen mit Sprache nicht mehr so umgehen, wie sie im Oktober vorvergangenen Jahres umgegangen sind. Ich hab natürlich das Bild in Erinnerung am 29. Oktober 1989 vor dem Roten Rathaus. Eine große Menge Menschen, die kein Referat, die keinen Vortrag hören wollten, sondern die einfach reden wollten, die sich auch nicht gescheut haben, mit dem, was sie bedrückt, jetzt auf die Straße zu gehen, um sich öffentlich zu artikulieren. Es war der Stau plötzlich gebrochen. Der Stau, miteinander nicht mehr reden zu können, und das bewegt mich jetzt: Warum ist das verstummt? Es waren andere große Veranstaltungen, die Menschen bewegt haben, mit dem, was sie erlebt haben, auf einmal öffentlich umzugehen. Mich hat damals sehr bewegt, daß Menschen die Öffentlichkeit gesucht haben und aus ihren Kammern und aus ihren entsprechenden Wohnungen herausgegangen sind, mit dem andere bekanntzumachen, was sie bedrückt hat. Das habe ich als eine ganz große Befreiung erlebt. Ich fürchte, daß die Freiheit, die wir damals gewonnen haben, nämlich mit dem einzigen Instrumentarium, was Menschen haben, sich mitzuteilen, zu erzählen, zu berichten, zu sprechen, daß dieses verstummt ist dadurch, daß Menschen heute schon wieder reflektieren: Was denkt der andere, wenn ich das sage, was könnte er vermuten, wenn ich dieses oder jenes ihm aus der Zeit meiner letzten Jahre berichte? Daß man nicht mehr ungeniert redet, daß man nicht mehr unreflektiert redet, daß man nicht mehr frei redet.

Der Konflikt, in dem Sie derzeit als Rektor der Ostberliner Humboldt-Universität stehen – sogenannte Abwicklung ideologisch belasteter Studienbereiche durch Eingriffe von außerhalb oder Selbsterneuerung der Universität aus eigener Kraft –, ist dieser Konflikt für Sie auch ein Konflikt um die Vollendung der Befreiung, um das Gewinnen der inneren Befreiung?

Ja, ich hoffe, daß es uns gelingt, mit dem, was im Augenblick sich an der Universität ereignet, deutlich zu machen, daß es unser Auftrag ist, diese Universität mit all den Altlasten, die alle uns bewußt sind, selbst fertig zu werden, nicht ohne Hilfe von außen, sondern daß Kolleginnen und Kollegen uns fragen, wissen wollen: wie habt ihr das und jenes damals, als ihr dieses und das geschrieben habt, gedacht, und nicht urteilen über Literatur, über Situationen, über Ereignisse auch in der Universität, ohne wissen zu wollen, was wir selbst dazu gesagt haben. Also ich wehre mich gegen die, die von außen kommen und über uns urteilen, ohne die Zusammenhänge wirklich zu wissen. Das braucht Zeit. Abwickeln ist ein sehr autoritärer Begriff, Abwickeln ist auch ein sehr autoritäres Vorgehen. Ich möchte gerne, daß ich mit einbezogen werde. Ich schätze die Autorität von außen, achte die Autorität von außen, aber ich möchte nicht, daß man nicht mehr nach der Sache fragt, sondern autoritär schon auf uns einwirkt.

Abwicklung nach staatlicher Vorgabe heißt, verkürzt gesagt, pauschale Entlassung der alten Lehrkörper in den meisten geistes- und gesellschaftswissenschaftlichen Studienbereichen der ehemaligen DDR-Universität. Wie wollen Sie Ihr Konzept – das der Erneuerung aus eigener Kraft mit Hilfe von außen, aber nicht Abwicklung mit staatlicher Vorgabe –, wie wollen Sie Ihr Konzept praktisch realisieren?

Es gibt taktische Vorschläge, übrigens sind die von Studenten gekommen. Die Studenten haben in unser Konzil ein Konzept eingebracht, nämlich in der Weise, daß aus jedem Fachbereich vier Professoren, drei Kollegen aus dem Mittelbau, drei Studenten und ein Kollege aus den technischen Angestellten eine Struktur in Personalkommission bilden und dann vier Kollegen aus der Bundesrepublik dazukommen und diese vier Kollegen mit Sachverstand uns helfen, die Strukturen zu verändern, und uns helfen, auch über uns selbst nachzudenken. In diesem Konzept steckt natürlich der Wunsch, daß wir sehr vieles selbst leisten können, aber ist auch die Bitte, von außen uns zu helfen. Und dieses ist natürlich ein Konzept, was sehr viel Zeit kostet und was auch Menschen befreit, zu ihrer eigenen Geschichte zu stehen. Das Konzept der Abwicklung ist ein geschichtsloses Konzept, es gibt den Menschen nicht die Möglichkeit, sich zu entscheiden, und ist auch ein Konzept des Rasenmähers, es ist ein Konzept des Rasierapparates, es ist kein differenziertes Konzept, das nach Gerechtigkeit fragt. In der ganzen Universität sollten wir nach Erneuerung fragen, sowohl in den geistes-, als auch in den naturwissenschaftlichen Fachbereichen.

Ihr Konzept klingt gut, edel und basisdemokratisch. Aber kann es funktionieren? Ihre Kritiker, Herr Professor Fink, halten Ihnen entgegen, daß faktisch seit Monaten nichts Nennenswertes geschehen sei an der Universität, die Selbsterneuerung auf der Stelle trete und zu einer Schutzbehauptung werde, hinter der diskreditierte Professoren sich verbergen, um auf ihrem Posten bleiben zu können. Ist alles falsch, was Ihnen da entgegengehalten wird?

Es ist einiges richtig daran, es ist auch richtig, daß es langsam geht, es ist allerdings falsch, daß sich nichts verändert hat. Ich möchte gerne, daß Menschen, die sich von uns verabschieden – und es haben sich schon eine ganze Reihe von Kolleginnen und Kollegen verabschiedet, und es werden sich auch noch weitere verabschieden –, daß die zumindest in Erkenntnis – sie sind Wissenschaftler – ihrer eigenen Fehler sich verabschieden und nicht abgewickelt werden und nicht durch ein äußeres Konzept befristet werden. Sicherlich ist das idealistisch, aber warum sollte ich das nicht sein? Getragen von dem Wunsch und von dem Willen der Studenten und auch getragen von dem Willen einiger Kollegen oder einer ganzen Reihe von Kollegen, die an dem Punkt sehen, es geht um die gesamte Erneuerung der gesamten Universität.

Die Basis Ihrer Absichten, der Idealismus, ist Gesinnungsethik. Ist es nicht vielleicht vordringlicher, Verantwortungsethik zu entwickeln, die davon ausgeht, es m u ß Personal entlassen werden, es m u ß zügig entlassen werden, damit zügig die Neustrukturierung beginnen kann?

Gesinnungsethik entbehrt nicht der Verantwortung, und ich meine, daß es schon verantwortlich ist, nicht neue Opfer zu finden, von allzu schnellen Kritikern, die dann zu Tätern werden, die mit den Opfern eigentlich reden sollten. Es m u ß entlassen werden, das ist völlig klar, deswegen bitten wir darum, daß wir kündigen können, daß mit der entsprechenden Kündigung die Lehrstühle frei werden, sie neu berufen werden können, daß die Möglichkeit auch besteht, daß Kolleginnen und Kollegen aus der Humboldt-Universität sich wieder auf diese Lehrstühle bewerben können... *das wird nicht ausgeschlossen...* das wird nicht ausgeschlossen, aber es ist natürlich günstiger, und es geht auch, nach meiner Meinung, gerechter zu, wenn dieses über die Kündigung passiert. Ich will mich jetzt nicht über die Methode allzusehr streiten, es geht mir natürlich auch um den Inhalt, und es geht mir darum, daß nicht nur die sogenannten geisteswissenschaftlichen Fächer abgewickelt werden, sondern daß man in die Erneuerung genauso die naturwissenschaftlichen Fächer mit einbezieht.

Stört es Ihr Gerechtigkeitsempfinden, daß Geisteswissenschaftler abgewickelt werden sollen – um dieses Wort zu benutzen –, während Naturwissenschaftler in der Regel ungeschoren davonkommen?

Es geht nicht um Scheren, sondern es geht um Gerechtigkeit... *Ja, ich frage: Stört es Ihr Gerechtigkeitsempfinden...* Es stört sehr meinen Gerechtigkeitssinn. Wenn ich so meine Kollegen aus den Geisteswissenschaften ansehe, weiß ich natürlich, wo Ideologie gemacht wurde, ich weiß aber auch, daß es an der Universität keinen Fachbereich gibt, der nicht ideologisch war. Dieses ist eine Illusion, uns zu sagen... *Sie sagen, Chemie ist Chemie, ist falsch...* Ja.... *Denn auch bei der Vermittlung von Chemie spielte Anpassung ans System, ans Regime, Fördern oder Nichtfördern von Mitarbeitern eine ideologisch-parteiliche Rolle...* Sicherlich. Abgesehen davon: Bitterfeld oder Halle oder Merseburg ist doch nicht nur das Werk von Parteisekretären. Da ist doch Chemie fabriziert worden. Und da ist doch Umwelt zerstört worden. Das ist doch nicht nur eine ideologische Frage derjenigen, die die Ideologie gemacht haben, sondern es ist doch die Verantwortung der Chemiker, es ist die Verantwortung derer, die dort die Betriebe aufgebaut haben.

Sie sagen, wir wollen mit uns selber ins reine kommen, aber dieses nicht nach Fakultäten und Fachbereichen, sondern wir alle wollen mit uns selber ins reine kommen. Was, glauben Sie, ist der tiefste Grund, warum außerhalb der Universität – soweit die Universität auf Ihrer Seite steht – Ihr Konzept nicht für brauchbar angesehen wird, warum man sagt, es muß doch die Abwicklung durch staatliche Vorgabe geschehen. Was ist nach Ihrer Vermutung der tiefste Grund dafür?

Der tiefste Grund ist natürlich der rationelle Grund. Es werden Stellen frei, und es werden die Stellen frei, die natürlich auch sehr begehrt sind, es werden die Stellen frei, die natürlich Ideologie produziert haben, das gestehe ich durchaus ein, aber es wird keine Erneuerung an der Universität geben. Ich merke das jetzt in dem Prozeß, in dem wir sind. Ich glaube, daß der Opportunismus seine Blüten treibt, daß man froh ist, daß einige abgewickelt werden und die anderen sich in den Lehnstuhl zurücklehnen können – nicht alle, ich habe ganz große Hilfe und ganz große Sympathie, gerade auch aus naturwissenschaftlichen Fächern, die deutlich sagen: Es geht um uns alle, und es geht um diese Universität. Und ich denke an dem Punkt natürlich auch ein bißchen institutionell. Es geht nämlich um die Freiheit dieser Universität, und es geht auch um die Kraft dieser Universität, die sie eigentlich immer bewiesen hat.

Nun sagt man, die Universität, die Professoren, auch die Studenten waren nicht gerade die Vorreiter der Wende. Und nun also reklamieren sie in einer überaus schwierigen materiellen, aber vielleicht auch geistigen Situation diese Sonderrechte.

Es sind keine Sonderrechte... *Es sind Sonderrechte faktisch...* Nein, es sind keine Sonderrechte. Man sollte auch Menschen, die neue Erkenntnisse in ganz kurzer Zeit gewonnen haben, die auch ein ganz schlechtes Gewissen haben, daß sie nicht rechtzeitig auf die Straße gegangen sind, jetzt damit nicht depotenzieren, daß man sagt: und nun habt ihr kein Recht, sondern Veränderung und Erkenntnisse möchte ich jedem einräumen und möchte auch, daß wir darüber öffentlich diskutieren.

Am Beispiel der Humboldt-Universität, Herr Professor Fink, handeln wir hier das Thema ab: Wie sollen die Menschen ihre Verstrickung in den vergangenen vierzig Jahren bewältigen? Die Männer und Frauen, die unter den Bedingungen des beseitigten Regimes in der DDR lebten, aber auch die Westdeutschen aus dem siegreichen System. Ein Problem, das wohl noch schwieriger ist als die Herstellung des westdeutschen Wohlstands auf dem Gebiet der ehemaligen DDR. Wenn Sie einmal ein bißchen müde sind in Ihrem Kampf, skeptisch werden, wird es nicht am Ende doch darauf hinauslaufen, daß dann nicht doch auch Gesinnung bestraft wird, selbst wenn nichts Strafrechtliches damit verbunden ist? Ich lasse strafrechtlich Relevantes aus diesem Interview vollkommen heraus.

Ich möchte nicht, daß Gesinnung bestraft wird, sondern ich möchte, daß sich Gesinnung befreien kann. Ich möchte gerne, daß Menschen, die über ihre eigene Vergangenheit nachdenken, auch dieses öffentlich tun können. Dazu haben wir Ehrenkommissionen und haben Anhörungskommissionen gewählt in dieser Universität, um diese Befreiung auch institutionell zu machen.

Erhalten Sie in diesen Wochen viel denunziatorische Post, Herr Fink? Gibt es viel Zuträgerei?

Sie stellen eine Frage, die ich mir vorgenommen habe nicht öffentlich zu beantworten, aber weil Sie sie fragen: Das ist eigentlich das, was mir am meisten weh tut. Ich kriege Post von Menschen, die sich über andere beschweren – der Weg, daß sie miteinander reden, wäre der bessere Weg; ich kriege anonyme Post, wo mir Situationen geschildert werden, die ich zur Kenntnis nehme, damit allerdings nicht öffentlich arbeiten kann; ich habe sehr viele Gespräche mit Kolleginnen und Kollegen, die mir über den einen oder über den anderen berichten. Meine Bitte ist immer: Bitte, können wir nicht zusammen darüber reden? Es ist in einigen Fällen schon so gewesen, daß wir dann zu dritt oder zu viert darüber geredet haben. Ich habe doch Befürchtungen, daß es in dieser Universität einen neuen Opportunismus gibt. Ob er anonym istoder ob er mit Namen gezeichnet ist – es geht natürlich darum, daß man möglichst bei dem anderen die Fehler sieht und nicht bei sich.

Ist es, nüchtern betrachtet, nicht so, Herr Fink: Viele Menschen in der ehemaligen DDR sind arbeitslos oder werden es bald sein; sie hoffen auf den Beinen zu bleiben oder wieder auf die Beine zu kommen; sie sind nicht sehr an der geistigen Bewältigung der Vergangenheit interessiert; sie wollen, daß Schuldige, die ihnen die Medien benennen, bestraft werden, daß Diskreditierte, die sie aus ihren Betrieben und dem anderen Lebensumkreis kennen, verschwinden – auch um Plätze frei zu machen –; Sündenböcke werden gebraucht, um das Kapitel abschließen zu können. Menschlich. Wer setzt uns in Stand, darüber hochmütig zu sprechen, und wie rechtfertigen Sie, vor sich selber, unter diesen Umständen, Ihr idealistisches Festhalten an einem Minderheiteninteresse?

Ich rechtfertige es nicht, aber ich kann nicht anders. Ich möchte gerne, daß Menschen – ich kann immer wieder fast im Rondo sagen – befreit werden und Möglichkeiten kriegen, sich zu befreien von sogenannten Altlasten. Ich möchte auch gerne, daß Menschen mit Anstand scheitern können, daß sie sagen: Ich bin hier gescheitert, und ich möchte über dieses Scheitern reden. Und ich möchte nicht, daß ich das in mich hineinfresse, und indem ich das in mich hineinfresse, dann in der Tat verdränge, und irgendwann kommt das raus – und das sind dann die Probleme, wo wir uns immer noch mit Altlasten seit 1945 tragen. Wir haben doch jetzt Zeit, und wir haben doch auch Möglichkeiten, Fehler, die ehemals begangen wurden, nicht noch einmal zu begehen. Wir können doch jetzt aus den Fehlern, die offenbar 1945-46 auch an den Universitäten eine Rolle gespielt haben, die gemacht wurden – daß wir die nicht wieder machen. Und von daher möchte ich, daß die Tatsache, daß jemand mit Angst aus der Universität geht, nicht an unserer Universität passiert. Das ist idealistisch, aber ich biete das an und hoffe, daß ich an dem Punkt verstanden werde, und das habe ich nun doch in der letzten Zeit gelernt, daß, wenn es Veränderungen gibt, diese Veränderungen immer nur von Minderheiten ausgehen. Ich hoffe auf Minderheiten, die vernünftig bleiben, und ich hoffe auf Minderheiten, die klar bei Verstand bleiben.

Dasselbe Problem von einer anderen Seite angegangen: Wer sich seiner Art gemäß in Nischen zurückhaltend bewegt, sich dort aufhält überwiegend, wer opportunistisch sich anpaßt, sich duckt, allenfalls sich seinen Teil denkt, aber den verschweigt, der kommt nach aller menschlichen Erfahrung bei einem Systemwechsel besser davon als einer oder eine, die aus ihrer Überzeugung im Sinne des Systems kein Hehl gemacht haben. Selbst solche, die dem besiegten System auch nur aus Opportunismus anhängen, können, geübt, wie sie sind, meistens besser davonkommen als die ehrlich Gesinnungstreuen. Glauben Sie – gestützt auf eine Minderheit –, daß Sie dieses Menschheitsfaktum am Beispiel der DDR oder wenigstens doch der Humboldt-Universität ändern können?

Sie fragen natürlich in die Zukunft hinein. Die kann ich nicht voraussehen. Aber ich möchte gerne, daß wir die Zukunft jetzt schon vorausdenken... *An eine solche*

Zukunft, in der dieses Schema – Opportunisten kommen besser davon als Überzeugungstäter – durchbrochen wird, an eine solche Zukunft glauben Sie?... Ich glaube nicht, sondern ich hoffe auf diese Zukunft. Ich hoffe darauf, daß wir die Freiheit kriegen, nicht uns so anpassen zu müssen, daß wir an dem, was wir nicht getan haben, verzweifeln.

Sie sind evangelischer Theologe, Sie standen der DDR als einem möglichen besseren deutschen Nachkriegsmodell lange Zeit aufgeschlossen gegenüber. Daß Sie jetzt als Rektor der Humboldt-Universität so vehement gegen die pauschale Abwicklung kämpfen, hat das auch zu tun mit der selbstkritischen Einsicht, daß Sie früher, in den vergangenen vierzig Jahren, manches versäumt haben und Kompromisse mit Realitäten schlossen, was Ihnen, so, wie geschehen, niemals wieder unterlaufen soll?

Ja. Das ist meine ganz kurze Antwort darauf. Ich habe in der letzten Zeit mit vielen Menschen geredet, die mir gesagt haben: Wir haben leider vieles in der DDR nicht gemacht, von dem wir überzeugt waren, es machen zu müssen... *und es auch hätten machen können...* und es auch hätten machen können. Und das möchte ich nicht. Ich möchte gerne mir in ein oder zwei oder in zehn Jahren nicht sagen müssen, das hättest du damals machen müssen... *damals nach der Wende...* damals nach der Wende. Wir haben vieles jetzt schon nicht gemacht, oder wir erinnern uns an vieles, was wir nicht gemacht haben 1989–90, und ich möchte gerne, daß wir, wenn wir das schon nicht gemacht haben, uns darüber im klaren sind, daß wir es uns bewußtmachen, daß wir es nicht gemacht haben. Ich habe in einer zeitweiligen Kommission zur Aufdeckung der Probleme am 7. und 8. Oktober mitgearbeitet, und da ist mir das sehr deutlich geworden. Und wir sind da so eine richtige Gemeinschaft geworden mit den Menschen, die in dieser Kommission sind, und wir hatten neulich vor Weihnachten ein sehr schönes Gespräch, so eine Art Abschlußgespräch, und da wurde mir deutlich: Es muß weitergehen, nämlich in dem Blick der Veränderung ohne Opportunismus und im Blick der Möglichkeiten, eine Zukunft, die uns Freiheit gibt, zu erreichen... *Prolongieren Sie damit nicht einen sehr kurzen Traum aus dem Herbst 1989?...* Dieser Traum ist nicht kurz. Viele leben noch in dem Traum... *Für Sie ist er sehr lang. Für Sie soll er bis ans Lebensende reichen...* Ja. Ich möchte gerne, daß meine Kinder und meine Enkelkinder von diesem Traum wissen. Und ich möchte gerne, daß sie später ihrem Vater nicht sagen: Warum hast du das damals nicht gesagt, warum hast du die Universität abwickeln lassen?

Und wenn jetzt einer, dem Sie zu unbrauchbar und zu unpraktisch sind in dem, was jetzt – wie die Mehrheit vielleicht denkt – gebraucht wird, sagt: Ja, gut, jetzt willst du dir niemals mehr wieder etwas vorzuwerfen haben, warum hast du es nicht damals getan, in der DDR?

Die Frage ist berechtigt... *Hast du nicht damit das Recht verloren, das, was du jetzt tust, zu tun?...* Ich glaube, das Recht auf Veränderung hat man nie verloren. Und ich möchte da an Martin Niemöller erinnern, der mir mal gesagt hat: Es ist nie zu spät; Jesus von Nazareth hat jeden Sünder sehr schnell angenommen, wenn er bereit war, seine Sünde zu bekennen.

Sind Sie gut lutherisch gesinnt in dem Sinne, daß Sie auf nicht mehr als auf die Gnade hoffen, nichts sich von den Menschen erwarten, aber dennoch öffentlich wirken wollen?

Ich würde sagen, es ist gut reformiert. Aber wir wollen uns ja jetzt nicht über lutherisch und reformiert streiten... *Sehr schade...* Aber Sie haben mich an dem Punkt verstanden. Ich glaube, auch wenn man an Menschen enttäuscht ist, sollte man nicht länger mit diesen Enttäuschungen leben, sondern sollte man dann deutlich sagen: Hier bin ich enttäuscht, und hier möchte ich gerne, daß du mich verstehst.

Sind Sie nicht wieder in einer Nische? Wenn Sie offen sich umschauen, sehen Sie – wir sprechen nicht hier darüber, ob das berechtigt oder unberechtigt ist, ich frage nicht nach moralischen Einschätzungen, ich frage nach Fakten, und ich bin der Meinung, es ist nicht angemessen, da zu urteilen –, wenn Sie sich umschauen, sehen Sie viel soziale Angst in der ehemaligen DDR, wachsende Angst, viele soziale Nöte. Alles wird länger dauern, bis es besser wird, schwieriger werden, als vorher gesagt wurde. Und Sie wollen nun, gegebenenfalls sogar zu Lasten der Mehrheit der Studenten, die im Grunde nichts anderes wollen, als möglichst schnell angepaßte Studiengänge, angepaßt an die westdeutsche Norm, damit sie auf dem Arbeitsmarkt sich behaupten können. Sie sagen nun: Nein, wir dürfen Fehler, Versäumnisse, Sünden, die wir begangen haben, nicht erneut begehen. Ist das nicht schon wieder ein elitarer Nischenaufenthalt?

Das kann man natürlich so beurteilen, aber ich kann im Moment nicht über meine Nische anders reflektieren, als deutlich zu machen, die Humboldt-Universität hat im Augenblick eine unwahrscheinliche Chance, eine ganz große Möglichkeit, ihre Veränderung zu artikulieren. Und das macht sie nicht gegen die Studenten; denn die Studenten haben sie herausgefordert. Und die Studenten denken an die Zukunft... *Die Mehrheit oder eine Minderheit?...* Das vermag ich nicht zu beurteilen. Jedenfalls sind die Minderheiten, wenn sie als solche bezeichnet werden, vernünftig, daß sie sagen, wir möchten gerne, daß unsere Professoren hören, daß wir sie meinen, und wir möchten gerne, daß sie merken, daß wir uns mit ihnen verändern wollen, und wir möchten gerne, daß sie jetzt die Chance, die wir haben – wir können ja nach Göttingen gehen und wir können ja nach Hamburg gehen usw., wir sind eigentlich nicht gefährdet –, aber sie stehen für diese Universität, und das ist doch unwahrscheinlich. Studenten, die für diese Universität einstehen – das mag natürlich eine Nische sein. Es gibt schon Leute, die sagen, es gibt eine Republik in Berlin, und die heißt Humboldt-Universität. Warum sollten wir nicht an dem Punkt wirklich positiv republikanisch sein?

Bei Ihrer Investitur-Rede nach der Wahl zum Rektor der Humboldt-Universität im Mai 1990 haben Sie für möglich gehalten, daß Sie aus Gründen – die für Sie gute Gründe waren, nämlich die Hinwendung zur DDR als einem möglichen besseren deutschen Nachkriegsmodell, wegen der antifaschistischen Gründungskomponente –, daß Sie aus diesen für Sie guten Gründen die innenpolitischen Probleme unserer Republik, wie Sie gesagt haben, nicht aufmerksamer bedacht haben. Fühlen Sie sich schuldig?

Es ist ein eigen Ding, über Schuld zu reden. Ich fühle zumindest Verantwortung, die ich gehabt habe – wo es also Möglichkeiten gab, die Verantwortung auf mich zu nehmen – nicht so auf mich genommen zu haben. Ich fühle mich schon schuldig, daß ich manchmal geschwiegen habe, wo ich hätte reden sollen und wo ich auch hätte reden können, wo man sogar erwartet hat, daß ich hätte reden müssen. An dem Punkt fühle ich mich natürlich schon schuldig. Und ich fühle mich schuldig, daß die Alternative DDR, wie sie hätte sein können, nicht mehr von mir verantwortet worden ist.

Warum haben Sie geschwiegen, als Sie hätten reden sollen und können?

Schweigen ist natürlich auch manches, was man entschuldigt. Ich war überzeugt, daß dieser Staat von Antifaschisten aufgebaut ist. Ich habe in meiner frühen Jugend Lehrer und Lehrerinnen gehabt, die aus dem antifaschistischen Widerstand kamen, sowohl aus dem christlichen – Gertrud Stewen, die Mitarbeiterin von Karl Barth ist mir da sehr wichtig gewesen, die die Briefe von Karl Barth und Dietrich Bonhoeffer transportiert hat, die mir, in Westberlin lebend, gesagt hat: Ihr müßt in der DDR dafür sorgen, daß nämlich die Pflichten oder der Schwur von Buchenwald – Nie wieder Krieg! Nie wieder Faschismus!– eingelöst wird. Ich habe auch das Glück gehabt, mit alten Kommunisten, die natürlich in diesem Idealismus gelebt haben, zusammenzukommen. Und wenn ich geschwiegen habe, habe ich eigentlich – das ist mir neulich so eingefallen – immer so ein bißchen an sie gedacht, und habe natürlich jetzt auch entschuldigt, von dem ich meinte, es kann ja doch gar nicht so sein, wie es denn war. Das ist ein Stückchen Schuldgefühl, was ich auf mich nehmen möchte.

Wenn Sie sich so aufrichtig prüfen, war es auch Feigheit?

Sicherlich. Ich war eigentlich nie mutig. Aber ich würde es nicht unbedingt feige nennen. Nennen Sie es, wie Sie wollen.

Wenn Sie es weiter so aufrichtig prüfen und beantworten, wonach ich frage, war es dann auch die Sorge, die Angst: Wenn ich das jetzt zu Ende denke, bricht mir ein Teil meiner Lebensbasis, meiner Erwartungen nach 1945, meiner Hinwendung zu Leitfiguren des antifaschistischen Widerstands weg. Ich muß es unterdrücken, weil das das Wichtigere ist. War es ein solches Abwägen, und war es die Angst, Sie verlieren etwas, was Sie zu Ihrem Leben brauchen?

Natürlich. Man hat natürlich dann immer aus dem Fenster gesprochen. Und ich wollte nie gerne aus dem Fenster reden. Ich habe das wiederholt mit meiner Frau besprochen, wir haben viel darüber geredet und haben uns sehr oft geärgert und auch öffentliche Kränkungen zu Hause miteinander besprochen gegenüber Menschen, von denen wir meinten, wir haben nun auch mit ihnen selbst gesprochen. Ich hätte wahrscheinlich die Zeit ohne meine Frau so nie durchstehen können... *sie ist auch Theologin...* ist auch Theologin, und von daher war manches auch reflektiert. Aber manches war dann auch verinnerlicht, daß man zu bestimmten Sachen dann nicht geredet hat, obwohl man zu Hause darüber gesprochen hat.

Heinrich Fink, am 31. März 1935 im rumänischen Bessarabien als Kind deutscher Eltern in einer Bauernfamilie geboren. Im Jahr 1940 mit der Familie umgesiedelt nach Deutschland, groß geworden in einem Übersiedlerlager. Abitur 1954 in Genthin, danach Theologie-Studium an der Humboldt-Universität. Waren Sie als junger Mensch in den Konflikt zwischen der Jungen Gemeinde der evangelischen Kirche und der SED einbezogen?

Wenn es das Jahr 1953 nicht gegeben hätte, die Zeit April–Mai–Juni 1953, hätte ich wahrscheinlich nie Theologie studiert. Es waren die Konflikte in der Schule, es waren die Auseinandersetzungen um die damalige Situation, die Auseinandersetzung mit Otto Dibelius. Meine

Freunde lächeln ja heute, daß ich mich damals ganz konsequent für Otto Dibelius eingesetzt habe, weil er angegriffen war. Ich bin in eine Klasse gegangen, die sehr stark von der Jungen Gemeinde beeinflußt war, eine ganze Reihe Klassenkameraden, die mich mit zu dem Pfarrer Martin in Genthin genommen haben. Und ich habe, als ich meinen Eltern erzählte, daß ich Theologie studieren will, obwohl es ein sehr piätistisches Elternhaus war, waren meine Eltern entsetzt. Mein Vater hat es dann nicht mehr erlebt, der ist am 19. November 1953 gestorben. Aber er hat gefürchtet, daß ich Theologie studiere. Das solle man doch nicht tun. Ich habe in Opposition gegen das Elternhaus Theologie studiert, aber in den Erfahrungen von 1953. Und wenn wir heute so Generationen von Pfarrern beobachten, dann sind sie sehr stark – die Pfarrer geworden sind – aus dieser Zeit gekommen. Ich habe diese Zeit sehr bewußt erlebt, und sie hat mein ganzes weiteres Leben geprägt: in der Auseinandersetzung von Staat und Kirche, von Junger Gemeinde und FDJ damals und natürlich auch durch den Verweis von der Schule. Das mußte sich doch irgendwo lohnen.

Und dann war die Basis für den Kompromiß mit dem Staat und der regierenden Partei, die Sie von der Schule verwiesen hatten wegen dieses Konflikts – die Basis für den Kompromiß mit diesen Kräften war dann immer wieder dieses Antifaschistische, das in der Gründungsabsicht hier, mehr als heute eingeräumt werden mag von Westdeutschland aus, vorhanden war.

Ich bin ein Kind des Krieges. 1940 sind wir aus Bessarabien weg. Ich war dann zwei Jahre lang im Lager, nicht im Internierungslager, aber in diesen volksdeutschen Lagern in der Tschechoslowakei, in Jugoslawien, dann in Polen, dann angesiedelt im Warthe-Gau, was für meine

Eltern sehr schlimm war. Meine Mutter – ich sehe sie noch weinen damals als Siebenjähriger, denn sie meinte, die Betten der polnischen Bauern in den Höfen, in die sie gekommen sind, sind ja noch warm. Dann 1945 vor dem Krieg hergezogen. Der Januar 1945 ist für mich in ständiger Erinnerung. Die Truppen zogen in Richtung Osten und die entsprechenden Lazarett-Züge in Richtung Berlin. Und wir als Flüchtlinge dazwischen. Diese Kriegserlebnisse werde ich nicht los. Und diese Kriegserlebnisse haben mich natürlich auch in eine innere Verpflichtung genommen, auch in einen Zwang genommen – nämlich: Nie wieder Krieg! Und der Konsens, daß man in der DDR Frieden will, hat mich dann immer wieder zu Rücksichten, auch innerlich, genötigt.

Ich untersuche jetzt den Konsens nicht weiter, sondern sage folgendes: Keine Vergleiche mit irgend etwas, aber dies jetzt gefragt: Müssen Sie nicht Ihre Jugendträume, Ihre idealistischen Erwartungen als Täuschung, als Selbsttäuschung erkennen? Immer wieder gibt es Krieg, anders als Ihre Generation es nach 1945, nach dieser Tiefe des Sturzes, erhofft hat, immer wieder gibt es Krieg, und irgend etwas ist daran auch immer gerecht – je nach Standpunkt. Und der eine Krieg, auch der jetzige, gebiert mit seinem Ende schon den nächsten nach einer gewissen Erschöpfungspause. Haben Sie sich, Herr Fink, in dem Menschen, wie er mehrheitlich gewöhnlich ist, getäuscht, oder halten Sie an Ihrem Glauben in seine Einsichtsfähigkeit immer noch fest?

Ich möchte Ihnen in einem Punkt widersprechen, nämlich daß der eine Krieg den anderen gebiert. Sie mögen historisch recht haben. Aber Sie d ü r f e n nicht recht haben! Ich bin überzeugt, daß wir es erschaffen müssen, daß zumindest dieser Golf-Krieg der letzte überhaupt sein m u ß . Denn wenn wir Wissenschaft, wenn wir Vernunft, wenn wir Politik und Diplomatie ernst nehmen, dann darf es keinen weiteren Krieg mehr geben. Und das ist auch ein Stück Botschaft, was ich von meinen alten Lehrern, von Karl Barth, von Josef Romatka, von Heinrich Vogel gerne weitergeben möchte, nämlich daß bei der Erklärung des Ökumenischen Rates 1948 in Amsterdam der Krieg als Sünde erklärt wurde, und ich möchte gerne als Theologe gegen diese Sünde Krieg ankämpfen. Natürlich haben Sie recht, daß ich in vielem enttäuscht bin, aber es ist doch besser, e n t täuscht zu sein, als weiter mit T ä u s c h u n g e n zu leben... *Aber Sie leben mit der Täuschung, es könne den ewigen Frieden geben auf Erden...* Gut, ich würde mich da mit Kant durchaus einig wissen, aber ich glaube, daß Frieden möglich ist, das ist doch die Botschaft...

Was unterscheidet Ihren Glauben an den einsichtsfähigen Menschen von der Erwartung idealistischer Kommunisten, ein neuer Mensch werde sich entwickeln.

Ich würde da gar keine großen Unterschiede suchen. Die Erwartungen sind von Menschen, die in Frieden leben wollen und die für Frieden sorgen; nach der Bergpredigt oder nach der Botschaft von Jesus von Nazareth sicherlich nicht interessiert, sich ständig abzugrenzen von anderen, sondern die Abgrenzung ist das erste, was den Frieden gefährdet. Das habe ich in der DDR gelernt. Wir haben uns a l l z u sehr abgegrenzt und damit auch Frieden gefährdet.

Woran ist die DDR, außer an ihrer wirtschaftlichen Mangelausstattung, der Mißleitung der Wirtschaft und dann der Selbstüberforderung, kaputtgegangen?

Sehr schwer zu beantworten. Mir fallen zwei Dinge ein: an ihrem Feindbild, das sie hatte... *Weil es ein Feind-*

bild war, oder weil es ein falsches Feindbild war?... Es war ein Feindbild, sie hat die Feinde nicht gesehen. Die Feinde saßen im eigenen Politbüro, und sie hat sich Bilder von Feinden gemacht, die gar keine Feinde waren. Sie hat die Friedensbewegung als Feind erklärt, sie hat die Öko-Bewegung als Feind erklärt. Das waren keine Feinde. Sie hatte Feindbilder und hat die Feinde nicht gesehen. Ihr unwahrscheinliches Sicherheitsbedürfnis, was sie sicherheitssüchtig gemacht hat, aber nicht kritisch. Ich hätte es mir gerne kritisch gewünscht, aber ich hätte nicht gehofft, daß wir so wahnsinnig viel Geld für Sicherheit ausgegeben haben. Das hat uns natürlich auch wirtschaftlich kaputtgemacht. So könnte man jetzt weiter aufzählen. Das ist das, was mir eben im Moment einfällt.

Wenn ich Ihre Stasi-Akte, unterstellt, es gibt eine, hätte einsehen können, was hätte ich gefunden?

Es sind sehr viele an meiner Stasi-Akte interessiert, ich auch... *Ich bin nicht interessiert, ich möchte nur wissen, was Sie sagen, was da drinstehen wird...* Ich könnte mir vorstellen: Er hatte sehr viele Freunde in der Bundesrepublik, im Ausland, sehr widersprüchliche Freunde, also nicht nur Freunde aus der Friedensbewegung, sondern Freunde bis hinein in die Regierung. Das könnte ich mir vorstellen, daß das drinsteht. Ich könnte mir auch vorstellen, daß Menschen über mich ausgesagt haben, die mich auch nicht verstanden haben... Ich weiß es nicht, ich habe eine solche Stasi-Akte noch nicht gesehen.

Würden Sie sie gerne sehen?

Ja. Ich würde meine Stasi-Akte gerne sehen.

Wäre es nicht das beste – von strafrechtlichen Notwendigkeiten abgesehen –, das Buch zuzuschlagen, sind die vereinigten Deutschen mit dem Übergewicht der weithin schimmerlosen Westdeutschen zu einer angemessenen Aufarbeitung fähig?

Das Buch kann man zuschlagen, wenn sich die Menschen öffnen. Und ich habe den Eindruck, daß Menschen sich verschließen, je mehr die Bücher geöffnet werden. Es geht nicht um Vorhalten von Vergangenheit, es geht um Berichte dieser Vergangenheit, die uns jetzt nicht mehr belasten darf als Last, sondern wir sollten diese Vergangenheit gemeinsam tragen, und dann wird auch die Aufarbeitung der Geschichte – ich kann dieses Wort schon fast nicht mehr hören – eine Möglichkeit, daß sich Menschen öffnen. Und das möchte ich gerne, daß sich Menschen aus der Bundesrepublik mit Menschen aus der DDR zusammensetzen und sich gegenseitig berichten, was in diesen vierzig Jahren oder, je nachdem, wie lange sie gelebt haben, sich gegenseitig informieren. Ich finde es sehr schön, daß Freunde von uns, ältere Freunde, unsere Kinder einladen und sich von ihnen berichten lassen, wie sie als Kinder, 18jährig oder 22jährig, diese Zeit erlebt haben. Und es entsteht auf einmal eine DDR-Identität bei diesen Kindern, die sie vorher nie gehabt haben. Sicherlich ist das auch ein Ja-Sagen zu einer Geschichte, die man ihnen gerne nehmen will. Und wenn man Geschichte nimmt, nimmt man auch ein Stück Identität.

Warum will man sie ihnen nehmen?

Das weiß ich nicht, das würde ich Sie gerne fragen, aber wir diskutieren ja hier nicht. Ich weiß es nicht. Man möchte mit dieser Geschichte offenbar nichts zu tun haben, und das wird wahrscheinlich noch einmal zum Verhängnis für unser deutsches Volk.

Erlauben Sie mir eine letzte Frage. Sie sind Vater von drei erwachsenen Kindern. Das älteste davon, bald dreißig Jahre alt, ist geistig und körperlich behindert. Was hat dieses Kind für Einflüsse auf Ihr Leben gehabt?

Auf mein persönliches Leben: die Herausforderung, Rücksicht auf Menschen zu nehmen, die nicht so ein komplettes Leben haben, aber auf unsere gesamte Familie, das Zusammenwachsen dieser Familie: da hat meine Frau eigentlich d i e Rolle gespielt – Sie sehen, ich stottere dabei, weil es natürlich schwierig ist, darüber nachzudenken –, unsere Tochter zu integrieren. Und ich meine, an dem Beispiel, mit behinderten Menschen zu leben, auch gesellschaftlich deutlich zu machen, auch mit Menschen zu leben, die anders denken, die anders fühlen. Und für uns war es schon eine harte Erfahrung, mit einem behinderten Menschen in der DDR zu leben, dem man nicht immer die Lebensmöglichkeiten eingeräumt hat. Bis dahin, daß man ja der Meinung war, in einem sozialistischen Staat wird es ja wahrscheinlich demnächst keine Behinderung mehr geben, denn die Medizin wird sich wissenschaftlich so entwickeln, etc. Ich brauche Ihnen das nicht weiter auszuführen. Das zweite ist, daß wir Freunde gewonnen haben, die mit uns gelebt haben und ständig auf unsere Miriam bezogen waren. Es sind Beziehungen entstanden, die ich nicht rechtfertige, aber über die ich mich freue, daß sie entstanden sind, und von daher ist das Leben mit Behinderten ein Leben mit eigenen Grenzen.

Wolfgang Thierse

Gespräch vom 11. März 1991

Wolfgang Thierse, Jahrgang 1943. Ein durchaus angepaßtes Leben in der ehemaligen DDR, wenn auch in der Verweigerung gegenüber Blockparteien und der SED. Spät zur Politik gekommen: im Wende- Herbst 1989 zur Bürgerbewegung »Neues Forum«, schon im Januar 1990 zur SPD, der wiederbegründeten in der DDR, der letzte Vorsitzende der SPD in der DDR. Heute einer der stellvertretenden Vorsitzenden der gesamtdeutschen Sozialdemokratischen Partei. Verheiratet mit einer Kunsthistorikerin, zwei Kinder. Zur Person: Wolfgang Thierse.

Wessis sagen: Wenn ein Ossi eine Stunde arbeiten soll, dann macht er davon eine Viertelstunde Pause; oder sie sagen: Wenn einem Ossi das Arbeitsmaterial ausgeht, besorgt er sich nicht selber Nachschub aus dem Materiallager, sondern wartet, bis das Stoppen der Arbeit vom Zuständigen erkannt wird und man ihm Nachschub aus dem Materiallager bringt. Wenn Sie solche und ähnliche Geschichten hören, Herr Thierse, was empfinden Sie dann?

Einfach Wut. Und zwar deshalb, weil das ja nicht nur dummes Stammtischgerede ist, sondern weil ich solche Redensarten sogar im Bundestag schon gehört habe. Vor ein, zwei Wochen hat ein Abgeordneter ähnlich argumentiert, er behauptete, die Westdeutschen hätten nach

1945 auch nicht auf Hilfe aus Bonn gewartet, sondern die Ärmel hochgekrempelt. Da sage ich: Was hilft aller Elan, aller Mut, aller Fleiß einem Arbeiter in einem Großbetrieb, der von der Schließung bedroht ist – er kann ja keinen neuen Betrieb gründen, er b e d a r f der Unterstützung, der Schaffung von Strukturen, wo er seinen Fleiß, der ja wirklich vorhanden ist, loswerden kann.

Jetzt sagen Sie bitte einmal etwas genauso Grobschlächtiges, wie ich es eben in meiner Frage über die Ossis vorgebracht habe, über die Wessis.

Es fällt mir ein bißchen schwer, Vorurteile... *geben Sie sich Mühe, seien Sie grobschlächtig...* so etwas wie Arroganz und ein etwas unangemessenes Selbstbewußtsein kommt mir schon manchmal entgegen. Es gibt ja diese hübsche Bezeichnung für manche Besucher hier, die vielleicht sogar in guter Absicht kommen – man nennt sie Besserwessis.

Ist es das, was Sie besonders stört?

Ja. Eine solche Art von Selbstgefälligkeit, daß man selber immer recht hat, und das, was man ist, daß man das alles selbst erarbeitet hat, und die anderen, also die Ossis, die irgendwie schlechter dran sind – das sieht ja jeder –, daß das auch ihre eigene Schuld sei. Also etwa ihre Faulheit, ihre Dummheit, ihre mangelnde Phantasie oder so etwas. Das vergißt einfach, daß es viele historische Ursachen gibt für Unterschiede in Deutschland.

Kann es sein, daß diese Unlustgefühle, die man aneinander hat, alles überlagern, was es mit der Wende einmal geben sollte und gegeben hat?

Ich fürchte schon. Es gab ja im Herbst 1989 sicher eine gesamtdeutsche Euphorie. Jenes Glück über eine so überraschende Chance für Befreiung, für deutsche Einigung. Und diese einmalige Chance, die da auch war, daß ein Volk auch emotional zusammenkommt, im Überschwang, ist ja vertan worden, weil dieser große, sich auch immer an Geschichte messende Kanzler eben verpaßt hat, zu sagen: Wir haben eine phantastische Chance, wir wollen sie gemeinsam nutzen. Das wird Geld kosten. Wir müssen miteinander teilen, aber am Schluß haben wir alle einen Gewinn davon. Nein, er hat gesagt: Wir können das aus dem laufenden bezahlen, wir können weiter so machen. Und das ist jetzt das Echo, daß viele drüben sagen: Wieso soll ich eigentlich für die Ossis so viel Geld blechen?

Was meinen Sie: Wenn es der großen Mehrheit in Ost und West materiell gleich gut ginge, wenn es ihr eines Tages gleich gut gehen sollte, wäre dann, ist dann die innere Einheit Deutschlands hergestellt, oder muß darüber erst die ganze Generation, die von der Teilung geprägt ist, hinwegsterben?

Ich glaube, es wäre ein wesentlicher Schritt, aber es ist noch nicht die volle innere Einheit... *Die materielle Angleichung wäre ein wesentlicher Schritt, aber es ist nicht die volle Angleichung...* Ganz klar. Ich will das ausdrücklich nicht geringschätzen. Die Mehrheit der Bevölkerung in der ehemaligen DDR hat dies gewollt, und ich will das in keiner Weise denunzieren, daß Leute zu ihren Lebzeiten noch einen erreichbaren Wohlstand erreichen wollen, wie sie ihn bei den deutschen Nachbarn sehen – das verstehe ich, das soll man nicht abtun, aber wir dürfen uns auch keine Illusionen machen. Die deutsche Einigung ist ja nicht nur so ein materieller Prozeß. Es geht dabei nicht nur um Angleichung von Wohlstand, es geht auch nicht nur um Austausch vom Geld, sondern es ist ein sehr langwieriger kultureller Prozeß, wo es auch um den Austausch, die Angleichung von Mentalitäten geht;

und wenn ich Angleichung sage, zögere ich auch: es soll ja nicht die Gleichheit hergestellt werden, es sollen ja noch Verschiedenheiten da sein. Aber ich denke, daß wir – oder wenn ich das von mir sagen kann –, daß ich sicher bis an mein Lebensende in bestimmer Weise ein DDR-Bürger bleiben werde. Denn meine Biographie ist ja in diese vierzigjährige Geschichte eines Staates hineinverwickelt, und das kann man nicht so schnell ablegen. Ich glaube schon, daß wir sehr lange Zeit brauchen, unsere Enttäuschungen, unser vielleicht geringeres Selbstbewußtsein, unsere geringere Fähigkeit, unsere Ellenbogen zu gebrauchen – daß wir das nicht so schnell verlieren werden. Und ich frage mich manchmal, ob wir das überhaupt verlieren sollen, ob wir nicht an dieser Stelle, wenn ich dies beobachte, nicht ein bißchen Fußkranke des Fortschritts sein sollen. Mich ängstigen auch Anpassungszwänge, von denen ich vermute, sie können auch menschliche Beschädigungen hervorrufen.

Zwischen den Nord- und Südstaaten der USA hat es hundert Jahre und vielleicht länger gedauert, bis die Folgen der Sezession überwunden waren.

So weit kann ich nicht voraussehen, zumal ich vermute, daß ein Teil der Bevölkerung der ehemaligen DDR – ich weiß nicht, ob der größere oder kleinere – sich viel schneller anpassen wird, viel schneller lernen wird, Wessi zu sein oder Gesamtdeutscher zu sein – also mit den Gesetzen des Marktes, die ja nicht nur Gesetze der Wirtschaft sind, sondern auch in das Kulturleben hineinspielen, umzugehen. Aber ich glaube nicht, daß das für alle gilt. Es wird sehr viele Leute geben, die ihre Biographie nicht einfach abzulegen vermögen. Die Leute mag ich eigentlich sehr, weil ich etwas dagegen habe, daß ein ganzes Volk damit beschäftigt ist, sich von seiner eigenen Vergangenheit abzuwenden, wie auch immer sie gewesen ist. Und sie war in großen Teilen durchaus schäbig. Aber im nachhinein muß man sich nicht kleiner machen lassen, als man damals gewesen ist.

Was haben Sie, als Ossi, vor allem anders erwartet mit der Wende, als es bisher gekommen ist.

Ich habe zunächst mal gehofft, daß wir etwas mehr Zeit haben, daß der Prozeß etwas geordneter und nicht immer so beschleunigt vor sich geht. Meine Vorstellung im vorigen Jahr war schon: Das wird ein furchtbar schwieriger Prozeß, mit vielen Opfern, mit viel Arbeitslosigkeit, mit vielen Verzweiflungen. Ganz klar, man kann diesen Vorgang der Umstellung von einer Planwirtschaft auf eine Marktwirtschaft, von einem politischen System des Zentralismus und der Vormundschaft in eine Demokratie, wo der einzelne in viel stärkerem Maße auch auf sich gestellt ist – das kann man nicht ohne Verwundungen überstehen. Aber ich habe doch gedacht, daß es mehr Politik gibt, mehr vernünftige Wirtschaftspolitik zur Abfederung, zur Milderung solcher Probleme, und daß es mehr w i r k l i c h e Solidarität gibt, nicht nur verbale, nicht nur beteuerte und behauptete.

Hat es nicht auch eine Entsolidarisierung innerhalb der ehemaligen DDR gegeben?

Mit Sicherheit. Wenn so viel verlangt wird von den einzelnen, so viel Lernprozesse, so viel Anpassung, wenn so viele Gefährdungen eintreffen – und Gefährdungen haben häufig etwas Entsolidarisierendes: Verliere ich meinen Arbeitsplatz oder verliert ihn der Kollege? Schon diese Alternative, in einem Betrieb zu sein, der von 5000 auf 2000 heruntergefahren wird –, da setzt die Angst um mich selber ein und entsolidarisiert mich von dem anderen. Und ganz viele sind eben in der Lage, sich schneller solchen Dingen zu unterwerfen, und andere sind gelähmt und können nur zuschauen, auch zuschauen ihrem eigenen Schicksal.

Die vorherrschende Meinung der Politiker ist: Zusätzlich zum Geld, das in den Osten fließt, muß auch Optimismus dort verbreitet werden, über die reale Lage hinaus, damit der Motor endlich anspringt. Steckt darin nicht auch ein Stück agitatorische Gängelung der Menschen? Ist das nicht auch zweckbestimmte Schönfärberei?

Mit Gewißheit. Ich will nicht geringschätzen, daß offensichtlich zur Politik immer auch ein Moment von Ermutigung gehört. Vielleicht auch ein Moment von heroischen Illusionen, daß man selber nicht ganz genau weiß, wie schwierig eine Aufgabe ist, sonst würde man sie vielleicht nicht angehen... *Das ist Marx, nicht?...* Das ist Marx, ja. Und der hat das als eine notwendige Bedingung beschrieben, wie wir klassengeschichtliche Taten beginnen und sie vielleicht dann am Schluß verfehlen, aber nie ganz. Ich denke aber, wir dürfen uns das nicht mehr erlauben: das vorige Jahr – die zweite Hälfte –, Wahlkämpfe, Beteuerungen, wie schnell das alles gehen wird, wie gut das alles gehen wird. Und ich weiß nicht, ob das nur Täuschung war, vielleicht war auch Selbsttäuschung dabei, beides, Selbsttäuschung und Täuschung. Und diese Versprechungen, gerichtet an eine Bevölkerung, die in ihrer sozialpsychologischen Grundsituation doch so ist wie ein Kind, das in einer verzweifelten, schwierigen, ausweglosen Situation nach der Hand des Vaters oder des großen Onkels greift. Und dieser Vater kommt auch und sagt: Komm, ich führe dich raus, es wird gut gehen. Und da haben sie auch so gewählt, eine Mehrheit. Ich sage das ohne Vorwurf, weil die Situation ja schwierig war. Aber jetzt, diese abgrundtiefe Enttäuschung, die ja desh a l b so groß ist, weil die V e r s p r e c h u n g e n so groß waren. Und deswegen sage ich: J e t z t darf das nicht ein zweites Mal passieren – wieder Versprechungen –, sondern jetzt müssen konkrete Perspektiven, konkrete Angebote, muß konkrete Politik stattfinden.

Ist die Wahrheit nicht so, Herr Thierse: Gleiche Lebensverhältnisse in West und Ost wird es nach einer langen, langen Durststrecke nur so geben, daß der östliche Lebensstandard in Maßen steigt und der westliche in Maßen sinkt, in Maßen – so ist zu hoffen –, aber eben doch sinkt. Ist das nicht die ökonomische perspektivische Wahrheit?

Ich weiß nicht, ob ich das so hart schon sagen würde... *Ist das von politischer Rücksicht, daß Sie es so hart nicht sagen?..* Nein, nein. Ich bin nicht sicher. Ich habe ja im Westen, auch im Bundestag, davon gesprochen, daß die wirkliche deutsche Einigung n i c h t zu haben ist ohne eine großangelegte ökonomische und soziale Umverteilung von West nach Ost. Sie i s t nicht kleiner zu haben. Ich glaube, die meisten Westdeutschen und auch die meisten westdeutschen Politiker haben das immer noch nicht begriffen.

Das heißt, die Westler werden ärmer, und sie müssen es werden, damit es geht.

Ich bin nicht sicher. Ich weiß nicht, ob es einfach heißt, daß es für die Westler neben vielen anderen Gründen, von denen ich nur Ökologie nenne, jetzt nun auch einen neuen Grund gibt: deutsche Nachbarschaft, zu sagen: Wir können Fortschritt nicht mehr materiell definieren, wir können Fortschritt nicht mehr definieren danach, was wir an Prozenten jeweils an Lohn- und Gehaltszuwächsen haben. Vielleicht müssen wir in dieser Hinsicht eine Art von Stillstand haben, um einen Fortschritt ganz anderer Qualität zu erreichen: wirkliche Gemeinsamkeit, wirkliche soziale Gleichheit, wirklichen kulturellen Austausch in Deutschland organisieren. Das sage ich dann gleich hinzu, damit das nicht immer so nationalistisch klingt –, denn es ist ein Beitrag auch zur Versöhnung innerhalb von Europa, wenn das klappt. Aber meine Grundüberzeugung ist: Wir müssen Fortschritt anders definieren, und darin ist Umverteilung von West nach Ost einer der wichtigen Punkte. Ich bin nicht Ökonom genug, um genau ausrechnen zu können, was das möglicherweise an Einbußen für den Westen bedeutet, aber ich weiß, es kann nicht mehr einfach so vorwärtsgehen, wie es bisher gedacht ist.

Könnten wir uns darauf verständigen, Herr Thierse, daß so, wie die Dinge gelaufen sind, man zweifeln muß, ob es irgendeinen Ökonomen gibt, der das konkret ausrechnen kann? Die behaupten es nur, die können es auch nicht.

Da haben Sie auch wieder recht. Es ist eine meiner Beobachtungen aus dem letzten Jahr, daß die meisten Prognosen der sogenannten Fachleute durch die Wirklichkeit, durch das Tempo über den Haufen geworfen worden sind.

Aber bleiben wir bei dem Hauptteil Ihrer Antwort: nämlich: wir müssen den Fortschritt, das Bessergestelltsein jetzt nicht mehr – wir dürfen es nicht mehr – nur und vorrangig am materiellen Wohlergehen messen, müssen andere Prioritäten setzen. Das erinnert an eine sozialdemokratische Position, wie sie etwa Erhard Eppler in den 60er und 70er Jahren eingenommen hat. Die nackte Wahrheit blieb immer – und dies sage ich nun auch ohne jeden Hochmut –, daß die Mehrheit der Menschen dies alles ganz interessant und nützlich zu bedenken fand, aber daß sie am Ende doch wollte, daß die Kasse stimmt, die Lohntüte voller wird, die Reisen ermöglicht werden, das Auto größer werden kann. Wenn es nun so ist, daß Sie sich auch flüchten müssen in diese neue Prioritätensetzung, entfernen Sie sich dann nicht tatsächlich von den Empfindungen und Bedürfnissen der Mehrheit der Menschen?

Die Gefahr ist sicher sehr groß, und ich möchte mir ja ein bestimmtes Realitätsbewußtsein schon bewahren. Es ist vielleicht einer der Gründe, warum ich in die SPD eingetreten bin, weil ich sage: Es geht am Schluß darum, daß man die angehäuften Träume, Hoffnungen und Ideale doch mit sehr irdischer Politik verbinden muß, weil sie sonst immer nur dieses Gespinst obendrüber bleiben. Ich will nicht denunzieren die Wünsche der Leute nach faßbarem Wohlstand, aber wenn man erklären kann – dazu müßten doch auch Politiker da sein, vielleicht nicht sie allein, vielleicht sind sie darin überfordert, sondern wir brauchen da noch ganz andere Leute, Intellektuelle, Leute der Kirche –, wenn es denn so ist, daß wir eine konkret faßbare und überschaubare Aufgabe haben, die wirkliche gesellschaftliche Einigung Deutschlands zu meistern, und wenn wir darin Nationen nicht nationalistisch, sondern sehr praktisch begreifen als eine Problemlösungsgemeinschaft, eine Gemeinschaft von Leuten, die miteinander überschauen einen Problemzusammenhang, und wenn sich die Leute davon überzeugen können: dieses Problem lösen wir in einer bestimmten Zeitspanne – die muß erkennbar bleiben –, dadurch, daß wir teilen, dadurch, daß wir nicht einfach weiter so machen wie bisher, dann, denke ich, kann man Leute überzeugen und auch gewinnen, zu sagen: Für einen bestimmten Zeitraum, gebe ich etwas ab, teile ich, definiere ich meine eigene Wohlfahrt nicht mehr so, bezogen auf mich, sondern ich gucke hin, wie es den anderen geht.

Welche moralischen und ethischen Probleme haben Sie, Herr Thierse, beim Betreiben des politischen Gewerbes? Das, was Sie jetzt gesagt haben, müßte Ihnen doch eigentlich – denkscharf, wie man Ihnen nachsagt, daß Sie sind – vorkommen wie eine Illusion, vielleicht eine heroische Illusion. Wenn Sie das als eine solche erkennen, haben Sie dann Schwierigkeiten, moralischer und ethischer Art, weil Sie sagen, ich muß mich ein bißchen anpassen, wenn ich politisch weiter wirken will?

Ich kann mir das nicht vorstellen, in der Politik zu bleiben, in der ich ja wirklich ganz kurz bin, ohne in der Politik moralische Motive mitvertreten zu können oder moralisch motiviert Politik machen zu können. Zynismus ist fast die widerlichste Eigenschaft, die ich kenne. Zynismus sehe ich auch darin, daß man sagt: Menschen sind halt so, die werde ich nicht ändern, also muß ich sie bedienen, und da denke ich: Wieso denn eigentlich, es gibt doch immer wieder eine Chance, wenn man Leuten nur etwas erklärt und sagt, es gibt gute Gründe, und sie liegen in eurem eigenen Interesse. Ich glaube, das menschliche Interesse ist nicht so platt, so dumm, so biesterig, wie es viele sagen, sondern ich glaube schon, daß es die Erfahrung von Solidarität, die Erfahrung von Nachbarschaft gibt. Man muß nur dann auch den Leuten sagen: Ihr könnt dieses Gefühl wirklich umsetzen, ohne daß das Opfer etwas ist, was also mit zu viel Verzicht zu tun hat. Da spielt eine wichtige Frage eine Rolle. Ich muß den Westdeutschen sagen können, gerade eher den kleinen Leuten, die selber nicht so viel Geld verdienen: Dein Beitrag ist auch deshalb gerechtfertigt und vertretbar, weil diejenigen, die an der deutschen Einigung Gewinne haben, oder diejenigen, die ohnehin die ganz Reichen sind, viel mehr beitragen. Genau das ist meine Kritik an bestimmten Teilen der Steuervorschläge der CDU/FDP-Regierung... *Sie haben gesagt: viel mehr beitragen, wollten Sie sagen: viel weniger beitragen...* Nein, die Reichen sollen viel mehr beitragen. Aber es gibt ja irrsinnige, skandalöse Steuersenkungspläne dieser Koalition, die gerade die Vermögensreichen eben nicht antastet, und das erschwert den Leuten, die weniger verdienen, ihren Beitrag zu leisten.

Noch einmal den Begriff heroische Illusion benutzt: Werden Sie diese heroische Illusion in Bonn behaupten können, so, wie Sie Bonn inzwischen kennengelernt haben?

Ich bin kein Prophet, und ich kann auch meine eigene Entwicklung nicht voraussagen. Ich kann nur sagen, daß ich das will, daß ich eisern entschlossen bin, mir diese Illusion und diese Hoffnung nicht zu rauben; ich könnte es vielleicht wirklich nicht mehr aushalten, wenn ich sie nicht mehr hätte. Ich sage das deshalb, weil ich auch vorher meine Art der Existenz in der ehemaligen DDR nicht hätte aushalten können, wenn da nicht ein utopischer Überschuß gewesen wäre, eine Hoffnung, daß daran noch etwas änderbar sei, daß es Prozesse von Befreiung gibt, daß es wirklich Gerechtigkeit geben könne.

Brauchten Sie, Herr Thierse, den nationalen Einheitsstaat, oder hätten Sie mit einer anderen DDR genug gehabt?

Meine Antwort wird Sie vielleicht enttäuschen. Ich gehöre sicher eher zu den wenigeren meines Schlages, die immer eine Hoffnung auf ein anderes Deutschland hatten... *auf das vereinigte?..* auf das vereinigte, aber zugleich ein anderes, ein vereinigtes und zugleich ein anderes Deutschland. Das hat mit Erziehung zu tun, das hat mit dem Umstand zu tun, daß ich irgendwie immer an der Grenze aufgewachsen bin. Es hat vielleicht auch damit zu tun, daß ich Germanist bin. Wer je Hölderlin und viele andere richtig gelesen hat, der hatte immer einen Traum von einem anderen Deutschland. Und die Einigung, habe ich mir dann auch immer vorgestellt: daß das nicht so ist, daß da einfach weiter so gemacht wird, daß da wenigstens Momente – ich bin darin dann kein Illusionist –, aber doch wenigstens Momente eines Neuanfangs... *Und haben wir diese Momente des Neuanfangs?...* Ich sehe sie bisher nicht. Was ich in Bonn erlebe, ist eben nicht Neuanfang, sondern die Bonner Politik ist für mich der Inbegriff eines einfachen Weiterso. Bonn, die Stadt, nicht die Stadt selber, sie ist ja ganz hübsch, aber dieser Regierungssitz ist für mich überhaupt der Inbegriff einer Weiterso-Mentalität.

Ich habe jetzt Bonn als Metapher gemeint für die westdeutschen Politiker, nicht nur als Stadt, nicht nur als Apparat in Bonn, sondern wirklich die Westdeutschen.

Genau dies meinte ich, da ist also wirklich dieses Weiterso: Na gut, es ist ein bißchen was dazu gekommen mit Problemen. Die sind nun größer, als wir gedacht haben, schlimm genug, aber wir werden das schon hinkriegen, ohne wirkliche Veränderungen. Ich glaube, aus dieser Mentalität wird man die Dimension der Aufgabe verpassen, und was ich noch viel schlimmer finde, man wird die deutschen Nachbarn Ost verpassen.

Die Politiker in ihren Reden, die Medien proklamieren Werte und Ideale, die aus den Bildungsquellen und Wertekategorien der tonangebenden Schicht, der politischen Klasse, herrühren. Diese Werte und Ideale werden dann allgemein gesetzt. Sind sie nicht der großen Mehrheit im Grunde eher gleichgültig?

Auf der Oberfläche ist es mit Sicherheit so. Aber ich glaube nicht, daß Menschen ganz ohne einen Mindestbestand von elementaren Überzeugungen leben können.... *die nicht dasselbe sein müssen wie die von den Bildungsschichten vorgegebenen Ideale...* die nicht dasselbe sein müssen und vor allem, die nicht reflektiert sein müssen. Aber es ist meine Erfahrung. Ich kann noch nicht über die Westdeutschen reden, die kenne ich immer noch nicht gut genug, aber meine Erfahrung des Aufwachsens in diesem Lande: daß noch die sogenannten einfachsten Leute wirklich einen Grundbestand menschlicher Überzeugungen hatten, aus denen sie gelebt haben, und die mögen sie ungeschickt ausgedrückt haben, manche konnten sie ü b e r h a u p t nicht ausdrücken. Die Sprachu n fähigkeit ist ja eine der schlimmsten Folgen auch eines diktatorischen Regimes. Daß wir in der ehemaligen DDR viel zu wenig auch gelernt haben, miteinander mit Freimut öffentlich zu reden, auch direkt zu reden, sondern daß das immer etwas verschlüsselter war und ganz viele Schichten sprachlos geblieben sind. Aber Sprachlosigkeit heißt nicht, daß es da nicht ein Minimum von Idealen, von Überzeugungen, von Werten gegeben hat. Die Bildungsbürger reflektieren sie, meißeln an ihnen herum, für sie ist das vielleicht auch noch wichtiger in ihrem existentiellen Haushalt, aber bei den anderen gibt es sie auch. Und wenn wir nicht fertigbringen, an dieses anzuknüpfen, was da ist, ich nenne mal so etwas wie ein – wie auch immer differenziertes – Grundgefühl von Solidarität, daß da ist, wie verkümmert es auch ist, wenn man das nicht aufrufen kann, dann gerät auch Politik falsch. Ich denke auch sofort, eine Grundüberzeugung, die man menschenverträglichen Egoismus nennen kann, die wird es auch geben.

Das Mitglied einer Blockpartei in der ehemaligen DDR und ein Mitglied der SED – welchen Unterschied gab es in der Anpassung an das herrschende Regime?

Zunächst ist der Unterschied der zwischen Hauptdarsteller und Nebendarsteller. Das ist nicht unwichtig. Die Gagen waren auch unterschiedlich, bei den Spitzendarstellern natürlich immer gemeint. Aber ich denke... *lassen Sie uns von gewöhnlichen Menschen reden...* daß die Anpassungszwänge nicht so furchtbar unterschiedlich waren, und manchmal war meine Beobachtung, daß man in der SED sogar weniger Anpassungszwängen unterworfen war, weil man ja einmal einen Schritt des Bekenntnisses getan hat. Und daß es für mich viele Gründe gab, nicht in eine Blockpartei einzutreten, und einer der Gründe war: da werde ich ja noch mal stärkeren Anpassungszwängen unterworfen als in der SED. An der SED hat mich natürlich das Institut der Parteidisziplin erheblich gestört. Das hat auch mit Anpassungszwängen zu tun. Qualitativ war der Unterschied nicht erheblich.

Sie meinen moralisch qualitativ?

Moralisch qualitativ.

Jetzt wird abgewickelt in der ehemaligen DDR. Läuft das nicht unvermeidlich in vielen Fällen auf das Bestrafen der Gesinnung hinaus, und wollen nicht viele Westler eben gerade dieses?

Das ist das wirkliche Dilemma dieses Vorgangs. Wir brauchen wirkliche, strukturelle Erneuerung, gerade in den Bereichen von Bildung, Wissenschaft, Kultur, aber wir brauchen auch personelle Erneuerung. Vielleicht ist es der Preis einer unblutigen Revolution, daß diese Vorgänge personellen Wechsels so klebrig, so zäh sind, auch so mit Verwundung zu tun haben und wirklich auch mit Bestrafung von Gesinnung. Ich beklage das, aber ich beklage auch, daß wir nicht fertiggebracht haben, noch in der gemeinsamen Regierung ein wirklich rechtsstaatliches Verfahren für diesen personellen Wechsel festzulegen, der darin bestanden hätte – ich habe das mal vorgeschlagen, ich bin an einem großen Koalitionspartner gescheitert... *Als die DDR noch eine eigene Regierung hatte ...* in der Regierung de Maizière, mit meinem Vorschlag gescheiert an der CDU –, zu sagen: Wir müssen alle Berufungsstellen, das sind ja schon die höheren nur gewesen, in Bildung, Wissenschaft und Kultur neu ausschreiben, dann finden die normalen fairen Neubesetzungsregeln statt, und auch diejenigen, die bisher auf den Stühlen gesessen haben, haben eine faire Chance, sich wieder zu bewerben. Sie haben sogar Heimvorteil. Es wäre sozusagen ein gerechtes Auswahlverfahren mit neutralen Gremien. Das hat leider nicht stattgefunden. Man hätte das über einen längeren Prozeß stattfinden lassen können – jetzt ist das teilweise von außen erzwungen worden durch Abwicklungsbeschlüsse –, aber es hat auch damit zu tun, daß in Universitäten viel zu wenig im vergangenen Jahr selber passiert ist. Ich hoffe, daß die Universitäten noch eine Chance haben... *es gilt ja nicht nur für Universitäten...* Ja, ich nehme aber das mal als Beispiel für Akademien, daß es im Bereich der Kultur, im Bereich gerade der Geisteswissenschaften eine wirkliche Chance gibt, trotz Abwicklung die selbstkritische Reflexion des Vergangenen nicht nur als objektiven Vorgang, sondern auch als subjektiven zu sehen.

Herr Thierse, gibt es nicht im Westen einen totalitären Antikommunismus, der schier irrational ist, der in Wahrheit doch die Gesinnung bestrafen will?

Den gibt es. Ich habe immer gefunden, daß es einen ziemlich dummen Antikommunismus gibt, vor allem dann, wenn die kritische Einstellung zu dem Kommunismus nicht mehr bereit ist, hinzugucken, zu differenzieren und nicht mehr wahrzunehmen, daß auch die Geschichte dieses realen Sozialismus eine Geschichte von Idealen gewesen ist, eine Verwirklichungsgeschichte von Idealen, ich habe hinzugucken: was ist mit denen passiert, was ist da schiefgegangen, wie war der individuelle Anteil, wie sind unsere Biographien in diese Verwirklichungsgeschichte hineinverwickelt? Und da muß ich sehr genau hingucken. Blinder Antikommunismus stört. Was wir leisten müssen in diesem deutsch-deutschen Prozeß: daß wir uns nicht nur Vorurteile an den Kopf werfen, sondern unsere Biographien erzählen. Und da wird sich, denke ich, etwas einstellen, daß wir wechselseitig, Westler wie Ostler, uns erkennen können, an Stellen, wo wir vielleicht heroisch waren, und an anderen Stellen, wo wir schlicht opportunistisch waren, wo wir schäbig waren. Ich denke aber, daß, wenn so was passiert, es nicht so sein wird, daß die dort mit erhobenem Haupt herausgehen und wir mit gesenktem.

Sie glauben an die Einsichtsfähigkeit der Menschen beim Zuhören.

Ich denke schon. Sonst bräuchten wir nicht miteinander zu reden.

Wolfgang Thierse, am 22. Oktober 1943 in Breslau geboren, in Thüringen aufgewachsen. Katholisches Elternhaus, der Vater Rechtsanwalt und CDU-Mitglied. Wolfgang Thierse lernt Schriftsetzer und studiert dann Germanistik und Kulturwissenschaft. Als Parteiloser im Kulturministerium beschäftigt mit architekturbezogener Kultur. Private Äußerungen gegen die Ausbürgerung

Biermanns 1976 werden denunziert. Sie werden, Herr Thierse, aus dem Ministerium entlassen und finden Unterschlupf unter dem Dach der Akademie der Wissenschaften in der DDR, im Zentralinstitut für Literaturgeschichte. Ein weithin angepaßtes Leben. Haben Sie damit ein gutes Menschenrecht in Anspruch genommen, kein Held sein zu müssen, oder machen Sie sich nachträglich Vorwürfe?

Es gibt beides. Ich will mich im nachhinein nicht größer machen und auch nicht von anderen größer machen lassen, als ich war, und auch mich nicht kleiner machen lassen. Ich denke immer, ich habe eine relativ durchschnittliche Existenz in der ehemaligen DDR geführt. Ich denke, daß ich vieles nicht habe mitmachen wollen und daß ich irgendwann einmal auch bereit war, einen Preis dafür zu bezahlen, den Preis, daß man nicht so eine dolle Karierre macht. Und ich fürchte, daß der Preis sogar schlimmer ist,und das ist so etwas, wo man, wo ich anfange zu sagen, dafür müßte ich mich schämen. Nicht nur für manches Schweigen, dafür schäme ich mich. Es gibt Dinge, die ich nie vergessen werde, weil ich einfach geschwiegen habe und weil ich nicht laut nein geschrien habe, sondern weil ich damit beschäftigt war, selber einigermaßen zu überleben, manchmal auch gedrängt von Kollegen, die gesagt haben: Schweige, sonst bricht unsere Gemeinschaft auf, die wir hier miteinander einigermaßen anständig vertretbar vor unserem intellektuellen Gewissen und auch vor unserem moralischen Wissen verantwortbar vertreten können. Das hat manches Schweigen mit sich gebracht, für das ich mich schäme. Und es gibt nun einen anderen Punkt, über den ich manchmal nachdenke: eine frühe Entscheidung, was heißt, es war gar keine Entscheidung, sondern so eine allmähliche Entscheidung, zu sagen: In diesem Lande DDR wirst du nichts wirklich ausrichten können, wenn du nicht den Preis bezahlen willst, der dir abverlangt wird. Und dies wollte ich relativ früh nicht. Ich denke, der Preis war eine ganz früh einsetzende Resignation, fast eine Lähmung. Im nachhinein – nicht nach diesen anderthalb Jahren Turbulenz, die ich hinter mir habe – kommt mir mein früheres Leben so fremd vor. Wo es mir manchmal erscheint, als sei ich plötzlich ein Ausbruch gewesen, und ich bin doch nicht ein anderer geworden denke ich.

Wie kam es Ihnen vor, als Sie es lebten?

Ja, da habe ich auch immer dieses fatale Gefühl gehabt: Wie tief sitzt diese Resignation, ist das eine Lähmung, die ein Charakterzug ist, die ich mir selber vorzuwerfen habe, ist es politischen Verhältnissen geschuldet, und auch schon das habe ich damals denunziert. Ich will mich auch nicht auf Verhältnisse herausreden. Dieser eigentümliche Zwiespalt, daß man beschäftigt war, mit Anstand zu überleben, mit intellektuellem Geschmack, sich zu unterscheiden, zu differenzieren, genau zu sein in der Analyse, genau zu sein auch in der Sprache, von der ich immer wollte, daß sie sich unterscheidet von der offiziellen Sprache, der verkommenen des politischen Jargons in der DDR, aber auch anderswo, aber zugleich auch dieses Gefühl des Ungenügens, daß man immer nur so ein problematisierender Beobachter ist und nicht in der Lage, ein Akteur zu werden. Aber ich denke auch im nachhinein, ein bißchen, ein gut Teil lag Schuld bei mir selber, aber Versuche, zu agieren, sind ja auch gescheitert, weil ich eben nicht wirklich mich unterwerfen wollte, Bedingungen, die dann abverlangt worden sind.

Das Bild, das viele im Westen sich von der DDR machen, in welchen Punkten weicht es nach Ihrem Eindruck am stärksten von der Realität ab?

Ich glaube, zunächst mal in der Beurteilung der Menschen, die in westlicher Sicht unterschätzt werden, in dem, was in ihnen an Durchhaltevermögen steckt, auch an Intelligenz, auch an Findigkeit. Das ist ja so furchtbar wenig sichtbar, jene Fähigkeiten, die notwendig sind, 60 Jahre für manche, für manche zum Glück viel weniger, 60 Jahre Diktatur, 60 Jahre Mangelwirtschaft, 60 Jahre Einschränkung, 60 Jahre auch Anpassung zu überstehen. Ich denke schon, da mag menschliche Substanz auch eingeschränkt worden sein, aber das hat ja auch ein außerordentliches Durchhaltevermögen hervorgerufen, und ich glaube, das wird am meisten unterschätzt von den Westlern, weil da ja ganz andere Werte, die viel mehr an der Oberfläche liegen, zählen, also etwa die Fähigkeit, sich selber darzustellen. Ich hoffe sehr, daß die Fähigkeit von Ossis in der Vergangenheit – nicht so genau hinzugucken, wie sich einer darstellen kann, womit sich einer schmückt, sondern herauszufinden, was denkt er tief innerlich, kann er mit mir solidarisch sein –, daß diese Fähigkeiten, die wir erworben haben im Beurteilen anderer Leute, nicht so schnell verlorengehen.

Gehört es zu dem verzerrten Bild des Westen, auch den großen Raum des privaten, den es gegeben hat, mit privatem Glück und Unglück, nicht wahrzunehmen, sondern zu denken, es sei alles, jede Stunde, jede Minute, jeder Herzschlag politisiert gewesen.

Ja, das ist natürlich ein verständliches Vorurteil, das ja nur überwunden werden kann und werden konnte, wenn Westdeutsche wirklich in die ehemalige DDR gefahren sind und nicht nur mal so auf Stippvisite, sondern Menschen kennengelernt haben. Es ist meine Erfahrung gewesen, daß Leute dann immer die Beobachtung gemacht haben, es gibt ein paar sehr sympathische Unterschiede zwischen Ossis und Wessis, und das waren auch immer Unterschiede, die mit der Art der Privatheit zu tun hatten.

Was hat Sie aus dem Neuen Forum schon im Januar 1990 zur SPD geführt? Haben Sie die Ohnmacht der Bürgerbewegungen vorausgesehen?

Also nicht so bewußt, wie Sie in Ihrer Frage vermuten, aber unbewußt schon. Ich war einfach unzufrieden damit, daß man da immerfort diskutiert und jedesmal wieder von vorne anfängt, und ich dachte, wenn man politisch etwas erreichen will, braucht man eine größere Verbindlichkeit, muß man auch bereit sein, so schwer es fällt, um Positionen, auch um Macht zu kämpfen. Das fällt mir selber wahnsinnig schwer, und im Rückblick sage ich: Es war unsere gemeinsame Schwäche, die Schwäche der Bürgerbewegungen, also vom Neuen Forum, Demokratie Jetzt und der Sozialdemokraten, daß wir nicht früh genug die Machtfrage wirklich gestellt haben. Der Runde Tisch war faszinierend, ein großes Instrument der Demokratisierung, aber nebenbei, fast unmerklich, wurde die Macht ganz woanders ausgeübt: Es gab die Regierung Modrow, es gab die Umwandlungsprozesse innerhalb der Stasi, das Verstecken von Verantwortungen. Wir hätten viel eher die Machtfrage stellen müssen und sagen, wir übernehmen die Regierung, mit Ullmann, mit vielen anderen anderen.

Gibt es jetzt, am Ende der Wende, neue Anpassungen, vorherrschend im Land?

Das sehe ich als einen massenhaften Vorgang. Ich sage das ohne Vorwurf, weil das ja den Leuten abverlangt wird; sie können nicht in einem neuen ökonomischen und politischen System leben, sich behaupten wollen und sich zugleich diesem System verweigern. Wer kann das schon?

Was sagen Sie zu folgender These: Die demokratische Gesellschaft entwickelt einerseits zunehmend engagierte Minderheiten, die aber in der Regel ihre Ohnmacht nur in Einzelpunkten durchbrechen können und eher Frühmerker gegenüber neuen Problemen sind, und andererseits wächst in der demokratischen Gesellschaft die Manipulationsmacht der Experten des politischen Apparats, die die Mehrheit der Menschen zum Objekt macht.

Ich stimme der These zu; und weil ich sie vielleicht nicht hundertprozentig, aber im Prinzip für richtig halte, denke ich schon, daß es darum geht, für eine moderne Demokratie in Deutschland so etwas zu erreichen wie eine wirkliche Zusammenarbeit zwischen Parteien und Bürgerbewegungen auf der Basis von Arbeitsteilung und von wirklichen Unterschieden. Die großen Parteien haben die verdammte Pflicht und Schuldigkeit, in sich selber den mühevollen Konsens auszubilden, von dem die demokratische Gesellschaft insgesamt lebt, und die Bürgerbewegungen haben die verdammte Pflicht und Schuldigkeit, genau das zu tun: frühzeitig Probleme zu erkennen, Interessen von Minderheiten auch mit Entschiedenheit zu artikulieren, damit die nicht untergehen. Deswegen bin ich schon dafür, daß wir eine solche Zusammenarbeit erreichen auch in einer parlamentarischen Demokratie, die so stark auf Parteien zugeschnitten ist. Wir haben schon noch darüber nachzudenken, was das ist mit Runden Tischen auf bestimmten Ebenen, nicht als Ersatz für das Parlament, das glaube ich nicht, aber es gibt immer wieder neue wichtige Probleme, wo wir anders zusammengesetzt diskutieren müssen als jeweils nach den Wahlen, die vor vier Jahren stattgefunden haben.

Kann man das institutionalisieren?

Nicht im Prinzip, aber immer wieder neu. Warum soll es denn nicht sein, daß man für ein bestimmtes lokales Problem sagt: Hier rufen wir ganz unterschiedliche Leute zusammen, die miteinander diskutieren, wo es nicht einfach nach der Größe der Vertretungsmacht geht, sondern auch nach Entschiedenheit und Klarheit des Standpunktes, nach Kompetenz in einer Sache, auch nach Sensibilität für Problemlagen und für vergessene Probleme.

Was bedeutet Ihnen Sozialismus, Herr Thierse?

Ich halte vielleicht das Wort für eine gewisse Zeit für verbraucht, aber nicht den Begriff, weil er für mich mit der Hoffnung auf soziale Gerechtigkeit verbunden ist und weil ich diese Hoffnung nicht für veraltet halte, schlicht aus dem einfachen Grund, weil es noch so viel Ungerechtigkeit gibt. Und deswegen möchte ich mich an diesem Ideal schon abarbeiten und auch einerseits zurückfragen: Was ist da alles falschgelaufen, daß die Ideale, die am Anfang des Sozialismus gestanden haben, auf so schwierige, so problematische, ja so falsche Weise verwirklicht worden sind? Und ich möchte auch nach vorne fragen: Wie können wir diese Ideale dadurch doch realisieren, daß wir immer noch etwas mehr tun, als was das jeweils pragmatisch gerade so mögliche ist. Und ich möchte festhalten an einem Begriff von Sozialismus, der einen Prozeß beschreibt, immer wieder, ein Mehr an Gerechtigkeit, ein Mehr an Freiheit, also konkrete Befreiung, ein Mehr auch an Toleranz. Und dieses Mehr ist ja überhaupt nur anzustreben, wenn man einen Überschuß hat, wenn man ein Ideal vor sich hat und nicht immer schon mit dem Erreichten jeweils zufrieden ist. Und nur wenn ich ein solches Ideal habe, glaube ich, ist Sensibilität für Ungerechtigkeit und Unfreiheit möglich – sonst finde ich mich in dem zurecht, was ist, mit meinem eigenen Überleben.

Bis zu welchen Konsequenzen würden Sie für die Verwirklichung dieses Sozialismus im Sinne von mehr Gerechtigkeit gehen? Wo ist der Rubikon, den Sie nicht überschreiten wollen, weil Sie sagen: danach beginnt die Gefahr, danach beginnt die Korrumpierung der Ideale?

Wir haben ja eine schlimme Erfahrung hinter uns. Sozialismus darf nicht mehr etwas sein, was von den einen im allgemeinen den wenigen der Mehrheit gebracht wird – was immer heißt, dieser Mehrheit aufgezwungen wird: ein System, ein Zustand, der den anderen aufgezwungen wird –, sondern ein Prozeß, in dem es immer wieder darum geht, sich über konkrete nächste Ziele zu verständigen, Mehrheiten zu gewinnen für das Überschreiten eines gegenwärtigen Zustandes. Also, er ist für mich gebunden an die Idee der sozialen Gerechtigkeit im Sozialismus, ganz elementar an Demokratie und ganz elementar an die Rechte von Minderheiten.

Die derzeitige Stimmung vieler Menschen in der ehemaligen DDR auf den kürzesten Nenner gebracht: es wachsen die Aggressionen wie die Lethargie. Ist die Stimmung so?

Ich glaube, sie ist so, und ich bin auch darin kein Prophet. Aber es ist dieser ganz schmale Grat zwischen lähmender Resignation und blinder Aggression – das ist es, an dem wir sind, und ich plädiere heftig dafür, daß wir den sozialen Protest, den ich für notwendig halte, politisch machen, damit er nicht blind wird und nicht aggressiv.

Erlauben Sie mir eine letzte Frage: Wenn die Schwierigkeiten sich weiter verschärfen im Land, wird es dann in Bonn eine große Koalition geben?

Ich wünsche es mir nicht. Aus sehr verschiedenen Gründen. Ich bin für eine konzertierte Aktion aller derjenigen, die die Probleme miteinander lösen müssen. Ich bin auch für Runde Tische aller Art, wenn sie helfen, sie müssen nicht um jeden Preis hergestellt werden, aber ich bin auch dafür, daß die SPD Mundwerk, Sprachrohr des sozialen Protestes sein muß, Opposition gegen falsches Handeln von Regierungen, damit diejenigen, die zunächst mal die Benachteiligten sind, die problematischen Seiten der deutschen Einheit kennenlernen, bemerken, es ist von ihnen die Rede, wenn ein Sozialdemokrat in Bonn spricht.

Volker Braun

Gespräch vom 15. April 1991

Mein heutiger Interviewpartner ist Volker Braun, Jahrgang 1939, ein Schriftsteller der DDR, ein komplizierter, grüblerischer Mensch, ein Stückeschreiber, ein Lyriker, Verfasser von Erzählungen und Romanen, kritisch gegenüber seinem Staat, der DDR, kritisch gegenüber der Partei, die ihn geformt hat, aber ein Anhänger der sozialistischen Utopie. Zur Person: Volker Braun.

Die DDR, Herr Braun, ist an den Folgen vieler Ursachen zugrunde gegangen. Was ist nach Ihrer Einsicht der selbstverschuldete Hauptgrund?

Ich glaube, das falsche Verständnis von Macht. Daß ein Parteiapparat glaubte, ein Land regieren zu können. Das verhinderte schon, daß diese utopische Grundlage der DDR, dieses Gemeineigentum, überhaupt in die Verfügung der Produzenten kam. Und es führte dazu, daß der Staatsapparat praktisch umklammert war von dem Parteiapparat und damit demoralisiert und ausgehöhlt, eigentlich an der Arbeit gehindert. Ich halte das für das Grundverhängnis dieser Staatsstruktur.

Würden Sie sich selber im Rückblick als einen kritischen, aber loyalen Staatsbürger der DDR sehen, dem die Loyalität aber oft schwergemacht worden ist?

Also das war keine Frage des Schreibenden. Ich glaube, auf dem Papier gab es nur die Konsequenz, dem Material zu folgen, der Wirklichkeit, und ich glaube auch, ich habe es immer mit dem alten Wilhelm Rudolf gehalten, dem alten Maler in Dresden, der mit 90 Jahren einmal sagte: Ich habe es immer darauf ankommen lassen. Und ich glaube, ich habe auch eine Neigung gehabt, die jeweils schärfere Formulierung zu benutzen.

Aber Sie wollten die DDR damit fördern. Es war Ihre Utopie. Ich komme darauf noch, aber ich stelle jetzt schon einmal die Frage: Es war Ihre Utopie?

Ja, es war durchaus eine Arbeit in der Gesellschaft, in den Widersprüchen dieser erstaunlichen und beschränkten Sozietät.

Die Beschränktheit – Sie haben auf die erste Frage eine Antwort gegeben, was die selbstverschuldete Hauptursache für das Scheitern der Utopie in der DDR war –, diese Beschränkung – auch darauf komme ich noch im einzelnen – war Ihnen immer geläufig, oder konnten Sie die über dem Schreiben vergessen?

Das war ein Erkenntnisprozeß, daß man nach und nach die bestimmten Unannehmlichkeiten dieses sozialistischen Versuchs erkannte. Ich glaube, das Schreiben, indem es sich an die Widersprüche hielt, brachte es mit sich, daß man sich in diese Verhängnisse hineindenken mußte.

Eine irreale Frage nun, die einem Dichter wie Volker Braun vielleicht gestellt werden darf: Wenn Sie die Macht im Land einen Tag innegehabt hätten, eine märchenhafte Macht sozusagen, die keine Rücksicht zu nehmen braucht und keine Sachzwänge kennt, was wären Ihre vordringlichen Maßnahmen gewesen? Nennen Sie die Ihnen wichtigste oder allenfalls zwei oder drei, bitte.

Ja, es hat einen märchenhaften Augenblick gegeben in den letzten Monaten dieses Landes... *der DDR*... ja, und ich erinnere mich, damals auch formuliert zu haben, was ich mir vorstellen könnte. Als nämlich diese Autorität der Masse auf der Straße sichtbar war. Ich sagte damals, daß wir diese Demonstration, in einem metaphorischen Sinn, nicht auflösen dürfen, daß wir dieses große Begehren nach Mitbestimmung nicht freiwillig zersplittern dürfen, ohne Zutun der Polizei, daß wir jetzt zusammenbleiben müssen, um uns wahrzunehmen, also an den Runden Tischen, in den Volksvertretungen, in den wirklichen Volksvertretungen, und das war dann der Vorschlag, von dem ich wußte, daß er nur in diesem Moment und nur für diesen kurzen Moment überhaupt formuliert werden konnte: daß wir suchen sollten nach der Staatsform, die selbst ein Protestmarsch bleibt gegen die elenden Verhältnisse.

Ich hatte Sie gefragt, was Ihre Hauptentscheidung gewesen wäre, wenn Sie die Macht gehabt hätten, Sie haben geantwortet, was Ihnen das Vordringliche war, als es zu Ende ging, während der Wende, nämlich die Mitbestimmung, die auf der Straße postuliert wurde, ausgeübt wurde. Haben Sie, bevor es zur Wende kam, den Mangel an Mitbestimmung für den wesentlichen Mangel der DDR-Gesellschaft angesehen, und hätten Sie das, wenn Sie märchenhaft im Besitz der Macht einen Tag gewesen wären, am ehesten geändert?

Das für mich Unannehmbare liegt schon in der Frage: wenn ich die Macht gehabt hätte. Ich glaube, es war der Moment, wo öffentlich nachgedacht werden konnte, wozu Macht eigentlich gut ist. Ich glaube, wenn es irgendeine Körperschaft gibt, die den Wunsch hat, sich denkend zu einer Autorität zu machen, also von mir aus auch zu führen, dann kann es doch nur eine sein, die genau diese Anmaßung, Macht auszuüben, nicht beanspruch. Und es gibt eine alte Vorstellung von Partei, die etwa sagt: in der Partei können alle gleich sein, anders als im Staatsapparat, wo der eine dem anderen untergeordnet ist, und durch diese Gleichheit können auch die unterschiedlichsten Erfahrungen der verschiedensten Bereiche zusammenkommen: zur radikalen Analyse, also zu einem selbstlosen Vorschlag für die Gesellschaft. Das formulierte Trotzki in dem Moment, wo er aus der russischen Partei ausgeschlossen war. Das ist immer eine Utopie geblieben, und unterdessen glaube ich auch, daß die Frage, ob das eine Partei sein muß, sich vielleicht erledigt hat. Aber der Grundansatz, daß Autorität, sozusagen die Möglichkeit, Leute zu ermutigen, gesellschaftlich zu handeln, nur durch diese Selbstlosigkeit der Führenden zu erreichen ist... *Das heißt, das ist ein Traum, das ist noch weniger oder mehr als eine Utopie, das ist ein Traum...* Ja, und eine ganz kühle Aussage... *Verabscheuen Sie die Macht?...* Ich muß das bejahen.

Die Utopie des Sozialismus, Herr Braun, ist Sie Ihnen verlorengegangen am realen Beispiel der DDR?

Nein, ich glaube, sie hat sich an dem Beispiel der DDR geschärft. Durch die Erfahrungen dieser hochinteressanten Entwicklung, durch dieses unter schwierigen Umständen gestartete gesellschaftliche Experiment sind ja auch die Möglichkeiten einer solchen Entwicklung punktuell aufgeblitzt. Daß sich die Wirklichkeit von der eigentlichen Intention so weit entfernt hat, hat doch für einige hier im Land den Blick geschärft, was es eigentlich hätte sein können... *und auch das Vertrauen und die Hoffnung am Leben erhalten, daß es dahin doch noch kommen kann und kommen muß, oder ist das eine Hoffnung, die über die von Ihnen erwartete Lebenszeit hinausreicht...* Das ohnehin. Aber ich glaube auch, die

Frage, ob der Sozialismus sich als etwas Selbständiges, sozusagen als eine Staatsform separieren muß und herausreißen muß aus der bisherigen Geschichte, die muß man wirklich dahingestellt lassen. Es wird so bleiben, daß er als eine Gegenkraft, auch als eine Gegenvorstellung von Zusammenleben in der bürgerlichen Gesellschaft selber rumort und arbeitet... *Aber gerade das tut er jetzt nicht. Empfinden Sie einen Mangel darin, daß er das jetzt nicht tut, weil er so diskreditiert worden ist durch das untergegangene Regime der DDR, daß er jetzt beim Vereinigungsprozeß fehlt...* Ja, aber es gibt auch die Empfindung, daß jetzt in einer solchen Richtung überhaupt wieder unbefangen gedacht werden kann. Der reale Sozialismus war ja auch eine Barriere, vor der das linke Denken haltmachte in den westlichen Ländern. Alles Denken nach vorn wurde konfrontiert mit der Frage: wollt ihr das, was da ist, und der Sozialismus, so, wie er war, war keine Herausforderung mehr für die bürgerlichen Gesellschaften. Aber ich glaube, das Verschwinden des Sozialismus ist eine Herausforderung, weil jetzt die bürgerliche Gesellschaft in sich selber nach Alternativen zu dem gefährlichen Weltgang suchen muß... *Sind Sie ein Optimist?...* Das ist wieder eine Frage, die sich in diesem Metier, also beim Schreiben, nicht stellt, weil man... *Ich habe das gesellschaftliche Wesen gefragt. Sie haben in einem Augenblick, in dem der Sozialismus, wie er real geworden ist, auf das äußerste diskrediert ist, gesagt: Nun sind wir wieder freigesetzt, Alternativen in sozialistischer Richtung zu denken, Empfindung dafür zu wecken...* Und das nennen Sie schon Optimismus?... *Ich frage ja nur, ich würde das schon Optimismus nennen...* Ich glaube, das ist ein bitterer Zwang, in dem wir uns befinden.

Volker Braun, am 7. Mai 1939 in Dresden geboren, nach dem Abitur zunächst als Maschinist ausgebildet, Arbeit im Braunkohletagebau, dann Studium der Philosophie in Leipzig, Anstellung in der Dramaturgie an Ostberliner Theatern, erste Gedichte veröffentlicht Mitte der 60er Jahre, dann auch Theaterstücke, Prosatexte, Erzählungen, Romane. Inzwischen liegt ein umfängliches Werk vor. Schreiben, Herr Braun – ich frage es noch einmal, obwohl Sie schon andeutungsweise darauf geantwortet haben –, ist das für Sie ein individueller Vorgang oder auch ein gesellschaftlicher?

Ja, es ist eine ganz persönliche Anstrengung, mit der man mit der Gesellschaft in einen Zusammenhang gerät, indem man sie durch das eigene Denken herausfordert oder irritiert und indem sie einfach das Material ist... *Der Stoff, an dem Sie sich abarbeiten, aber meine Frage zielt auf beabsichtigte Wirkung: Wenn Sie schreiben, wenn Sie geschrieben haben, haben Sie Wirkung in Ihrem Sinne, im Sinne Ihres Zieles, als Absicht gehabt?...* Ich gestehe, und das war vielleicht eine Besonderheit unserer Situation in diesem Land, wo Literatur einen solchen Stellenwert hatte, wo sie so ernst genommen wurde, daß es doch zu einer Gewohnheit wurde, das Schreiben auch als eine Herausforderung zu betrachten. Also man wußte ungefähr, worauf man sich einließ, und die Folgen waren gewollt... *Die Folgen, die persönlichen, auch?...* Ja... *War das das Risiko, daß sie laufen wollten? War es das, was den Lebensfunken in Ihnen erzeugt hat?...* Das gehörte zur Lust dieser Tätigkeit... *Sie haben manches geschrieben, ein Stück über einen zweiflerischen Lenin, ein Stück über Trotzki beispielsweise, von dem Sie wußten, daß die Texte gar nicht oder erst nach Jahren zäher Bemühungen würden veröffentlicht werden können. Was hat die Zensur für Sie bedeutet, über diese Lust an der Existenz des Schriftstellers in einem solchen System hinaus? Haben Sie bis zu einem gewissen Grade Machtverständnis für die Zensur gehabt?*

Wenn man schrieb, dachte man ja nicht unbedingt an das Veröffentlichen. Als ich 1968 dieses Stück T. schrieb, also Trotzki, am Ende des Jahres 68, nach dem Einmarsch in der ČSSR, da war das eine Auseinandersetzung, die ich führen mußte mit meinen eigenen Auffassungen, ich mußte das tun, obwohl ich wußte, es ist nicht nur sinn los, es ist auch gefährlich, das war wirklich die traumatischste Figur. Ich will mal so sagen: die Zensur war die halbe Arbeit, also die Auseinandersetzung mit den Behörden, damit etwas erscheinen konnte, aber sie hatte nichts zu tun mit dem Schreiben... *Für Sie nicht. Können Sie verstehen, daß es für andere Schriftsteller anders war, und können Sie verstehen, daß viele die DDR verlassen haben, oder haben Sie darin eine Art Fahnenflucht, einen Defätismus gesehen?...* Ich habe das Weggehen immer respektiert und den Kollegen auch die Freundschaft gehalten. Es waren ja zumeist nicht die, die die größten Schwierigkeiten hatten mit Publikationen, es gab ja auch ein physisches oder denkerisches Unbehagen, sich weiter in der Gesellschaft zu befinden. Ich verhehle nicht, daß mir das Weggehen auch immer etwas von Feigheit hatte, weil es so eine Privatlösung war... *Sie haben diese Privatlösung für sich nie erwogen?...* Man hatte zwei, drei Orte im Kopf als mögliche Fluchtpunkte, aber ich wäre nur gegangen im Falle von physischer Gewalt oder von Beschlagnahmung von Manuskripten. Es gab einfach Gründe, hier zu sein, weil eine Landschaft, in der nicht mitgedacht wird und beobachtet wird, was sich wirklich ereignet, ärmer ist und auch hilfloser ist.

War das unerbetene Solidarität mit den Menschen im Lande? War Ihnen das s o *klar? Oder war es auch Eigennutz?...* Sagen Sie unerbetene?... *Ja...* Ich glaube, es war sogar eine erbetene... *Von dem Publikum, das Sie hatten, sicher, aber ich meine jetzt, vom Regime unerbeten...* Das ist nicht leicht zu beantworten. Ich glaube auch gespürt zu haben, daß ich trotz unannehmbarer und eigentlich verwerflicher Texte in gewissen Momenten geschützt worden bin, also daß man durchaus Wert legte auf das Bleiben des einzelnen. Es war ja auch ein in sich höchst widersprüchliches Land, das nicht einfach auf den Nenner von Repression zu bringen ist. Es war ja so, daß man sich auf das neue Buch, das man wohl fürchtete, zugleich auch freute. Das war... *Auch die Partei...* Auch die Partei.

Die DDR war weithin, der Anlage nach, eine Erziehungsdiktatur. Oder wollte sie es nur sein und versandeten diese Absichten in Verantwortungsscheu und mangelnder Risikobereitschaft?

Ja, das war auch ein aufregender und enervierender Vorgang, daß man meinte, die Leute zu ihrem Glück zwingen zu können. Wir haben das oft thematisiert und auch ironisch beschrieben, und ich halte es da mehr mit einem anderen Satz, von dem ich hoffe, daß er ebenso trivial werden könnte wie dieser so oft gesagte Satz von der Notwendigkeit, die Leute zum Glück zu zwingen, nämlich einem Satz von Peter Weiss: Wenn wir uns nicht selbst befreien, bleibt es für uns ohne Folgen. Ich habe den Satz – ich glaube 1982 – in dem Stück »Die Übergangsgesellschaft« benutzt.

Will der Mensch Folgen für sich, ist der Mensch veränderbar? Sehnt er sich danach, ein neuer Mensch zu wer-

den? Glauben Sie an den Sinn und die Möglichkeit von Aufklärung?

In diesem wahnwitzigen Jahrhundert haben wir vielleicht gar kein Recht, so eine Frage zu beantworten, weil wir zu viele bittere, aber ich glaube auch sehr beschränkte Erfahrungen mit dem Menschen machen, gemacht haben. Aber es gab auch Momente einer ganz anderen Erfahrung, daß nämlich ein Ruck durch die Gesellschaft gehen könne und eine große Ermutigung, eine wirkliche Befreiung stattfindet... *Gab es solche Momente vor der Wende?...* Es gab sie zum Beispiel im Prager Frühling, es gab sie für Monate auch in Moskau, 1987 1988 vielleicht, und natürlich war auch der Herbst von solchen Zügen; denn der Mensch ist ja nicht nur die erbärmliche und kleinliche Kreatur, die er in repressiven Verhältnissen sein muß, er kann zugleich auch ein phantastisches und solidarisches Wesen sein, wenn eine solche Ermutigung ihn erfaßt... *Kann die Ermutigung etwas Ausgedachtes, Kalkuliertes sein, oder muß sie aus den Umständen kommen?...* Sie muß aus einem Erleben kommen, aus einer plötzlichen Befreiung, so daß wirklich der Reifen von der Brust fällt.

In einer Kritik ist Volker Braun, ist Ihnen, Herr Braun, nachgesagt worden, Ihre ganze Liebe gehöre der Revolution. Erkennbar ist jedenfalls, daß viele Ihrer Texte bitter, manchmal höhnisch, darum kreisen, daß der Apparat, daß die von der Basis entfernte, abgehobene Leitung die Arbeiter hindere, sich und ihre Gesellschaft weiterzuentwickeln, die Entfremdung in der Produktion zu überwinden. Haben Sie an die Notwendigkeit einer permanenten Revolution geglaubt?

Ich würde das Wort vermeiden, weil es mißverständlich ist... *permanente Revolution?...* Ja. Es klingt sehr brachial, sehr ideologisch. Aber ich glaube schon, daß mein Denken sich lange Zeit festmachte an der Vorstellung, daß eine gesellschaftliche Umwälzung, so wie sie die großen Bärtigen im vorigen Jahrhundert vorskizzierten, es braucht, in eine bestimmte Tiefe zu geraten, daß sie nicht zu rasch ihre eigenen Intentionen vergißt, so daß niemand mehr weiß, worum es eigentlich ging – und das war unser Zustand... *Wollen Sie sagen, den Leuten ging es auf eine sehr gleichförmige Weise zu gut? Sie hatten keine Anstöße mehr?...* ... das kann man sagen, daß das durchaus auch ein utopisches Moment hatte, dieses Nichtgefragtsein, dieses Nichtgefordertsein, vielleicht ist es auch eine negative Utopie, aber was ich sagen wollte mit dieser Konsequenz einer solchen Bewegung, die notwendig ist, damit man überhaupt an den gewollten Ufern ankommt: alles, was bisher versucht wurde, hat ja nie den eigentlichen Grund der Verhängnisse erreicht, nämlich die Art von Tätigkeiten, die die Leute auseinanderdividieren in diejeinigen, die das Sagen haben, und die, die machen müssen. Und es bedarf, glaube ich, eines großen historischen Prozesses, dessen man sich durchaus auch bewußt sein darf, diese Frage der Verwandlung des ganzen Tätigkeitsfeldes der Gesellschaft wirklich ernst zu nehmen.

Sie glauben nach den letzten 40 Jahren, nach den Erfahrungen, die Sie gemacht haben, an diese Umwälzung, daß sie kommen wird, sie bauen darauf. Könnten Sie ohne eine solche Utopie arbeiten?

Ich baue nicht darauf, es ist überhaupt nicht die Arbeit der Literatur, an Ideen zu hängen, die Literatur schaut, was ist... *Sie schaut nicht nur, was ist, sie setzt auch Ziele, in manchen Phasen...* Ich weiß nicht, sie schaut, was in einer Situation für Möglichkeiten sind. Das kann sie aber nur, indem sie auf die Widersprüche der Realität selbst schaut und... *gut, kommen wir auf die Umwälzung, ohne literarisch zu fragen, ohne nach der Literatur und ihrer Aufgabe dabei zu fragen. Sie bauen, Sie sagen, nein, Sie bauen nicht, Sie hoffen noch immer auf diese Umwälzung, diese radikale Umwälzung, das Ende der Entfremdung...* Das ist ja keine Zielsetzung, die irgendeine kleine DDR in die Welt brachte, sondern das ist eine Notwendigkeit, die sich aus dem ganzen Zustand der Industriegesellschaft ergibt. Es ist die Frage, durch welche gesellschaftlichen Verhältnisse man leichter und souveräner an so einer Aufgabe dranbleiben kann.

Gerade sagt das siegreiche System, das pluralistische, das kapitalistische, das marktwirtschaftliche: wir haben euch bewiesen, man kann es eher auf unsere Weise. Was sagen Sie zu diesem Anspruch?

Ich könnte ganz kühl zunächst sagen, mit dem Verschwinden dieser frühen Sozialismen ist gar nichts bewiesen. Aber ich glaube schon, daß jetzt ein Sieg der traditionellen Wirtschaftsform stattfindet, vielleicht in keinem guten Moment und nicht durch die besten Zwecke, nämlich weil sie siegt durch eine größere Wirtschaftskraft, durch einen größeren Wohlstand, der natürlich alle Probleme zugleich mit auf die Umlaufbahn bringt. Es gab schon einmal einen Moment, wo der Kapitalismus in phantastischer Weise seine Überlegenheit zeigte, genau in dem Moment, wo der erste sozialistische Staat entstand. Da begannen diese zwanzig Jahre, in denen wie nie zuvor die soziale Lage der Arbeiter im Kapitalismus sich entwickelte... *Sprechen Sie von den 20er Jahren?...* Von den 20er und 30er Jahren. Das war im Grunde Pech für diesen Sozialismus. Es war vielleicht nicht so folgenschwer, weil die innewohnenden Dilemmata der bürgerlichen Gesellschaft noch nicht so zu Buche schlugen wie jetzt bei dieser expansiven und die Natur verwüstenden Industrie... *Sie sagen also, das System siegt zur falschen Zeit und wird sich als unbrauchbar für die kommenden Probleme, zum Beispiel Nord-Süd-Konflikt, erweisen?...* Der Sieg ist nicht das Problem. Der Sieg ist vollkommen – der geht in Ordnung, sozusagen. Das Problem ist, daß in dem Moment diese Gesellschaft so ins Recht gesetzt ist, daß sie vielleicht nicht gezwungen ist, über ihre eigenen Verhängnisse so dringlich nachzudenken.

In der »Tribüne«, in einem sehr kritischen Text von Ihnen aus dem Jahr 1974, der das Scheitern eines vom Üblichen, Anpasserischen abweichenden Parteisekretärs zum Inhalt hat, beschreiben Sie die Unlust, aber auch die Ohnmacht einer Betriebsleitung und von Meistern, sich mit den Arbeitern in der Produktion anzulegen oder sie für Neues zu motivieren. Im Westen ist die vorherrschende Meinung, die Unterdrückung in der DDR sei total gewesen. In der »Tribüne« und den anderen Texten von Ihnen, Herr Braun, wird jedoch beschrieben, daß Leitung und Arbeiterschaft ihre stillschweigende Übereinkunft hatten, sich in Ruhe zu lassen, solange nur der Plan erfüllt wird. Sind Sie dem Menschen gram, daß er so ist, wie er mehrheitlich ist?

Nein, also der Gram und all solche Dinge, das ist nicht Sache des Schreibens. Die Sache des Schreibens ist, wahrzunehmen. Es ist wahr: vielleicht das Ärgerlichste an dieser Gesellschaft war, daß so wenig Eigenes, so wenig Denken und so wenig Kraft dem einzelnen abgefordert wurde. Ja, daß es eigentlich sogar so war, daß man sich sagen mußte: Wer sich bei uns etwas einfallen läßt, ist selber dran schuld... *Das ist jetzt ein Selbstzitat gewesen, aus der »Tribüne«...* Ja, ja – ich glaube aber, auch das war ein

Zitat, nämlich aus einem Material einer Untersuchung, die Rudolf Bahro in den 70er Jahren in der Schicht der technischen Intelligenz machte, der Schicht, in der vielleicht diese Pein am härtesten empfunden wurde, so wenig von sich einbringen zu können. Bahro sprach damals von dem überschüssigen Bewußtsein in diesem Land... etwas, was einfach von der Struktur nicht... *ein Begriff, den Sie auch übernommen haben...* Ja, ...nicht abverlangt wurde. Aber Sie haben recht, daß man das – oder ich will es so sagen: obwohl ich das, dieses Nichtgebrauchtsein, auch als eine Art von Unterdrückung empfinde. Sicher nicht der Großteil der Produzenten, denn das war auch ein Agreement zwischen Leitern und Arbeitern. Andererseits ist das, was man sich unter Sozialismus klischeehaft vorstellt, auch in der Bundesrepublik, daß die Leute regelrecht unterdrückt wurden und geschunden wurden, vielleicht der großen Ferne der Bundesdeutschen zu dem Leben bei uns in den Institutionen und Fabriken geschuldet. Ich erinnere mich, vor vielen Jahren, als das erste Stück, das ich schrieb, »Die Kipper« – was übrigens 10 Jahre lang nicht gespielt wurde, weil man meinte, es zeige die Verhältnisse zu schlecht, zu gemein, zu unterdrückerisch –, als dieses Stück in Wuppertal gezeigt wurde, erlebte ich, daß dort eine Verblüffung war, auch unter den SPD-Genossen, was für ein merkwürdiges Verhältnis zwischen Betriebsleiter und Arbeitern war, schon, daß man »du« sagte, schon, daß der Betriebsleiter sich kümmern mußte um die Probleme der Arbeiter, als ob ihnen diese Arbeit gefällt, diese Dreckarbeit. Das ist kein Problem für einen westlichen Betriebsleiter, dafür findet man Arbeitskräfte. Es war aber das Problem unserer Leiter. Und ich glaube, niemand hatte einen schwierigeren Stand als ein Leiter in diesen hiesigen Betrieben, weil ein merkwürdiges Selbstbewußtsein in dieser Arbeiterschaft war, die ja nichts zu verlieren hatte, die man brauchte, die gepflegt werden mußte, und das mag nicht besonders produktiv gewesen sein, aber auch das gehörte zu dieser versunkenen Gesellschaft.

Was hat nach Ihrer Einsicht stärker die Unlust und den Unmut in der DDR erzeugt – im ganzen gesehen, von Einzelfällen, auch tragischen Einzelfällen, abgesehen also –, was hat die Unlust und den Unmut in der DDR stärker erzeugt: die Schikanen und Härteres, wenn man auffällig wurde, oder das in den Grundbedürfnissen zwar auskömmliche, aber eben gleichförmig geprägte Leben, ohne die Perspektive, auch einmal das große Los zu ziehen?

Ich wage das nicht zu entscheiden. Ich glaube, daß die wirkliche Repression vor allem ein Phänomen der letzten Jahre war, dieses Wuchern des militärisch-sicherheitsdienstlichen Bereiches, wo dann wirklich der Spaß für den einzelnen aufhörte. Aber... *Können Sie das ungefähr datieren?...* Das kann ich nicht datieren. Ich könnte überlegen, von wann ab meine Briefe geöffnet wurden. Aber ich glaube schon, daß ... *die Repression ein starker Grund war...* Ja, aber das es ein doppeltes Problem war, dieser zunehmende Blick für etwas, was Lust machte, ja, die Lust des Produzierens, die ja der eigentliche Treibsatz der Demokratie ist – und es ist allerdings, das kann ich mir jetzt nicht verkneifen zu sagen, auch wiederum eine ganz akute Erfahrung, daß die Lust dieser Wende, dieser Umwälzung, auch sehr ausgetrieben wurde durch dieses Sich-ducken-Müssen in Verhältnisse, wo die eigenen Werkstätten plattgewalzt werden. Und es war vielleicht ein prophetischer Griff des Dirigenten Bernstein in dem Silvesterkonzert, diesen Satz von Schiller zu ändern:

Freude schöner Götterfunken in Freiheit schöner Götterfunken, und ich glaube, die Freiheit hat mit ihrem Taktstock die Freude ein wenig aus dem Land dirigiert.

Sie haben, Herr Braun, 1976 die Solidaritätsadresse für Wolf Biermann, der ausgebürgert wurde, mit unterschrieben, wollten jedoch nicht, daß daraus eine Kluft zwischen den Schriftstellern der DDR und ihrer Partei, der SED, konstruiert würde. Sehen Sie heute in einem solchen Bemühen, beides unter einen Hut zu bringen, die Kritik und die Treue zur Partei, eine unzulässige Illusion. Liegt darin die Ernüchterung Ihres Lebens?

Nicht die Ernüchterung, aber das war natürlich eine Illusion, und schon ein paar Tage später war mir klar, daß das nicht klug war. Ich habe damals für einen Moment versucht, Politik zu machen. Wir hatten diese Petition verfaßt, es gab lauter Gegenerklärungen, ohne daß eigentlich der Text bekannt war, und daß ich dann diesen kleinen Text im nachhinein veröffentlichte und tatsächlich gegen eine solche Kluft sprach, hatte bestimmte Gründe. Erstens lag mir daran, daß der Text in seinem Sinn überhaupt einmal in das »Neue Deutschland« kam. Zweitens war das damit eine Bekräftigung dieses Protests und nicht etwa eine Zurücknahme... *Haben das alle so verstanden damals?...* Ich glaube nicht. Und es war auch so, daß ich, wie so oft, angeödet war von dem Ausschlachten unseres Textes in den westlichen Zeitungen, aber vor allem, und viertens, wollte ich zuvorkommen dieser rechten Fraktion in der Spitze, die die Plattform strafen wollte, die wir darstellten. Und das war sozusagen die Politik, also etwas, womit ich eigentlich nichts im Sinn habe. Aber das war der Grund, so etwas zu machen... *In der Rückschau: Sind Sie damit gescheitert?...* Es gab gar kein Scheitern, das war einfach ein rascher Versuch, diese Gefahr der Bestrafung der verschiedenen Leute, die sich uns anschlossen, zu verhindern. Aber ich sage unumwunden: man muß, wie in allen Verhältnissen, in allen Beziehungen, die Kluft, dort, wo sie sich zeigt, betonen, man muß sie sichtbar machen, und etwas, was in diesem Land immer verhängnisvoll war, war die falsche Einheit, das Zusammenstehen statt die Differenzen zu zeigen, die nämlich auch Entwicklungen ermöglicht hätten.

Der erwähnte kritische Text von Volker Braun, die »Tribüne«, ist immerhin schon 1979 in der DDR veröffentlicht worden, manches Kritische von Ihnen, Herr Braun, auch schon früher. Es wurde ja durchaus von manchen nachgedacht im Land und diskutiert, aber wann wurde Ihnen bewußt, daß sich nichts Grundlegendes ändern, daß es zum Zusammenbruch kommen würde?

Die Empfindung eines Versackens ist, glaube ich, schon in den allerersten Texten zu sehen, aber Ihre Frage ist ganz gezielt auf den Moment, wo das Ende absehbar war. Ich erinnere mich, es muß im Frühjahr 88 gewesen sein, wo ich durch einen Zufall in der DDR-Botschaft in Moskau war, und zugleich war da eine Volkskammerdelegation mit Sindermann »an der Spitze«... *dem Präsidenten der Volkskammer...* ja, und es ergab sich, daß wir nebeneinandersaßen in diesen großen schweren Sesseln, die so groß waren, daß sich nur immer zwei miteinander unterhalten konnten. Und ich fragte ihn damals, weil es mich wirklich interessierte, er war ja ein gebildeter Mann, warum sich unsere Führung so sperrt gegen den Kurs von Gorbatschow, und Sindermann sagte: die Russen zäumen das Pferd vom Schwanz auf, sie wollen erst Selbstbestimmung der Betriebe und Selbstverwaltung und Mitbestimmung, aber man muß doch erst mal die Produktivität sichern und rationalisieren usw. Und ich sagte dann: aber ist es nicht bei einem so der Despotie gewohnten Volk notwendig, daß man erst mal eine Ermutigung schafft, daß also so ein Ruck durch die Gesellschaft geht? Und er verwies dann auf die Grabrede von Engels an Marxens Grab: erst muß gegessen und getrunken und sich gekleidet werden, und Wohnungen müssen dasein, und dann kann man Politik machen und Kunst usw.... *Und da haben Sie begriffen, es wird nicht gehen?...* Ja. Mir wurde deutlich, daß die eigentliche Dimension des notwendigen Umbaus überhaupt nicht mitgedacht wurde, die wirkliche Wegscheide, daß nur eine durchgreifende Demokratisierung überhaupt noch einen Rest Kraft in diesen Landschaften sammeln kann.

Jetzt käme meine letzte Frage – aber: Ich habe Sie vor dem Interview gebeten, Sie möchten statt einer letzten Antwort ein Gedicht von Volker Braun Ihrer Wahl, eines das Sie bei einem Interview zur Person in diesen Zeitläufen für angemessen halten, vortragen. Ich bitte Sie jetzt um Ihr Gedicht, Herr Braun.

Da bin ich noch: mein Land geht in den Westen.
KRIEG DEN HÜTTEN FRIEDE DEN PALÄSTEN.
Ich selber habe ihm den Tritt versetzt.
Es wird sich weg und seine magre Zierde.
Dem Winter folgt der Sommer der Begierde.
Und ich kann BLEIBEN, WO DER PFEFFER WÄCHST.
Und unverständlich wird mein ganzer Text
Was ich niemals besaß, wird mir entrissen.
Was ich nicht lebte, werd ich ewig missen.
Die Hoffnung lag im Weg wie eine Falle.
Mein Eigentum, jetzt habt ihrs auf der Kralle.
Wann sag ich wieder MEIN und meine alle.

Hans-Jochen Vogel

Gespräch vom 27. Mai 1991

Mein heutiger Interviewpartner ist der erste Wessi in dieser Interviewreihe, in der bisher nur Frauen und Männer aus der DDR und der ehemaligen DDR zu Wort gekommen sind. Hans-Jochen Vogel, der den Parteivorsitz der deutschen Sozialdemokraten abgibt, der vielerlei gewesen ist und der in einer gewissen Weise typisch ist für eine bestimmte Art bundesrepublikanischer, altbundesrepublikanischer, Politik. Sehen Sie zur Person: Hans-Jochen Vogel.

Anfang dieses Jahres 65 Jahre alt geworden, übergeben Sie jetzt den Parteivorsitz der SPD an einen jüngeren, Herr Dr. Vogel. Ist unter den Gründen, die daran mitwirken, auch dieser Grund: Hans-Jochen Vogel ordnet seiner korrekten, disziplinierten, streng sachlichen Art nach sein politisches Erbe früh genug und wohlbedacht, tritt jetzt vom Parteivorsitz zurück, behält aber noch die Führung der Fraktion im Bundestag, ein besonnen geregelter schrittweiser Übergang?

Ja, diese Überlegungen haben bei meiner Entscheidung in der Tat eine wichtige Rolle gespielt. Es kommt hinzu, daß in der Person von Björn Engholm für die Übergabe der Stafette ein Mann zur Verfügung steht, der alle Voraussetzungen mitbringt und das war natürlich für die Entscheidung, die getroffen werden mußte, auch ein wichtiger Punkt.

Was Ihnen da in der Partei und Öffentlichkeit hoch angerechnet wird, Herr Vogel, wird in der Sache gern genutzt, bietet aber auch wie so oft schon Gelegenheit zu unfreundlichen Charakterisierungen Ihrer Persönlichkeit. Leiden Sie manchmal an Ihrer Wesensart, an der ständigen Selbstdisziplinierung, die Ihnen ja auch den Vorwurf von Strenge und Enge, von trockener Beamtenhaftigkeit einträgt?

Nein. Ich geb zu, ich hab mich in jüngeren Jahren gelegentlich darüber etwas geärgert. Aber wenn ich mich heute prüfe und das so bedenke, dann bin ich eigentlich damit gar nicht unzufrieden. Das Bild, das die Menschen von mir gewonnen haben, ist beständig – es gibt ja diese Umfragen, die in einem montags erscheinenden Wochenmagazin alle vier Wochen zur Kenntnis gebracht werden –, da sind bei mir keine großen Ausschläge nach oben, aber es sind auch keine großen Ausschläge nach unten. Das spiegelt wider eine gewisse Beständigkeit, eine gewisse Verläßlichkeit, und ich finde, das sind nicht die schlechtesten Eigenschaften. Im übrigen hat das, was Sie gerade beschreiben, für mich die angenehme Begleitfolge, daß viele Menschen angenehm überrascht sind bei näherer Begegnung, und das ist ja auch nicht so schlecht.

Als jüngerer hat es Sie gelegentlich gekränkt?

Ja. Es hat Zeiten gegeben, in der zweiten Hälfte der siebziger Jahre, da habe ich mich geärgert, und da habe ich den Eindruck gehabt, das wird dir eigentlich gar nicht gerecht. Aber dann hab ich gelernt, daß diejenigen, zu deren Metier es gehört, Dinge auf einen kurzen Nenner und manchmal auch auf einen schiefen Nenner zu bringen, daß die an einem solchen Ärger auch noch Freude genießen, und das hab ich überhaupt nicht eingesehen...

Also Oberlehrer, Schulmeister, Behördenleiter, Dezer-

nent, solche Begriffe... Was ist gegen Oberlehrer eigentlich einzuwenden? Es gibt eigentlich kaum jemand, auch Sie nicht, der irgendwo Lehrern irgend etwas verdankt, und wenn ich mich erinnere: Helmut Schmidt wurde der Feldwebel genannt, Herbert Wehner wurde Zuchtmeister genannt – da ist eigentlich der Oberlehrer eine Bezeichnung, über die man sich nicht grämen muß.

Jetzt möchte ich noch wissen: Ist es das Älterwerden gewesen, das Sie die Kränkung hat ertragen lassen, leichter ertragen lassen, sind Sie gelassener geworden, oder war es eine Anstrengung?

Also erstens mal, Kränkung würde ich fast ein bißchen hart finden, wenn man als Oberlehrer bezeichnet wird. Die Sache ist ja entstanden aus einem sehr lebhaften Wortwechsel mit Hans-Jürgen Wischnewski und hat unserer persönlichen Beziehung gar keinen Abbruch getan. Und ich weiß, ich habe ihn damals sehr penetrant und nach Details befragt, und die Reaktion war ja auch verständlich. Nein, kränkend war das eigentlich nicht. Ein höheres Maß an Gelassenheit – ja. Früher meinte man, daß bei irgendwelchen ärgerlichen Dingen die Straße zu Ende ist. Aber man hat gelernt im Laufe des Lebens: das ist ganz selten, daß die Straße wirklich zu Ende ist. Und es ist auch ein bißchen der Prozeß, daß man anderen nicht die Freude, die erkennbar werdende Freude, machen will, daß man sich argert... *Also auch durchaus kalkulierte Selbstdisziplin...* Ja. Wissen Sie, die Selbstdisziplin ist ja etwas, was im Grunde anständig erscheint, aber was auch für die eigenen Ressourcen ein recht nützlicher Umgang ist. Jedenfalls ist das meine Erfahrung.

Unter welchen Umständen explodieren Sie?

Ich explodiere manchmal meinen Mitarbeitern gegenüber, und das tut mir dann auch in den meisten Fällen leid. Ich explodiere, wenn etwas nicht genau ist, wenn etwas nicht korrekt ist, wenn Zahlen nicht stimmen und wenn ich den Eindruck habe, irgend etwas ist oberflächlich oder lieblos. Und ich kann auch explodieren, wenn ich den Eindruck habe, Menschen, die sich an mich gewendet haben, brieflich oder auch persönlich, werden – und oft geschieht das ja nur aus Zeitmangel der Mitarbeiter – von oben herab oder als lästig behandelt. Das ärgert mich, da kann ich dann auch sehr scharf werden; aber auch manchmal in der Fraktion, wenn ich finde, zu irgendeiner Sache gehört jetzt eine deutliche Antwort, dann kann ich auch schon mal explodieren. Meistens tut es mir hinterher ein bißchen leid. Ich habe auch keine Probleme, mich dann rasch zu entschuldigen. Aber manchmal tut es mir auch gar nicht leid.

Ist das Leben gerecht mit Ihnen umgegangen?

Ja. Ich hab viel Grund zu großer Dankbarkeit. Das Leben hat mir unglaubliche Chancen gegeben. Sie müssen bedenken, ich bin als junger Mensch, mit 19 Jahren, aus dem Krieg heimgekehrt, in ein völlig zerstörtes Land. Wenn mir damals, 1945, einer gesagt hätte: du hast die Chance, Oberbürgermeister von München zu sein, später Regierender Bürgermeister von Berlin, und was sonst noch in meinem Leben alles an Aufgaben auf mich zukam, ich hätte den für verrückt erklärt. Und ich habe, wenn ich so eine Zwischenbilanz jetzt ziehe aus Anlaß der Übergabe dieser Funktion als Vorsitzender, doch nicht wenigen Menschen ein Stück helfen können, daß ihr Leben erträglicher verlaufen ist, als wenn es meine Anstrengungen nicht gegeben hätte. Und, Herr Gaus, das ist eine Menge.

Was bedeuten Ihnen Würde und Stolz?

Würde im Sinne von Menschenwürde, würdiger Umgang, das ist mir wichtig. Ich hab eine Eigenschaft, auf die ich mir fast ein bißchen etwas zugute halte: Ich gratuliere Menschen selbstverständlich, wenn sie Erfolg gehabt haben – das ist klar. Aber ich rufe sie auch gerne an, wenn sie Mißerfolg hatten, wenn sie einen Rückschlag erlitten haben. Das hat für mich ein bißchen was mit Würde zu tun. Und Stolz – ja schon. Wenn ich den Eindruck habe, es berührt das, was man herkömmlich Ehre nennt, oder es wird gemein, dann reagiere ich entsprechend. Aber nicht Stolz im Sinne von Einbildung. Das verliert man im Laufe der Jahre.

Auch der disziplinierte Hans-Jochen Vogel – und das ist ja gar kein Widerspruch – hat gewiß seine Sentimentalitäten. Den Sonnenuntergang im Gebirge etwa, der ihn vielleicht aufschließt, das eine oder andere Gedicht. Können Sie und vor allem wollen Sie solche Sentimentalitäten hier bekennen und benennen?

Ja. Zunächst einmal, Sentimentalität macht sich bei mir an Dingen fest, die ein bißchen auch wieder mit meiner Arbeit zu tun haben. Die Stadt München hat mir vor wenigen Tagen – weil sich das um meinen Geburtstag herum nicht einrichten ließ – einen Empfang gegeben, ein Abendessen im alten Rathaussaal in München. Es waren viele, die damals mit mir in der Münchener Zeit zusammengearbeitet haben da, auch sehr alt gewordene Freunde. Und als ich dann wieder an dem Rednerpult dort stand im alten Rathaussaal, wo ich oft und oft Ansprachen zu halten hatte, ja, da war das ein Gefühl, das man vielleicht auch als Sentimentalität bezeichnen kann... *Ihr Leben ist stark aus Erinnerungen...* Ich hab ein merkwürdiges Gedächtnis. Manches hängt bei mir photographisch fest, auch Kleinigkeiten, und ich kann es verhältnismäßig rasch wieder hervorholen, und die Bilder werden wieder lebendig: Da sehe ich mich noch mit vollem schwarzen Haar, meinen Vorgänger, den vierzig Jahre älteren Thomas Wimmer, der mir damals die Kette übergab... Oder heute bin ich aus meinem Zimmer im Ollenhauer-Haus gegangen, wissend, daß ich das letztemal in meiner Eigenschaft als Vorsitzender nun in diesem Raum war, in dem ich ja viele Tage und Stunden zugebracht habe ... da macht sich Gefühl fest. Aber natürlich auch im familiären und persönlichen Bereich. Aber das, glaube ich, sollte ich hier nicht ausbreiten. Und wenn Sie von Versen reden, ich hab in den letzten Jahren eine merkwürdige, aber ich glaube ganz einleuchtende Vorliebe für die Verse von Paul Gerhardt, dem Liederdichter, entwickelt und habe eine Menge davon auswendig in meinem Kopf gespeichert, und das hat dann auch mit Sentiment oder mit Gefühl oder mit Ausbruch aus dem Rationalen zu tun... *Ist es Ihnen unangenehm, darüber zu sprechen?...* Ja. Ich mag Exhibitionismus nicht. Ich weiß, in meinem Geschäft als Politiker gibt es – gelegentlich – Erscheinungen, wo das vermarktet wird. Nicht im Sinne von Geld, sondern im Sinne von Sympathiewerbungen. Ich mag auch Distanz... *und selbst wenn diese Distanz Ihre politische Wirkungsmöglichkeit bis zu einem gewissen Grad beschränkt, wollen Sie lieber die Distanz halten? Dem indiskreten Geist der Zeit nicht alles geben, was er verlangt...* Ja, das klingt nur wieder zunächst als sehr anständig, aber nach meiner Erfahrung ist es auch klug. Der Verlust der Distanz und die übermäßige Nähe – etwa zwischen einem Politiker und Journalisten – hat im Moment unter Umständen günstige Wirkungen, aber es kommt i m m e r der Zeitpunkt, wo der Verlust der Distanz dann umschlägt. Vielleicht ist es auch eine Art Selbstschutz, und man ist dann auch nicht so verletzlich.

Haben Sie Angst, verletzt zu werden?

Ich mag es nicht gern, wenn ich verletzt werde, und ich gebe zu, auch im dreißigsten und fünfunddreißigsten Jahr meiner politischen Aktivität hab ich vor großen Bundestagsdebatten, wenn ich reden muß, immer noch so ein gewisses Kribbeln. Die Routine, daß man völlig kalt dorthin geht, die hab ich nicht. Und wenn einer ein verletzendes und polemisches Wort sagt, dann schüttele ich mich immer noch – aber inzwischen unsichtbar.

Ihr ganzes öffentliches Wirken weist Sie als einen hochintelligenten Menschen aus. Weniger Intelligente müssen Sie – so läßt sich denken – gelegentlich rasend machen, mindestens ungeduldig. Hochmut liegt nahe. Wie halten Sie ihn unter Kontrolle – oder falls Sie sich frei von ihm fühlen –, welche Einsichten, die Bindung an welche Ideale und Gebote hält Sie frei vom Hochmut?

Ja, das ist eine gewisse Versuchung. Und schneller und parater Intellekt kann einen verdammt hochmütig machen, das ist wahr. Aber ich hab damit eigentlich weniger und weniger Probleme, weil ich jetzt in meinem Alter ja auch genügend Gebiete kenne, wo ich nicht gut bin, wo ich schlechter bin als andere, wo ich auch mal versage; und das ist eigentlich die beste Medizin gegen Hochmut, wenn man den Glauben verliert, man sei rundum besser als andere. Partiell, da ist man besser als der, und da ist man besser als der, aber man ist auch immer partiell schlechter. Das ist eine Sicherung gegen Hochmut. Außerdem bin ich genügend hochmütigen Leuten begegnet, und das hat mich dann eigentlich immer ein bißchen gedämpft.

Es kann nicht anders sein, Herr Dr. Vogel, Sie und andere Politiker Ihres Kalibers müssen dann und wann abends nach Hause kommen in dem Bewußtsein, daß sie tagsüber in dieser Frage und jenem Problem faule Kompromisse geschlossen haben. Dabei geht es mir hier nicht um Unredlichkeit und Eigennutz, wenn ich faule Kompromisse sage, sondern um den Verzicht des Politikers auf volle Sachgerechtigkeit, weil er ein Publikum nicht überfordern darf. Bedrückt Sie das?

Da muß ich jetzt einen Moment nachdenken, bevor ich da eine rasche Antwort gebe. Wenn ich die letzte Zeit nehme als Vorsitzender der Oppositionsfraktion und als Parteivorsitzender, dann ging es eigentlich mehr um innerparteiliche Kompromisse, denn zu richtigen Kompromissen mit der Regierung bestand ja eigentlich, vom zweiten Staatsvertrag abgesehen, keine Möglichkeit und kein Anlaß. Und was die Kompromisse angeht, so weiß ich eben einfach aus Erfahrung... *Hängen Sie sich jetzt nicht am Wort Kompromiß auf, sondern...* Zugeständnisse, meinen Sie, die man macht... *den Verzicht auf volle Sachgerechtigkeit, weil die volle Sachgerechtigkeit das wählende Publikum überfordert – das tägliche Brot des Demokraten...* Sie haben recht, das ist mir früher schwerer gefallen – vielleicht kommen wir auch noch darauf –, der Münchener Konflikt, der ja damals ziemliches Aufsehen gemacht hat, der lag auch an meiner... *zu Ihrer Zeit als Oberbürgermeister...* mangelnden Fähigkeit, ein bißchen mehr Beweglichkeit zu zeigen... *an Ihrer mangelnder Fähigkeit...* an meiner mangelnden Beweglichkeit lag es auch, also nicht nur. Und inzwischen weiß ich, daß man ohne Kompromisse und ohne daß man selber auch nachgibt erstens eine so große Partei und zweitens eine so große Fraktion nicht beieinanderhalten kann. Es ist auch ein Instrument der Führung. Aber ich geb zu, manchmal habe ich gesagt: Herrgott nochmal, jetzt hast du dich da breitschlagen lassen, eigentlich hättest du es nicht machen sollen. Aber – mein Gott – das Leben ist weitergegangen.

Entweder – was leicht sein kann – frage ich nicht deutlich genug oder... Versuchen Sie es noch mal... *Sie weichen mir auf das geschickteste aus, Herr Dr. Vogel. Ich sage: Bestimmte politische Probleme, mittelfristige, langfristige, sind dem politischen Experten, dem Politiker Ihres Kalibers, so erschreckend geläufig, so zum Erschrecken, daß er sich überlegt: Kann ich meinem Kinde die volle Wahrheit sagen? Ich denke mir, daß das so sein muß. Und danach frage ich, nach diesem Verzicht auf die ungeschminkte Sachgerechtigkeit in der Öffentlichkeit.*

Ja, gut, ich verstehe jetzt vielleicht noch ein bißchen besser, was Sie meinen: Daß man sich also unbedarfter oder unwissender gibt, als man eigentlich ist. Vielleicht ist meine Verlegenheit in der Beantwortung einfach auch ein Produkt der Tatsache, daß das mitunter einfach zum politischen Arbeiten gehört... *ja sicher, und ich frage Sie, ob dieses, was der politische Alltag mit sich bringt – ich habe gesagt, das tägliche Brot des Demokraten –, Sie gelegentlich bedrückt...* Früher stärker. Auch da ist natürlich ein gewisser Routineprozeß, und ich hab jetzt, während wir reden, überlegt, ob es einen größeren Fall dieser Art gab, also etwas, was wesentlich oder existentiell war. Und da würde mir jetzt aus den letzten Jahren eigentlich nichts einfallen... *Und das ist keine Selbsttäuschung, die Sie brauchen, um das machen zu können, was Sie machen...* Vielleicht bin ich schon so deformiert, daß es so funktioniert, aber ich versuche mich zu erinnern an die Zeit, in der Hans-Martin Schleyer gefangen war, die

Landshut entführt war, wo es wirklich um existentielle Dinge ging. Oder jetzt um die Zeit seit 1983. Also auf was wirklich Spektakuläres stoße ich im Moment nicht.

Entwickelt sich die moderne Demokratie nicht mehr und mehr dahin, daß eine politische Expertenschicht – damit meine ich jetzt sie, Politiker – die öffentlichen Dinge weithin unter sich betreibt und der Souverän, der Wähler, statt tieferer Einsichten oft nur eine zweckdienlich aufbereitete Oberfläche präsentiert bekommt. Ist das nicht unvermeidlich angesichts der Komplexität der anstehenden Probleme, und ist die Bildung autonomer Gruppen, von Bürgerbewegungen, von Grünen, nicht der im ganzen doch ohnmächtige Versuch der Auflehnung dagegen?

Erstens seh ich darin eigentlich einen Vorzug unserer Ordnung und unseres Systems, daß sich solche Gruppen bilden, daß Fehler der großen Parteien, der etablierten Parteien, daß Routine dazu führt, daß etwa die Grünen entstanden sind. Und daß sie sich artikulieren, daß sie in die Parlamente kommen und daß sie Nachdenken erzeugen, nicht nur bei uns, inzwischen auch bei den Konservativen. Ich finde, das ist ein Vorzug unseres Systems. Und außerdem weil ich diese Gefahr auch sehe... *die Gefahr, daß mehr und mehr öffentliche Dinge zu einer Sache dieser politischen Schicht werden...* ein Insider-Geschäft der politischen Klasse, sagt man, glaube ich... *und damit verbunden mehr oder weniger geschickte Manipulation der Öffentlichkeit...* ja, und auch der Abschottung gegenüber den Bürgern... *die Gefahr sehen Sie...* die sehe ich. Aber das ist ja einer der Gründe, weswegen ich, solange ich mich zurückerinnern kann, immer für eine stärkere Bürgerbeteiligung, auch für die sogenannten plebiszitären Elemente, gewesen bin. Und daß das funktioniert, dazu hab ich aus Bayern Beispiele. Warum ist die Konfessionsschule in Bayern ersetzt worden durch die Gemeinschaftsschule? Weil es dort das Volksbegehren und den Volksentscheid gab.

Sind Sie nicht besorgt, daß das Plebiszit angesichts der Raffinesse, mit der man moderne Medienmanipulation betreiben kann, unsachlich werden kann, zu emotional?

Es gibt fast kein Instrument, das nicht einmal auch mißbraucht werden kann. Aber es gibt ein Beispiel aus den jüngsten Tagen, daß solche Entscheidungen doch sehr überraschend und bei näherer Prüfung vernünftig sein können. Haben Sie gelesen, daß die Wiener bei einem solchen Bürgerentscheid sich gegen die Weltausstellung in Wien ausgesprochen haben? Alle Welt, alle Zeitungen haben ihnen eingeredet: das muß sein. Die Parteien, alle haben es ihnen eingeredet, und die Wiener haben mit großer Mehrheit erklärt: Nein, sie sehen es nicht ein, Kosten und Nutzen stimmen nicht zusammen, sie wollen es nicht. Es kann immer noch falsch sein, aber das zeigt... *Wenn die Berliner nun sagen, Kosten und Nutzen stimmen nicht zusammen, was die Hauptstadt angeht, was ist dann?...* Das sagen sie aber nicht. Wenn sie es breit sagen würden, dann dürfte die Politik nicht einfach darüber hinweggehen. Aber in der Frage bin ich, wie Sie wissen, sehr engagiert, und ich hab da in Berlin jedesmal gefragt, ohne daß selbst die berühmten Taxifahrer mir gesagt hätten, bleibt uns vom Leib.

In der DDR haben die Bürgerbewegungen einen wesentlichen Anstoß zur Wende gegeben. Inzwischen aber ist die Ordnung der etablierten Kräfte und Organisationen wiederhergestellt. Ich bin noch bei unserem vorigen Problem: Ist die Ordnung der etablierten Kräfte wiederhergestellt, weil es anders nicht funktioniert?

Das ist wahrscheinlich eine Erklärung, die zweite Erklärung ist, daß die Kräfte der Revolution eben zu einem gewissen Zeitpunkt wohl selber die Weichen in dieser Richtung gestellt haben. Es gab ja mal eine Auseinandersetzung über die Machtfrage im Januar, Februar, März des Jahres 1990. Und ich glaube, die Gruppen selber haben – wie ich meine, nicht unvernünftigerweise – gesagt: Wir müssen jetzt ein Mindestmaß an gesichertem Übergang und an Berechenbarkeit herstellen. Aber gerade weil es so ist, ist so wichtig, daß diese Gruppen sich weiter artikulieren, das Bündnis 90 beispielsweise. Wir haben viel getan, daß sie die Gruppenrechte haben, daß sie überall im Parlament zur Geltung kommen können, und der Prozeß, die Diskussion, die vom Grundgesetz zur endgültigen Verfassung führen soll, die ist auch unter diesem Aspekt wichtig.

Hat das nicht doch mehr oder weniger Alibifunktion? Ich glaube, daß Sie das alles sehr redlich meinen, was Sie sagen, aber faktisch bestimmt das Etablierte.

Wenn es so ist, ist es ein Stück Resignation, das hör ich bei Ihnen heraus. Und ich habe dafür Verständnis, nur ich glaube, die Alternative ist Theorie und Vergangenheit und Geschichte.

Und diese Resignation leisten Sie sich auch nicht, sozusagen, abends, wenn Sie nachdenken?

Ja gut, ich denke dann ein bißchen darüber nach, was hätte daraus noch werden können, wie hätte es eigentlich gehen können. Aber ich muß Ihnen gestehen, das breche ich dann regelmäßig ziemlich bald ab... *Weil es nichts bringt...* Ja, weil das Kapitel geschlossen ist und es mir für die Gegenwart über die Verfassungsdiskussion hinaus und über das, was ich schon sagte, eigentlich nicht viel... *Sie leben so sehr von der Erinnerung. Das weckt bei Ihnen Sentimentalitäten. Aber Dinge, die für die Politik in Ihren allerbesten Absichten nichts mehr bringen, die sind dann auch abgeschlossen...* Das muß einfach, glaube ich, aus Gründen des Kräfte- und Zeitbudgets in gewissem Umfang so sein. Wenn ich keine Funktion mehr habe, wenn ich nicht mehr gefordert bin, auch durch die täglichen Geschäfte, dann würde ich solche Nachdenkprozesse wahrscheinlich intensiver fortsetzen.

Aber die haben dann natürlich auch einen anderen Stellenwert. Kann es sein, daß dieser notgedrungene Verzicht des aktiven Politikers auf Konsequenzen aus solchen Nachdenkens-, Erinnerungsüberlegungen zur Verarmung, zur geistigen Verarmung der Politik, zum Verkümmern von Utopien beiträgt?

Ja, das kann durchaus sein. Die Gefahr, daß man in Bonn und in dieser Art von Politik deformiert wird, daß man plötzlich wie so ein Expander ist, der nicht mehr zusammenschnurrt, oder daß man austrocknet. Die Gefahr ist groß... *Spüren Sie das bei sich?...* Mitunter ja. Und dann versuche ich abzuschalten und mir klarzumachen, daß man selber nicht der Mittelpunkt der Welt ist, und dann ich sage mir auch manchmal: Nimm dich nicht so schrecklich wichtig. Da kommen wir dann wohl auch mehr an einen sehr persönlichen Bereich, daß man auch noch den archimedischen Punkt außerhalb des sichtbaren Diesseits hat. Das hilft mir dann in solchen Fällen... *Die Familie...* Ja, die Familie natürlich, aber in dem Fall meine ich einen archidemischen Punkt im Transzendenten. Das spielt da dann eine gewisse stabilisierende Rolle. Denn sonst könnte man – das gebe ich Ihnen zu – gelegentlich verrückt werden, wenn man sich immer alle Konsequenzen auch des Unterlassenen überlegt. Aber dann ist man wahrscheinlich für die praktische Politik kaum mehr brauchbar.

Was hätten Sie, wenn Sie über sich nachdenken, nun im beginnenden Alter, sein können, so gut, wie Sie Politiker gewesen sind?

Ich wär wahrscheinlich ein ganz manierlicher Rechtsanwalt geworden... *nicht kokettieren...* Was ist denn daran kokett?... *ein ganz manierlicher...* Na, schauen Sie, Understatement ist doch auch eine Art von Mitteilung, die viele Menschen auch richtig würdigen und verstehen. Ich glaube, ich hätte als Anwalt sicherlich nicht zu dem unteren Drittel gehört, um es etwas deutlicher zu sagen. Ich hätte mir auch vorstellen können, als Richter, als Vorsitzender Richter eines Senats oder am Bundesverfassungsgericht... *Hätten Sie auch Lehrer sein mögen?...* Trotz meines Spitznamens – nein, Herr Gaus, und zwar einfach deswegen, weil ich da wohl die Geduld nicht habe. Ich mag in meinem Alter Kinder übrigens mehr als in meinen jungen Jahren... *Das heißt, der Großvater ist...* ja, genau dies, mit den Enkeln und so weiter; meine Kinder haben natürlich unter meinem Beruf auch ein bißchen zu leiden gehabt, das kann ich gar nicht bestreiten – aber da wäre ich zu ungeduldig, als Lehrer. Das hätte ich nicht gekonnt.

Sie sind vieles gewesen in Ihrem politischen Leben, Herr Vogel. Im Jahr 1960 – wir haben schon von Ihrer Oberbürgermeisterzeit gesprochen –, im Jahr 1960 wurden Sie, 34jährig, als Stadtoberhaupt Münchens der jüngste Oberbürgermeister der Millionenstädte Europas. Sie haben die Olympischen Spiele 1972 nach München geholt. Danach waren Sie Bundesminister unter den Kanzlern Brandt und Schmidt, erst für Städteplanung und Bauwesen, dann für Justiz. Sie waren der Notnagel der SPD als Regierender Bürgermeister von Berlin 1981, ein schwieriges Amt, aber nicht spurlos geblieben in der Stadt, trotz der kurzen Amtsdauer. Sie sind Kanzlerkandidat der SPD gewesen, als Helmut Schmidt 1982 nach seinem politischen Sturz auf eine Kandidatur verzichtete. Sie wurden 1987 als Nachfolger Willy Brandts zum Parteivorsitzenden der deutschen Sozialdemokraten gewählt. Sie sind seit Jahren der Oppositionsführer in Bonn. Viel Pflichterfüllung, aber – so vermute ich – auch mancher Lustgewinn. Dazu einige Fragen. Zuerst diese: Wenn Sie im Alter nun zurückblicken, was war am schönsten, was war am stärksten befriedigend und war es warum?

Herr Gaus, wenn ich jetzt nur e i n Ereignis nennen würde, dann wäre es ungerecht gegenüber den folgenden Abschnitten. Es hatte jeder Bereich und jeder Abschnitt, von den Aufgaben, die Sie jetzt gerade aufgezählt haben, Höhepunkte, in München einfach die Tatsache, daß wir in der Zeit das Verkehrsproblem in einer Art und Weise in Angriff genommen haben, von der die Menschen heute noch profitieren; und vielleicht, zugespitzt in Olympischen Spielen, nicht so sehr wegen der sportlichen Veranstaltung – das war auch schön –, sondern wegen des Schubs, den die Stadt bei dieser Gelegenheit für wichtige Sachen bekommen hat. Als Justizminister hat man helfen können, unsere Rechtsordnung voranzubringen und zu verbessern. Und ich glaube, ich habe in dieser schlimmen Zeit, von der wir vorhin schon sprachen – Hans-Martin Schleyer und Landshut –, neben Helmut Schmidt helfen können, daß das alles rational blieb und so blieb, daß man wohl bestehen kann mit dem, was damals gemacht wurde. Wir hatten auch Glück – bis natürlich auf den Tod von Schleyer. Und dann war ich halt in Berlin in einer Lage, wo ich noch mal mit völlig Neuem konfrontiert wurde, noch eine Menge lernen konnte, und ich bin sehr dankbar dafür, daß das mit 55 Jahren noch möglich war. Sie kennen ja die Zeiten. Und schließlich, ab 1983, habe ich meiner Partei helfen können, mit einer schlimmen Niederlage zweimal fertig zu werden, nicht in Frustration zu verfallen, sich nicht zu zerspalten, sondern nach vorne zu gehen. Das Programm, das modernste, das eine Partei heute hat, und auch die Kette der Wahlerfolge... *Ganz platt gefragt: Was war am schönsten?...* Besonders schön war natürlich die Münchner Zeit. Man war vom Volk gewählter Oberbürgermeister. Man hatte mit allen Lebensbereichen und den Menschen unmittelbar zu tun. Wenn Sie nur eine Antwort zulassen, dann war das natürlich schon eine besonders schöne Zeit. Was auch sichtbar ist, jedesmal wenn ich in die Stadt komme, dann kann man das anlangen, und man sieht das, was man mitgestaltet hat, mit anderen zusammen.

Herbert Wehner – so konnte es gelegentlich erscheinen – hat die Fron auch genossen, er hat sie gebraucht, und Helmut Schmidt hat sich seines Arbeitsfleißes glaubwürdig gerühmt. Steckt auch für Vogel alles in allem in der Pflichterfüllung das Salz des Lebens?

Also, Salz des Lebens ist ein bißchen zuviel. Es ist ja auch nicht so, daß man das alles nur immer von Tag zu Tag entscheidet, daß man Pflicht erfüllt, sondern man hat sich einfach daran gewöhnt, und es ist halt so. Ich gebe aber zu, es macht ein gutes Gefühl. Es gibt ein Gefühl der Unabhängigkeit, und man kann eigentlich jedem sehr offen und sehr frei gegenübertreten – und das habe ich bei Herbert Wehner auch immer ein bißchen herausgespürt, daß es ihm diese völlige Unbefangenheit und diese entwaffnende, mitunter sehr schroffe Offenheit ermöglichte.

Hans-Jochen Vogel, am 3. Februar 1926 in Göttingen geboren, der Vater in der akademischen Laufbahn, später Professor für Tierzucht an der Universität Gießen – ein bürgerliches Elternhaus. Der jüngere Bruder, Herr Dr. Vogel, ist der CDU-Politiker und einstige rheinländisch-pfälzische Ministerpräsident Bernhard Vogel. Hans-Jochen Vogel wird Soldat, beendet den Krieg als Unteroffizier, studiert nach kurzer Kriegsgefangenschaft Jura, macht ein ausgezeichnetes Examen. Er tritt 1952 in den Justizdienst des Freistaates Bayern ein. Schon 1950, noch während er mit der Promotion beschäftigt war, hatte sich Vogel der SPD angeschlossen. Der Bürgerssohn ein Sozialdemokrat. Was hat diese Hinwendung bewirkt?

Wie Sie das alles so aufzählen, schmunzele ich ein bißchen. Daß der Vorsitzende der Sozialdemokratischen Partei Deutschlands beim bayrischen Staatsministerium der Justiz angefangen hat! Das werden viele auch eher... *Amtsgerichtsrat waren Sie auch...* verwunderlich finden. Angefangen habe ich im Justizministerium, das waren die ersten zwei Jahre... *mit der Partei, ein Sozialdemokrat, warum?...* Das ist eigentlich eine sehr nüchterne Geschichte. Ich bin aus dem Krieg heimgekommen, das Land war zerstört, und was uns die Generation vor uns da übergeben hatte, das war ja wirklich nicht so toll, und ich habe einfach gesagt, es genügt nicht, wenn du dich um deine persönlichen Angelegenheiten kümmerst, du mußt mitmachen, daß das alles wieder in Ordnung kommt und daß das nicht ein zweites Mal passiert... *Warum bei den Sozialdemokraten?...* Und dann bin ich von einer Partei zur anderen, hab mir die Versammlungen angehört, hab die Programme gelesen, so wie ich das halt – Sie haben es ja vorhin geschildert –, wie ich das zu machen pflege, und dann bin ich zu dem Ergebnis gekommen, die Partei, die mir voll entspricht, besteht nur aus mir, und das macht keinen Sinn, und die mir am nächsten kam, ist die Sozialdemokratie. Das waren Gründe der Gerechtigkeit, vor allem der sozialen Gerechtigkeit, aber auch das, was damals über die Entwicklung Deutschlands gesagt wurde, das hat mich beeindruckt. Und dann haben mich drei Männer beeindruckt. Das war Kurt Schumacher, den hab ich einmal in Rosenheim auf einem großen Platz, bei einer großen Rede erlebt, ich bin mit dem Rad von Miesbach aus hingefahren. Dann war es Wilhelm Högner, der große alte Mann der bayrischen Sozialdemokratie. Und dann war es Waldemar von Knoedingen. Ich vermute, den Zuschauern sagen die beiden letzten Namen nicht mehr viel, aber das waren Leute, die im Dritten Reich im Exil waren, die sich tapfer geschlagen hatten... *Im KZ wie Schumacher...* – ja, Schumacher war zehn Jahre im KZ –, die einen begeistern konnten. Und dann habe ich gesagt: Du mußt dich einbringen. Durch meinen Beitritt hat die Zahl der Sozialdemokraten im Bayrischen Staatsministerium der Justiz um 33 Prozent zugenommen. Das haben damals viele nicht begriffen. Er hat doch ein gutes Examen, und nun wird der Sozialdemokrat. Ich habe es nicht bereut, bis auf den heutigen Tag.

Sie waren ein rauschender Erfolg als sozialdemokratischer Oberbürgermeister Münchens. Doppeldeutiges Etikett, der Karajan der Kommunalpolitik und zunächst auch allseits geschätzt in der Münchener SPD. Dann jedoch, Ende der 60er Jahre, und verstärkt von 1971 an, gerieten Sie in starken Konflikt mit dem linken Flügel der Partei. Sie fühlten sich so weit isoliert in der Münchener SPD, daß Sie auf eine weitere Kandidatur als Oberbürgermeister verzichteten. Jahre später jedoch, Ende der

70er, wurde spürbar, daß Sie auch bei den Linken in der SPD wieder etwas galten, Respekt zurückgewonnen hatten als tolerant und aufgeschlossen, auch von vielen der einstigen Gegner angesehen wurden. Mich interessiert hier weniger der Münchener Konflikt, den wir vorhin schon erwähnt haben, sondern das nachherige Hereinwachsen Vogels in eine Mittlerposition, eine Klammerfunktion. Können Sie diese Entwicklung beschreiben?

Zum Münchener Konflikt vielleicht nur die eine Bemerkung, daß ich es damals mit Positionen zu tun hatte, die auf einen absoluten Wahrheitsanspruch hinausliefen. Das hing auch ein bißchen mit der 68er Generation zusammen. Und dagegen würde ich mich auch heute wieder zur Wehr setzen. Aber ich war zu laut, ich war zu aufgeregt – und das sehe ich heute, was meine Person angeht, kritisch.

Jetzt will ich doch beim Münchener Konflikt noch bleiben. Sie haben gesagt, die Ursache des Konflikts, wie Sie es verstehen, war der absolute Wahrheitsanspruch Ihrer parteipolitischen Gegner, ein dogmatischer Anspruch, den Sie zurückführen auf die 68er Mentalität, und das war Ihnen unerträglich.

Ja, das war mir sehr schwer erträglich, weil es auch die Diskussion sehr eingeengt hat. Es war ja eher eine Verkündung, der man begegnete, als daß es ein Austausch von Argumenten war. Und dann kamen natürlich alle Ingredienzien eines Machtkampfes hinzu, und ich habe sicher dann in diesem Kampf auch Fehler gemacht.

Ja, das haben Sie ja eben auch erwähnt. Bevor Sie auf meine Urfrage zurückkommen, nämlich: wie hat sich später dann diese Mittlerfunktion, die Klammerfunktion, entwickelt – noch zum Münchener Konflikt gefragt –, wenn Sie mit Ihrer heutigen Erfahrung mit einem gleichen Konflikt, einem gleichartigen Konflikt, konfrontiert wären, wie würde der verlaufen?

Weniger spektakulär, aber in der Sache und in der Position, um die es ging, doch wohl ebenso konsequent. Ob es wieder zu einem Rücktritt führen könne, da mache ich ein leichtes Fragezeichen. Obwohl es ja auch weitere Gründe gab – das will ich gar nicht beschönigen – zu sagen: zwölf Jahre, die Olympischen Spiele als Abschluß, das ist eigentlich auch ein Einschnitt, wo es Sinn macht... *Aber Sie sind machtbewußt...* Ja, gut, ich meine, die Möglichkeit zum Gestalten und das, was man für richtig hält, auch möglichst weitgehend umzusetzen... *Es würde der Konflikt heute anders ausgetragen. Aber...* Aber nicht in Form von Einknicken, das nicht, aber auch nicht so laut...*auch nicht in Form von Resignation...* Nein. Ich war damals sehr in Versuchung, Herr Gaus, das ist ja kein Geheimnis. Ich hatte die Möglichkeit, mich einer Anwaltssozietät anzuschließen. Und es war Willy Brandt, der in seiner Klugheit, auch in seiner Lebensklugkeit und in der Art mit Menschen umzugehen, gar nicht drängend und drückend, sondern eher fragend, mir zu Bedenken gegeben hat, ob ich wirklich glücklich würde, wenn ich jetzt in den privaten Bereich überginge.

Jetzt also zur Frage zurück: Mittlerposition, Klammerfunktion. Diese Entwicklung.

Das ist ein Prozeß gewesen, bei dem auch ich mich weiterentwickelt habe. Das ist gar keine Frage. Und da muß ich einen Mann erwähnen, der da eine ziemliche Rolle gespielt hat, das war Erhard Eppler. Die Anstöße, die von ihm kamen, Richtung Ökologie, Richtung Grenzen des Wachstums und so weiter, die haben mich immer nachdenklicher gemacht. Das war der eine Strang. Der andere Strang – den hatten wir vorhin schon mit einem kleinen

Ende erwischt –, das war die Zeit der terroristischen Anschläge, wo es mir offenbar gelungen ist, durch Argumente und durch eine ruhige und doch eher gelassene Darlegung dessen, was der Staat an Notwendigkeit in diesem Fall erfordert hat, Sympathie bei solchen zu erringen, die heute zu meinen Freunden gehören und damals gegenüber dem Vogel aus München – aber auch wegen der Etikette, mit denen ich kam –, sehr skeptisch waren. Berlin hat dann auch noch mal eine Rolle gespielt... *Ist das für Sie eine Befriedigung?...* Ja. Ich mag es schon gern, wenn zum Schluß ein Konsens erzielt ist und wenn die Menschen zusammenfinden.

Aber Sie sind nicht das, was man mit einem bayrischen Ausdruck eine Harmoniehure nennt.

Nein. Das bin ich sicher nicht. Aber ich gebe zu, es befriedigt mich, daß aus ehemaligen Gegnern, Menschen, die einen abgelehnt haben, jetzt Menschen geworden sind, die einem mit Sympathie und da und dort, mag sein, sogar mit einer gewissen Hochachtung begegnen. Kein schlechtes Gefühl.

Sozialdemokraten, Herr Dr. Vogel – Oskar Lafontaine vor allem –, haben weit weit stärker als Politiker anderer Parteien auf die wirtschaftlichen Schwierigkeiten der deutschen Vereinigung hingewiesen. Inzwischen sind alle kleinlauter geworden, räumen auch öffentlich viel längere Fristen ein, bis es in der ehemaligen DDR wirtschaftlich aufwärtsgehen soll. Aber es existiert weiterhin eine grundlegende Unehrlichkeit – so meine Behauptung – über die Situation und ihre erkennbare Entwicklung. Einerseits propagieren wir die Marktwirtschaft, weil wir, bestärkt darin seit dem Scheitern des Realsozialismus, kein anderes Rezept kennen und es unter den Bedingungen der alten Bundesrepublik sehr wirkungsvoll gewesen ist. An-

dererseits mildern wir – ich habe nichts dagegen – entgegen unserem öffentlichen Credo die Folgen der Marktgesetze durch verlängertes Kurzarbeitergeld, verlängerte Mietsubventionen und anderes, weil wir besorgt vor den sozialen Folgen und daraus resultierenden gesellschaftlichen Verwerfungen sind, wenn unser Glaubensartikel, der Markt, tatsächlich zur weniger eingedämpften Herrschaft gelangen sollte. Ist es nicht an der Zeit, Herr Vogel, trotz des Scheiterns des realexistierenden Sozialismus programmatisch über die Marktwirtschaft hinaus zu denken?

Herr Gaus, das ist für Sozialdemokraten nichts Neues. Wenn Sie von Markt reden – wir Sozialdemokraten bejahen den Markt, er ist zur Informationsverarbeitung, zur optimalen Nutzung der Ressourcen sicher viel geeigneter als alle bisher bekannten Systeme der Zentralwirtschaft, der Planwirtschaft. Aber der Markt – und das ist ja für uns nichts Neues, das stand im Godesberger Programm, das steht auch in unserem Berliner Programm – ist für die ökologischen Folgen und für die sozialen Folgen, die er anrichtet, blind. Der Markt kann brutal sein. Darum muß die Gemeinschaft dem Markt Rahmen setzen, und sie muß auch korrigierend eingreifen, wenn sonst die Menschen, etwa im sozialen Bereich, vor die Hunde gehen. Aber das ist doch für uns Sozialdemokraten nichts Neues. Ich beobachte mit einem gewissen Schmunzeln eine Sozialdemokratisierung der Politik. Die Bundesregierung – von Monat zu Monat mehr – übernimmt sozialdemokratische Positionen; was ich jetzt nicht sage um mich in die Brust zu werfen, aber sie sagt ja nun selber, man kann das nicht einfach dem Markt überlassen. Wie richtig. Man kann nur nicht den Markt beseitigen wollen, denn das führt dann zu dem, was die

Menschen hier nicht mehr verträglich fanden am Ende der DDR.

Die Herstellung eines gleichen materiellen Niveaus in West- und Ostdeutschland – wenn es in längerer Zeit glücken sollte –, müssen wir nicht davon ausgehen, daß diese Gleichheit nicht auf dem bisherigen westdeutschen Niveau sich einstellen wird, sondern durch eine gewisse Absenkung des westdeutschen und eine hoffentlich baldige Anhebung des ostdeutschen auf einer neuen gesamtdeutschen Ebene?

Ja, das kann man auf die einfache Formel bringen: daß Teilung nur durch Teilen überwunden werden kann. Bisher sind die Menschen in den alten Bundesländern mit Mehrheit der Meinung, daß es sich wohl machen läßt, indem man aus dem Zuwachs abgibt oder auch einmal eine Zeitlang auf den Zuwachs verzichtet. Aber wahrscheinlich ist die Auffassung die richtigere, daß Teilung sich durch Teilen überwinden läßt... *Zu deutsch: die Westdeutschen werden es schlechter haben, als sie es hatten...* Ich scheue etwas vor dem Wort schlechter zurück... *Warum?...* denn wir haben insgesamt in den alten Bundesländern eine Lebensqualität, um die uns fast 90 Prozent der Menschen... *mit recht...* beneiden. Und darum war es ein Hauptfehler von Helmut Kohl, daß er nicht im Herbst 1989 und dann wieder im Herbst 1990 gesagt hat: Das ist eine gewaltige Aufgabe, das wird hier große Veränderungen für die Menschen bedeuten, und für uns in den alten Bundesländern bedeutet es, daß wir erhebliche finanzielle Leistungen erbringen müssen. Er hat die Aufgabe verniedlicht, und so weckt man nicht die solidarische Kraft.

Noch näher wird man an der Wahrheit sein, wenn man sagt: Wir werden wirklich Opfer bringen müssen – und da wird es immer uns noch sehr gut gehen im Vergleich mit den meisten Menschen auf der Welt, so viel besser, daß man sich beinahe schon schämen muß –, dennoch, noch näher ist man an der Wahrheit, wenn man sagt, es wird uns schlechter gehen als in den letzten Jahren.

Also gut, vielleicht sagen wir: weniger gut. Das muß man auch differenzieren. Es gibt genügend Menschen in den alten Bundesländern, denen möchte ich nicht wünschen, daß es Ihnen noch schlechter geht, denn es gibt arme Menschen, und es gibt Menschen... Das mit der Zweidrittel-Gesellschaft ist ja nicht so falsch. Aber es gibt eben zwei Drittel, denen geht es ausgesprochen gut, und denen wird es vielleicht ein bißchen weniger gut gehen. Können wir uns auf die Formel einigen... *Nein...* Nein, also dann bleiben Sie bei schlechter, und ich sage: weniger gut. Im übrigen, der Gedanke läßt sich ja verlängern. Wenn man das Elend in Afrika, das Elend in Bangladesh sieht – das muß man ja auch hier mal sagen –, es gibt dort auch Menschen, denen es noch verdammt viel schlechter geht als den Menschen zum Teil in den neuen Bundesländern. Da sind wir Sozialdemokraten, glaube ich, auch ein bißchen engagierter in der Richtung als andere.

Aber vielleicht ein bißchen gehemmt darin, auch nach den schlechten Erfahrungen, die Oskar Lafontaine gemacht hat, alles ganz deutlich auszusprechen.

Wir haben Oskar Lafontaine zu danken dafür, daß er mit uns gemeinsam die Wahrheit gesagt hat. Insbesondere in der Frage der Steuererhöhung. Die Erfolge, die sich jetzt einstellen, und die Verluste, die die CDU erleidet, haben damit auch zu tun. Nur, wir müssen alle miteinander aufpassen, daß wir nicht immerzu in die Vergangenheit gewendet diskutieren, weil es zu der tatsächlichen Entwicklung – das muß man heute sagen – keine realistische Alternative gab.

Verbrechen müssen geahndet werden. Aber steckt nicht in der jetzt gängigen nachträglichen globalen Dämonisierung der DDR-Realitäten auch eine Ablenkung, vielleicht sogar eine instinktive, eine Ablenkung von der Tatsache, daß die Überzeugung der westdeutschen wie ostdeutschen Mehrheit, der Markt, die Deutsche Mark, werde alles alsbald zum Besten richten, sich als vorerst irrig erwiesen hat?

Das mag sein, Herr Gaus. Aber ich weiß nicht, es gibt doch eine Menge Leute – und ich zähle mich dazu –, die jetzt nicht dauernd bevormunden und den Menschen in den neuen Bundesländern erklären wollen, wie die Welt beschaffen ist, und die Meinungsbildung darüber, was hier gut war und was hier schlecht war, die möchte ich in allererster Linie den Menschen hier überlassen. Und ich möchte nicht, daß wir uns aus den alten Bundesländern da ständig einmischen und sagen: das ist so, und das ist so. Ich meine, daß die Menschen hier mitunter bitter enttäuscht sind über das Ergebnis vierzigjähriger Anstrengungen – die haben sich ja hier in mancher Beziehung fast noch mehr plagen müssen –, daß sie enttäuscht sind über den Zustand der Natur, über den Zustand der Produktionsanlagen, über den Zustand... *Sie fangen auch an enttäuscht zu werden darüber, daß wir alles immer auf die vierzig Jahre schieben und die letzten anderthalb Jahre vergessen...* Ja, aber ist die ökologische Substanz in den letzten anderthalb Jahren schlechter geworden? Da haben Sie ja recht, das ist ja unsere Kritik an Helmut Kohl als Person, daß er Illusionen erweckt hat. Die Wahrheit ist, daß die Umstellung eines solchen Systems nach vierzig Jahren auf ein System, wie es sich bei uns dank sozialdemokratischer Anstrengung ja im großen und ganzen bewährt hat, daß die jeden Menschen hart mitnimmt. Die Worte: Es wird keinem schlechter gehen und jedem bald besser oder vielen bald besser – das war natürlich eine Irreführung, und das hat zu Enttäuschungen geführt.

Erlauben Sie mir eine letzte Frage: Was bedeutet Ihnen der Begriff Sozialismus?

Ich verwende ihn nie allein. Ich spreche immer von demokratischem Sozialismus, und im Godesberger Programm steht der klassische Satz: In Deutschland nennen sich die demokratischen Sozialisten Sozialdemokraten. Für mich ist es ein semantischer Begriff für die Utopie einer Gesellschaft mit mehr Gerechtigkeit, mit mehr Freiheit und mit mehr Solidarität. Und die Sozialdemokratie wäre nicht mehr die Sozialdemokratie, wenn sie nur noch pragmatische Arbeit leisten würde – so wichtig sie ist –, sie braucht auch die Vorstellung von mehr Gerechtigkeit, mehr Freiheit und mehr Solidarität. Wie man das dann semantisch benennt, das möchte ich jedem überlassen. Und die Allergie der Menschen hier gegen den Begriff, die ist mir bekannt und ist mir auch verständlich. Ich selbst für meine Person habe damals im Jahr 1950 zum demokratischen Sozialismus als Sozialdemokrat ja gesagt, und dabei bleibe ich.

Wolfgang Ullmann

Gespräch vom 24. Juni 1991

Wolfgang Ullmann. Jahrgang 1929. Evangelischer Theologe, Dozent am Sprachenkonvikt in Ostberlin, der Ausbildungsstätte der Evangelischen Kirche von Berlin-Brandenburg. Mitglied einer Bürgerrechtsbewegung »Demokratie Jetzt«, nun im Bundestag in der Fraktion »Bündnis 90/Die Grünen«.

Sie sind, Herr Dr. Ullmann, vom Geburtsjahrgang 1929. Zu jung damals, um ganz, physisch wie psychisch, vom Krieg verschlungen zu werden, aber alt genug, um ein waches Bewußtsein für die Zeitläufte zu haben. Mit welchen Vorstellungen und Vorsätzen und Erwartungen hat für Sie die Nachkriegszeit begonnen, und hat davon irgend etwas Bestand gehabt?

Alles hat Bestand gehabt. Mein politisches und historisches Bewußtsein ist entstanden aus der Erfahrung des Krieges, aus der Erfahrung vom Tode meines Vaters im Jahre 1944 im Baltikum an der Ostfront und noch vielmehr aus der Erfahrung des Terrorangriffes auf Dresden, bei dem für mich im buchstäblichen Sinne des Wortes eine Welt zusammengebrochen ist, an der ich gehangen habe, die für mich so etwas wie ein Lebensinhalt gewesen ist, und daraus ergab sich die Notwendigkeit, darüber nachzudenken, wie man leben, menschlich, politisch, gesellschaftlich leben kann nach einem Totalzusammenbruch oder – wie Nietzsche das einmal ausgedrückt hat, freilich, denke ich, schwächer, als ich es jetzt sagen möchte – der Entwertung der höchsten Werte.

Und diese Entwertung der höchsten Werte hat Sie auf welche Werte zurückgeführt?

Nicht auf Werte, das ist seither für mich ein Eckpunkt meines philosophischen Denkens, nicht auf Werte, sondern Normen, die zwar den Menschen betreffen, aber nicht aus seiner eigenen Existenz abgeleitet werden können.

Können Sie die Normen benennen?

Für mich, und ich denke, nicht nur für mich, sind es die Normen der christlichen Ethik, die auf dem Nachfolgegebot Jesu beruhen. Sie zu hören setzt Glauben voraus, aber sie zu hören ermöglicht auch, Chancen zu entdecken, die allen Menschen zugänglich sind.

Sie sind im Sächsischen, in Bad Gottleuba, geboren und in Dresden aufgewachsen, wie Sie eben schon erwähnt haben. Ihr Vater, 1944 gefallen, war Steuerinspektor. Ich denke, es war ein gutbürgerliches, nationalgesinntes evangelisches Elternhaus. Sie haben es in Ihrer vorigen Antwort schon angedeutet, ich frage nun aber doch noch, denn das muß noch ein Schritt mehr sein: Was hat Sie zum evangelischen Theologiestudium veranlaßt?

Das war ein Wechsel in der Denkart. Meine Interessen, die sich so in der Teenager-Zeit herausgebildet hatten, gingen eindeutig auf die Naturwissenschaften, insbesondere auf die Chemie. Und ich war fest entschlossen, Chemie zu studieren. Unter dem Eindruck der Ereignisse, die wir erwähnt haben, bin ich davon abgekommen, weil es einfach nicht mehr mit meiner Situation übereinstimmte, irgendwo in ein Labor zu gehen und dort mich in aller Ruhe und ungetrübt Experimenten hinzugeben.

Nun hätte es ja sein können für jemanden, der, mit diesen Erlebnissen Ende des Krieges, in dem Jahr dann 16 Jahre alt wird, 1945 im August 16 Jahre alt wird, daß er, vielleicht sogar in Auflehnung zum Elternhaus, nicht diesen Weg von der Naturwissenschaft weg ins eher bekennende, in das Theologiestudium geht, sondern daß z.B. die antifaschistische Komponente des Sozialismus, das gesellschaftliche Gerechtigkeitsideal des Sozialismus, der Widerstandsmut so mancher Kommunisten einen jungen Menschen wie Wolfgang Ullmann dahin hätten bringen können, Heimat, Solidarität im Sozialismus zu suchen. Warum nicht? Was hat Sie dagegen gefeit, oder waren Sie irgendwann in Versuchung?

Nein, eine Versuchung ist das für mich nicht gewesen. Das war biographisch und historisch gar nicht möglich. Ich bin aufgewachsen und zu politischem Bewußtsein erwacht unter der Herrschaft des Nationalsozialismus und war zeitweise ein geradezu fanatischer Hitlerjunge, so daß es meinen Eltern fast unheimlich damit wurde... *War es ein unpolitisches Elternhaus?...* Schwer zu beantworten. Das hängt nun damit zusammen, was man unter politisch versteht. Ich denke, wenn man das sehr präzise und speziell meint, würde ich wahrscheinlich sagen: ein unpolitisches Elternhaus... *Gut, zurück zur Hauptantwort...* Und Auflehnung gegen meine Eltern lag mir völlig fern. Ich lebte in so tiefer Harmonie mit ihnen, zumal mit meinem Vater, der mir Halt und Vorbild in einem Maße gewesen ist, daß sein Tod tatsächlich für mich eine Katastrophe war. Und das zweite: es war historisch gar nicht möglich. Als der Nationalsozialismus zusammenbrach, lebte ich zwar in der damaligen sowjetischen Besatzungszone, aber doch noch unter Bedingungen, die nicht die der späteren SED-Diktatur seit 1946 waren, und 1949-50 gab es die Nationale Front – also es war eine pluralistische Landschaft. Und was mich besonders beeindruckte, waren die Möglichkeiten, Zeitschriften aus aller Welt zu lesen, und ich war vollauf damit beschäftigt. Und die Partei, die damals in meinen Erfahrungskreis und Erlebnisbereich eintrat, war die neugegründete CDU, die mich zwar umwarb, aber in kurzer Zeit so abstoßend auf mich wirkte, daß es da auch nicht zu einer ernsthaften Versuchung kam.

Theologiestudium in Westberlin und an der westdeutschen Universität Göttingen, nach der Promotion 1954 fast zehn Jahre Arbeit als Vikar und Pfarrer in einem sächsischen Dorf bei Freiberg. Warum sind Sie von Göttingen in die DDR zurückgegangen? Gab es ein Zögern, oder war es selbstverständlich?

Es hatte schon Zögern gegeben. 1952 hatten die Landeskirchen in der DDR, als sich die Reisebeschränkungen und Paßbestimmungen der DDR abzeichneten, ihre Theologiestudenten im Westen aufgefordert, in die Heimatkirchen zurückzukehren. Ich bin dem Ruf nicht gefolgt, sondern wollte in Göttingen weiterstudieren, auch weil ich dort ein Philosophiestudium aufgenommen hatte, was ich in der DDR nicht hätte fortführen können. Als ich dann zurückging, war es natürlich der Wunsch, Pfarrer zu sein in der sächsischen Heimatkirche, es war aber auch eine Entscheidung gegen Göttingen, gegen die Universität. Mein Lehrer hatte mich gefragt, ob ich nicht wissenschaftlich weiterarbeiten wollte. Und es war auch eine Entscheidung gegen die für mich anachronistische Welt des Göttinger Spießbürgertums.

Die DDR als Gegenmodell zur Bundesrepublik. Standen Sie ihrem Nachkriegsstart in der Deutschen Demokratischen Republik von Anfang an skeptisch gegenüber?

War es für Sie, als Sie denn zurückgekommen waren, nur Christenpflicht, auszuharren, oder setzten Sie Erwartungen in die DDR?

Ich habe tatsächlich Erwartungen in die DDR gesetzt. Ich hatte ja schon in Göttingen angefangen, mich nun doch stärker politisch zu engagieren. Ich war zeitweise Mitglied der Heinemann-Wessel-Partei – da ging es damals auch schon um die Einheit, um das einmal beiläufig zu bemerken – und stand von daher der Politik der Adenauer-Regierung ziemlich kritisch und distanziert gegenüber. Und ich habe tatsächlich gemeint – dem diktatorischen Kommunismus war ich gar nicht wohl gesonnen –, ich meinte, es könnte doch wohl sein, daß in diesem wie auch immer diktatorisch deformierten politischen System eine Alternative, eine sozialistische, oder wie auch immer man sie nennen möge, verborgen sein könne, die es zu erwecken gilt und die man dieser etwas anachronistischen Bürgerlichkeit Westdeutschlands entgegenstellen könne.

Sie haben einmal Adenauers West-Politik für die Teilung in beträchtlichem Maße mitverantwortlich gemacht. Nun kann man sagen, nachträglich, ist die Politik des ersten Bundeskanzlers glänzend bestätigt worden. Halten Sie dennoch an Ihrem kritischen Urteil, wie Sie es eben formuliert haben, fest?

Das tue ich schon. Denn sie hat uns ja jene vierzig Jahre eingebracht, die für uns keine vierzig Jahre ungetrübten Glückes und der Bestätigung eines richtigen Weges gewesen sind, die wir jenseits oder diesseits der Elbe gelebt haben. Die West-Integration ist es ja nun auch nicht gewesen, die uns den Wandel im Osten gebracht hat, sondern es sind Widerstandskräfte gewesen, die im kommunistischen Lager selbst erzeugt worden sind und die nun durchaus ein ganz anderes politisches Programm verfolgten als das der Adenauerschen West-Integration.

Hat die DDR Sie, im ganzen gesehen, in allem getrogen, oder gab es in ihr auch gesellschaftliche Realitäten, von denen Sie meinen, Herr Ullmann, daß sie dem vereinigten Deutschland fehlen?

Für mich ist diese Frage sehr schwer zu beantworten. Sie entspricht nicht der Art, wie ich diese Dinge bedenke. Ich denke einerseits, die Erfahrungen, die 16 Millionen DDR-Bürger und -Bürgerinnen gemacht haben, sind wichtig für alle Deutschen. Insofern könnte ich Ihre Frage bejahen. Die DDR als politisches System war nicht haltbar; sie war ein künstliches, diktatorisch erzwungenes Gebilde, aber sie hat sicherlich auch Tugenden und Verhaltensweisen erzeugt, von denen ich denke, sie werden, in die Erfahrung vieler Menschen eingegangen, geschichtlich weiterwirken. Im übrigen hat es im Sozialrecht und auch im Bereich der gesellschaftlichen Rechtspraxis durchaus Verfahren gegeben, die, so wie sie in der DDR gewesen sind, nicht unbedingt nachahmenswert sind, aber die doch Anregungen geben. Ich denke zum Beispiel, daß es bei uns eine Art Grundsicherung gegeben hat im Rentenrecht – freilich in der Form der unbefriedigenden Mindestrente –, das erscheint nun angesichts des jetzigen Rentengesetzes als etwas, worüber man ganz ernsthaft nachdenken sollte.

Wollen Sie hier etwas sagen zu der Art, wie die westdeutsche Mehrheit mit der Rentenfrage der ostdeutschen Minderheit umgeht?

Ja. Es wäre sehr viel dazu zu sagen. Man muß vor allen Dingen darauf hinweisen, daß sie sich hier als völlig inkompetent erwiesen haben. Sie haben schreckliche Fehler gemacht, weil sie... *Wer?...* Die Gesetzgeber... *Die Bonner*

Gesetzgeber... Aber es sind ja da auch ehemalige DDR-Politiker dabei, die – nach meinem Dafürhalten – nur auf einer gänzlichen Unkenntnis der sozialen und politischen Situation der Leute in der DDR beruhen können. Es kommt zu solchen krassen Ungerechtigkeiten, daß es ganz gewiß so nicht bleiben kann, wie es jetzt ist.

Haben Sie die Hoffnung, daß man das noch ändern kann? Halten Sie auf diesem Gebiet die Bonner Mehrheit für einsichtsfähig?

Das halte ich durchaus für möglich.

Das Bild, das die große Mehrheit der Westdeutschen sich heute von der entschwundenen DDR macht, gestützt auf die derzeit landläufigen Berichte – was ist an diesem Bild in Ihren Augen, Herr Ullmann, besonders unstimmig?

Unstimmig ist daran, daß man einerseits immer wieder von der Widerlegung einer Ideologie, eines politischen Systems, eines sozialistischen Experimentes spricht, dabei aber völlig vergißt, daß dieses Reden nach wie vor dem ideologischen Schema des kalten Krieges folgt und auf diese Weise – da kann ich an das über das Rentenrecht Gesagte anknüpfen – immer wieder völlig verfehlt, sich die Frage zu stellen, ob nicht die wirkliche Geschichte und das wirkliche Erleben der Bürger und Bürgerinnen, der alten und der jungen, in der ehemaligen DDR völlig anders ausgesehen haben könnte, als es sowohl die SED-Propaganda, aber auch die Optik aus dem Westen sich vorstellt.

Was war entscheidend anders, als die westdeutsche Mehrheit es nachträglich mit Schauder noch mal zu erleben trachtet, sozusagen die Schrecken der Vergangenheit, die sie nicht erlebt hat, aus der Kolportage noch mal an sich zu ziehen?

Völlig anders war die Art und Weise, wie man in der DDR mit der Ideologie umgegangen ist. Sie hat schlechterdings keine Rolle gespielt. Man hat das einfach nicht geglaubt, man konnte es nicht glauben, weil man ja doch seine fünf Sinne noch zusammen hatte und wußte, daß zwei mal zwei vier und nicht fünf ist, das schloß freilich nicht aus, daß ganz bestimmte Denkschemata und Denkstrukturen die Leute geprägt haben, vom Schulunterricht an. Ich glaube, was man erst schwer verlernt, ist die Meinung, daß das gesamte gesellschaftliche Geschehen so eine Art Systemcharakter hat und von einem Punkt aus gesteuert werden kann. Das stellt man sich hierzulande, also in der ehemaligen DDR, immer mal wieder so vor, und gerade in der Linken – auch in der kritischen und reformwilligen Linken – ist dieses verkehrte Systemdenken, glaube ich, immer noch weit verbreitet. Das ist eine Folge der ideologischen Indoktrination, die ja auch auf einen wirkt, wenn man in Opposition zu ihr steht. Aber aufs ganze gesehen, haben die Leute in der DDR sich nicht ideologisch mit Marxismus-Leninismus auseinandergesetzt, sondern sie sind ihrer Arbeit nachgegangen, sie haben ihre Kinder großgezogen, so gut und so schlecht das eben ging, und haben im übrigen fleißig Westfernsehen geguckt und... *und es gab sowohl opportunistisch als auch idealistisch gesinnte Anhänger des Systems...* Ja, und die letzteren, die idealistisch Gesinnten, wie man gerne sagte, die Ehrlichen, die werden heute, denke ich, ganz schlecht in der Öffentlichkeit behandelt, und ich glaube, daß ist auch ein schlechter demokratischer Stil, der sich da zeigt.

Haben Sie Verständnis gehabt für Menschen, die ohne akuten Notanlaß die DDR verlassen haben, und erstreckte sich dieses Verständnis auch auf Pfarrer, die weggingen?

Sehr schwer, generell zu beantworten. Ich glaube, da liegt jeder Fall anders. Es gibt viele Fälle, wo – um mich etwas bildlich auszudrücken – jemandem die Puste ausging und er keinen anderen Ausweg sah – auch Pfarrer. Freilich gibt es auch Fälle, wo mir das Verständnis bis heute fehlt, wo ich nicht weiß, warum jemand seine Gemeinde verließ und damit auch in gewissem Sinne im Stich ließ.

Zur Person Wolfgang Ullmann: Kann es sein, Herr Doktor Ullmann, daß Sie in lutherischer Strenge gelegentlich nicht genug Erbarmen mit den Schwachen haben? Mit den Schwachen im Geiste, deren Geist weder Natur noch Gesellschaft aufgeholfen haben, mit den Verführbaren. Kann es sein, daß Sie die Menschen gelegentlich überfordern?

Natürlich kann das sein. Und sich selbst moralische Indemnität zu erteilen, ist wohl kaum möglich. Andererseits möchte ich doch für mich geltend machen, daß Moralismus und Rigorismus meinem Wesen eigentlich gar nicht liegen. Aber da kann ich ja gewiß Selbsttäuschungen unterliegen, und insofern können Sie durchaus recht behalten.

Was sagen Freunde von Ihnen, was sagt Ihre Frau?

Die sagen in der Regel, daß ich zu großzügig und zu nachgiebig in meinen Urteilen sei.

In diesem Zusammenhang gefragt: Sie treten dafür ein, allen von der Stasi Verfolgten Zugang zu den Akten zu geben, also auch Aufschluß darüber, wer sie bespitzelt und über sie berichtet hat. Erhoffen Sie sich davon ein Purgatorium, ein seelisches Reinigungsbad, für beide Seiten, und ist das nicht eine Illusion, die sich daraus speist, daß Sie Ihren Charakter, Ihre Ethik, Herr Ullmann, zum Maßstab aller machen?

Ich finde Ihre Formulierung vom Purgatorium ein wenig maximalistisch, und wenn man es so sieht, dann mögen einem schon Bedenken kommen. Aber für völlig unausweichlich und unvermeidlich halte ich es, daß hier aufgeklärt wird, was aufgeklärt werden muß. Natürlich unter Berücksichtigung der Daten- und Persönlichkeitsrechte auch der betroffenen Spitzel.

Das heißt, der Spitzel soll nicht namhaft gemacht werden für den Verfolgten.

Ich denke, man steht vor einer besonders schwierigen Frage. Wenn ein Betroffener das fordert, dann wird man sehen müssen, wie in diesem Falle umzugehen ist, und ich denke, das muß dann unter Beachtung der nötigen Datenschutz- und Persönlichkeitsschutzregeln geschehen.

Und erhoffen Sie sich davon – ich will nicht wieder maximalistisch formulieren, ich will nicht wieder das Wort Purgatorium, Reinigungsbad, benutzen –, aber dennoch: Sie erhoffen sich ja doch davon Segen für das friedlicheNebeneinander der Menschen, weil es aufgearbeitet ist, was hinter ihnen liegt. Wird nicht das Gegenteil das Wahrscheinlichere sein, nämlich noch mal aufflackerndes Mißtrauen, noch mal Klüfte aufreißen? Spricht nicht alle historische Erfahrung mehr für meine Skepsis als für Ihre Zuversicht?

Meine Erfahrung, Herr Gaus, ist eigentlich anders. Ich kann mir erstens nicht vorstellen, daß solche ungeklärten Verdachtsmomente, die uns belasten aus diesen vierzig Jahren, uns zur Ruhe kommen lassen, und andererseits, Sie kennen ja die berühmte Sitzung der Volkskammer, wo es um jene Namen der Überprüften ging, was bin ich da angegriffen worden und was hat man mir alles für schreckliche Ereignisse prophezeit von Blutvergießen und angezündeten Häusern usw., und es ist nichts dergleichen geschehen. Ich glaube wirklich, man tut nicht gut daran, wenn man immer dem Menschen unterstellt, er kann sich nur unvernünftig der Wahrheit gegenüber verhalten. Das scheint mir wirklich nicht so zu sein.

Die oppositionelle Gruppe, kirchlich eingebunden, zu der Sie seit der zweiten Hälfte der achtziger Jahre gehörten und die im September 1989 als Bürgerbewegung unter dem Namen »Demokratie Jetzt« an die Öffentlichkeit trat, diese Gruppe fühlte sich einem ethischen Idealismus, so der benutzte Begriff, verpflichtet. War man, waren Sie, Herr Ullmann, von diesem ethischen Idealismus aus einverstanden mit den kirchlichen Kräften, die sich – Stichwort Kirche im Sozialismus – um einen pragmatischen Ausgleich oder um ein Arrangement mit der Staatsmacht der DDR bemühten?

Nur teilweise. Einverstanden war ich, insoweit diese Losung ausdrückte eine Verabschiedung des auch in der Kirche weit verbreiteten durchschnittsbürgerlichen Antikommunismus – und das war zeitweise ziemlich schlimm, das habe ich als junger Vikar in Dresden kennengelernt. Insofern war ich froh, als Bischof Schönherr und seine Freunde und Kollegen hier eine Kehrtwendung in der Kirche...*von diesem bürgerlichen Antikommunismus weg, der ja beinahe zu einer Dämonisierung des Kommunismus geführt hat...* Ja, ganz gewiß. Auf der anderen Seite habe ich nie viel von der Losung – theologisch – Kirche im Sozialismus halten können, weil ich mich immer gefragt habe: Gibt es denn eine Kirche im Sozialismus im Unterschied zu einer Kirche im Kapitalismus, das kann doch wohl so nicht stimmen, und im nachhinein müssen wir ja nun auch sagen, daß unter dieser Losung – aber das betrifft nicht allein die evangelischen Kirchen in der DDR, sondern ist eine Last der Ökumene im ganzen – die Menschenrechtsverletzungen in diesem sogenannten Sozialismus doch wohl verharmlost worden sind.

Die oppositionelle Gruppe, der Sie sich anschlossen, ich habe eben von ihr gesprochen – Sie selbst waren nun seit 1978 Dozent am sogenannten Sprachenkonvikt in Ostberlin, der Ausbildungsstätte der Evangelischen Kirche von Berlin-Brandenburg –, diese Gruppe trat vor die Kirchensynode mit einem Thesenpapier unter dem Titel »Absage an Praxis und Prinzip der Abgrenzung«. Nach allem, was Sie eben gesagt haben, frage ich: Was wollten Sie erreichen, wieviel reformatorische Kraft trauten Sie der DDR und ihrer Staatspartei SED noch zu?

Wir wollten nur das allermindeste in bezug auf Reise- und Informationsrechte erreichen und wollten erreichen eine öffentliche Diskussion über und gegen jenes Privilegierungssystem, das die SED installiert hatte, als sie nach der KSZE-Akte von 1975 in Helsinki nun gezwungen war, eine gewisse Freizügigkeit einzuräumen. Hier sahen wir einen Widerspruch zwischen dem Bekenntnis zur friedlichen Koexistenz und zu der weiterbetriebenen ideologischen Abgrenzung, die dann im inneren zur Ausnutzung der Reisemöglichkeiten zur Privilegierung führte.

Mehr als die wahrhaftig sehr wünschenswerte Regelung eines freien Reiseverkehrs war nicht Ihre Absicht? Keine erneuerte DDR?

Wir haben die Fragen so nicht diskutiert – eine Erneuerung der DDR –, sondern wir wollten nur Zuständen begegnen, die wir schlechterdings für unerträglich hielten. Sie müssen daran denken, das ist in der Zeit geschrieben worden, als selbst eine Reise nach Polen nicht mehr möglich war.

Ich erinnere mich sehr wohl daran. Von wann an wurde diese Oppositionsarbeit thematisch aufgefächert? Von wann an gab es den Ansatz, reformatorische Einwirkungen auf die DDR als DDR zu nehmen, oder ist die Zeit darüber hinweggegangen, ist es dazu gar nicht mehr gekommen?

Man muß sagen ja und nein. Ja, insofern wir ja – was wir dann ab 1989 angestrebt haben – eine Änderung des Wahlrechtes und ein pluralistisches Parteiensystem tatsächlich erreicht haben – freilich in der Schlußphase der Existenz dieses politischen Systems –, und insofern trifft das dann zu, daß es auf eine Reform der DDR dann natürlich nicht mehr hinauslaufen konnte.

Sie haben sich einmal dafür ausgeprochen, daß man zum nationalen Gedenktag, zum Feiertag, machen möge den 4. November 1989. Das war der Tag, wenige Tage vor dem Fall der Mauer, 9. November, das war der Tag, an dem viele hunderttausend Menschen in Ostberlin sich versammelten und sich anhörten, was viele verschiedene Menschen aus vielen verschiedenen Gruppen – darunter beispielsweise Christa Wolf – ihnen sagten. Ich habe einige von denen, die da auf dem Podium sprachen, später sagen hören, es sei dies der glücklichste Tag ihres Lebens vielleicht gewesen, weil das doch der reformatorische Ansatz war. War er das für Sie, oder blieben Sie skeptisch auch in diesem Moment?

Nein, gar nicht. Ich gehöre zu denen, die ihn auch zu den glücklichsten Tagen ihres Lebens zählen. Ich habe freilich diesen Vorschlag immer mit einem gewissen Vorbehalt gemacht, weil ich weiß, es ist ein Erlebnis der Leute in der DDR gewesen. Ich habe mich immer gefragt: Ist es eigentlich in den Westländern und bei den Westbürgern und -bürgerinnen so ganz nachvollziehbar – das weiß ich bis heute nicht, wie es damit steht. Inzwischen haben wir ja ganz andere Feiertage. Wir haben nicht mehr den gequälten 17. Juni, und ich hätte eigentlich gerne jetzt einen befreienden 17. Juni. Statt dessen haben wir den quälenden 3. Oktober bekommen... *Quälend warum?..* Weil er ein oktroyierter freier Tag ist und nicht ein Feiertag, den wir feiern, weil wir selbst an diesem Tag etwas durchgesetzt haben, worüber wir uns so gefreut haben wie an jenem 4. November 1989.

Weil für Sie der 3. Oktober 1990, die Vereinigung der beiden Staaten, eben doch nur der Beitritt des kleineren Gebiets zum größeren war, nicht eine wirkliche Vereinigung?

Ja, so könnte man es sagen. Wobei ich ja gegen den Beitritt gewiß nichts habe. Aber alles gegen die regimentale und oktroyierte Weise, in der er geschehen ist.

Halten Sie die ehemalige DDR mit ihren Menschen mehrheitlich für falsch verstanden und falsch behandelt seit diesem Vereinigungsprozeß?

Ja. Das muß man wohl bejahen, und die ganzen Schwierigkeiten, die sich jetzt zeigen im wechselseitigen Verstehen, hängen mit diesem Ansatz natürlich zusammen.

Die Initiativgruppen, die vor allem unter dem Dach der evangelischen Kirche mit Umwelt und Friedensthemen entstanden waren, traten mehr und mehr an die Öffentlichkeit – wir haben davon gesprochen –, aus ihnen heraus entwickelte sich später der Runde Tisch. Aber als dann die Wende Ende 1989 und 1990 vollzogen wurde, da war die große Masse nach einem vorübergehenden Bündnis, Stichwort Leipziger Montagsdemonstrationen, den Bürgerbewegungen entlaufen. Wie erklären Sie das?

Ich weiß nicht, ob das der richtige Ausdruck ist – den Bürgerbewegungen entlaufen. Es war doch nicht so, daß wir allein vorwegmarschiert wären, sondern wir waren ja ein Teil einer Volksbewegung, und was wir geschafft haben, war, denke ich, in wesentlichen Inhalten zu artikulieren, und ich glaube nicht, daß die Leute diese Inhalte abgelehnt haben, sondern unter dem Druck der Einwirkungsmöglichkeiten nach dem Fall der Mauer hatten sie ganz andere Interessen. Sie hatten das Interesse, nun endlich gleichgestellt zu werden mit ihren Verwandten und Freunden in den westlichen Ländern, und hatten natürlich auch ein Interesse, daß das sich im Geld auswirken sollte, und sie hatten ein ganz starkes Interesse an einem Wechsel der Machtverhältnisse, und ich halte es nicht für erstaunlich, daß sie nicht der Meinung gewesen sind, diese kleinen Bürgerbewegungen seien nun die Alternative, wenn es um Machtverhältnisse ging zum ehemaligen Machtblock der SED.

Ist das nicht – und Sie selbst haben es eben getan – sehr verständlich und sehr erlaubt, wenn man da in diesem Zusammenhang überhaupt von Erlaubnis reden darf, was ich keinesfalls will – ist das nicht sehr verständlich, daß der gewöhnliche Mensch, als dann die Mauer gefallen war, seine wirklichen Bedürfnisse befriedigt hat und das, was das Bedürfnis einer engagierten ethisch-idealistisch eingebundenen Minderheit ist, nicht seine Bedürfnisse sind. Und ist es nicht eine Gefährdung von Leuten wie Ihnen, daß Sie Ihre Bedürfnisse verwechseln mit den Bedürfnissen des, mit Respekt und Zuneigung gesagt, gewöhnlichen Menschen?

Mir gefällt dieser Dualismus gar nicht, Herr Gaus...

Nein, er ist sehr unbequem... daß Sie das so sagen. Ich höre natürlich den Unterton, wenn man heutzutage das

Wort Idealismus gebraucht, dann ist das in der Regel ein ironischer...*Einwand, Euer Ehren, gänzlich unironisch. So einfach ist es nicht. Ist es nicht so, daß der Ihnen – gänzlich unironisch – wichtige Idealismus für die Mehrheit der Menschen, weil sie ist, wie sie ist, und kein Hochmut damit verbunden, wenn ich das sage, nur ein aufgepfropftes Gefühl, nur ein aufgepfropftes Bedürfnis ist. Dafür können die Menschen nicht.*

Ja. Dagegen wollte ich gerade etwas sagen, nämlich... *Es war nicht ironisch gemeint...* Nein, trotzdem noch etwas zu dem Dualismus, an den ich nicht glaube. Ich halte, was Sie über die Interessen und die wirklichen Interessen des Volkes gesagt haben, für ganz legitim und notwendig. Sie müssen diesen Interessen nachgehen. Es ging ja um ihre Rechte... *Der Meinung bin ich auch...* Nun, Herr Gaus, was dabei oft vergessen wird, und gerade von den Leuten, die ihren berechtigten Interessen nachgehen, ist, daß sich dabei politische Probleme stellen. Probleme der Gerechtigkeit, der Demokratie, und die muß dann unsereiner zur Geltung bringen und muß sagen, es hilft alles nicht, ihr müßt die Westmark bekommen, aber dabei gilt es eine ganze Menge politisch zu bedenken. Und weil wir das Bedenken ins zweite Glied gestellt haben, haben wir jetzt Probleme auch mit der Wirtschaft, auch mit der D-Mark, auch mit der Rente und mit der Sozialhilfe.

Sie wollen, Herr Ullmann, daß das Plebiszitäre, das direkte Element der Demokratie, auch im Verfassungsrecht verstärkt wird, daß der Anteil des nur Repräsentativen, die Macht der anonymen Parteiapparate, erheblich gemindert werden. Sie sehen darin die Demokratie in dieser Verstärkung des Plebiszitären, des direkten Einwirkens, Sie sehen darin die Demokratie der Zukunft, des kommenden Jahrhunderts. Aber wie wollen Sie die

Menschen im stärker plebiszitären System vor populistischer Verführung bewahren? Brauchen Sie dafür nicht Aufklärung durch eine Erziehungsdiktatur, wenn Sie es ganz auf den Punkt bringen?

Ja, auch hier habe ich Vorbehalte gegen Ihre Terminologie. Aufklärung ist niemals Erziehungsdiktatur. Aufklärung ist wirkliche Aufklärung, d.h. Hilfe im Sichselbstfinden, Hilfe dazu, daß man erkennt. Der heilige Augustinus hat das wunderbar so ausgedrückt in einem Dialog mit seinem Sohn, daß nicht er der Lehrer seines Sohnes ist, sondern daß sie im gemeinsamen Sprechen miteinander die Wahrheit erkennen. Das ist Aufklärung, und das ist niemals auf dem Weg der Diktatur möglich. Dafür haben wir Leute in der ehemaligen DDR unsere Erfahrungen gesammelt.

Aber sammeln Sie nicht jetzt auch Erfahrungen damit, daß die Menschen in ihrer großen Mehrheit eher verführbar sind, als daß sie aufgeklärt werden können? Noch dazu, wenn die Verführung im Gewande von Pseudo-Aufklärung daherkommt und so süffig serviert wird, wie das bestimmte Emotionalisierungen, bestimmte populistische Tendenzen im pluralistischen System vermögen?

Ja, das ist gewiß wahr. Aber das ist einer der Gründe, warum ich mir erhoffe, daß die Bürger- und Bürgerinnenbewegungen als ein neues und zusätzliches Element politischer Willensbildung nötig sind, um gegen Informations- und eben auch Manipulationsmonopole eine Gegenkraft auf die Beine zu stellen.

Diese Gegenkraft muß den Verstand, die Vernunft ansprechen.

Die Vernunft, aber auch die Gefühle und den Willen. Es ist leider ein verbreiteter Irrtum, ein rationalistischer

Irrtum, daß Erkenntnis nur den Verstand betreffe. Erkenntnis geht immer den ganzen Menschen an.

Aber außerhalb des Verstandes ist anderes als Erkenntnisse schneller am Ziel, nämlich Emotionalisierungen, Gefühlsaufschwünge, die gesteuert werden können. Hier spricht, wenn Sie so wollen, ein Skeptiker mit einem, ja mit wem, mit einem... Idealisten, würden Sie sagen... *Nein, und wenn ich es sagte, wäre es ohne jede Ironie gesagt. Ist das, was Sie dem Menschen zubilligen, gestützt auf Gottvertrauen?*

Ja, gewiß, aber auch auf Menschenkenntnis, und ich widerspreche dem gar nicht, was Sie über Verführbarkeit durch Emotionen und dergleichen gesagt haben. Aber wir sind uns doch, denke ich, auch völlig einig darin, daß das eine antidemokratische Praxis ist, den Menschen so zu behandeln, daß er ein Sklave seiner Emotionen...*Ich stimme vollkommen überein. Die Frage ist nur, würden wir, wenn wir diskutierten, aber ich frage hier nur, übereinstimmen über den Zustand der Demokratie. Gefragt jetzt: Ist es nicht so, daß auf der einen Seite die Bürgerbewegungen – die ja nicht nur in der DDR entstanden sind, sondern auch in der alten Bundesrepublik –, Minderheiten waren, die mit den von der Mehrheit vorgegebenen Antworten oder vom Regime vorgegebenen Antworten nicht mehr einverstanden waren. Auf der einen Seite wuchsen als Minderheit, zum Teil beträchtliche Minderheiten, die Bürgerbewegungen, auf der anderen Seite wächst die Expertenkaste der Berufspolitiker, ihrer Sekretäre, ihrer Techniker, und dazwischen ist eine gelegentlich mit erstaunlicher praktischer Vernunft reagierende Mehrheit, aber öfter eine an all diesen Fragen eher gleichgültige und daher auch schnell verführbare Mehrheit. Ist nicht der Konflikt der Demokratie der Zukunft, der Konflikt zwischen dieser Minderheit der Bürgerbewegungen und der Minderheit der politischen Klasse, der Expertenklasse – liegt darin der Konflikt, und warum glauben Sie, daß Sie siegen?*

Weil unser Prinzip nicht das von Sieg oder Niederlage ist, sondern – hier kann ich an schon Gesagtes,von Ihnen Gesagtes, anknüpfen – das Prinzip des Runden Tisches, und das Prinzip des Rundes Tisches ist, daß alle jene, die Sie jetzt so kontrastierend aufgezählt haben, ja nur gemeinsam mit dieser Lage fertig werden können, die Sie jetzt beschrieben haben und die sicherlich unserem Gemeinwesen nicht angemessen ist.

Christlich bestimmte Politik, was ist das für Sie, Herr Dr. Ullmann? Die CDU, die sich um Sie bemüht hat, als Sie ein junger Mann waren, wie Sie sagten, die CDU, die sich auf das »C« in ihrem Parteinamen beruft, hat die CDU Antworten bereit, die Ihrer Definion genügen?

Nein, leider nicht, und im übrigen habe ich an dieser Stelle einen tiefen Dissens wegen dieses »C«. Ich denke nicht, daß dieses »C« in irgendeiner Form je ein Parteienprinzip sein kann.

Aber was ist für Sie christlich begründete Politik?

Christlich begründete Politik ist das Handeln von Politikern, die sich die Freiheit nehmen, die die Freiheit eines Christenmenschen ist.

Der Kampf gegen Abgrenzung, ausgedrückt im Thesenpapier Ihrer Oppositionsgruppe, war der Kern Ihrer politischen Aktivität in der DDR. Sehen Sie eine Praxis der Abgrenzung, auf andere Weise als einst in der DDR, auch im pluralistischen System des Westens?

In dem Moment, wo man von der freiheitlich-demokratischen Grundordnung in einem ideologischen Sinne spricht. Diese Rede ist so lange in Ordnung und untadelig, als die freiheitlich-demokratische Grundordnung nichts anderes ist, als was das Grundgesetz selbst sagt. Gefährlich wird es in dem Moment, wo man von dieser Verfassung unterscheidet, dann ist es so etwas wie ein Wertsystem oder eine Wertordnung und der dergleichen; da wird es gefährlich, weil hier die Ideologie beginnt... *und dann beginnt auch Abgrenzung...* Und dann beginnt Abgrenzung... *für die, die der Ideologie sich nicht anbequemen oder...* die scheinbar oder angeblich sich ihr nicht anbequemen wollen.

Erlauben Sie mir eine letzte Frage: Was ist für Sie die Kardinalsünde eines Politikers?

Die Kardinalsünde eines Politikers ist die Feigheit. Die Feigheit ist nach meinem Dafürhalten, nach den schrecklichen Erfahrungen dieses Jahrhunderts die Ursache aller Grausamkeiten und Unmenschlichkeiten, und die Feigheit resultiert aus dem Unglauben an die Fähigkeit des Menschen, sich seiner Freiheit so zu bedienen, daß Gerechtigkeit für alle möglich wird.

Stefanie Spira

Gespräch vom 12. August 1991

Stefanie Spira, 83 Jahre alt. Seit über 60 Jahren Schauspielerin, seit 60 Jahren Kommunistin, Emigrantin, gelebt in der DDR. Kommunistin, die von ihren Träumen nicht lassen will, dabei immer kritisch war gegenüber der DDR. Zur Person: Steffi Spira.

Im Jahre 1958, in dem Sie 50 geworden sind, Frau Spira, haben Sie in Ihr Tagebuch geschrieben, ich zitiere: »Mein Leben war kein Glanzstück, aber ich habe oft gehandelt. Selbständig und mit vollem Bewußtsein, ich wollte es so.« Diese Tagebuchnotiz liegt nun auch schon über dreißig Jahre zurück. Sie sind jetzt 83. Hat die damalige Selbsteinschätzung Ihres Lebens Bestand gehabt, oder hat sie sich mit dem Altwerden noch einmal verändert? Ist sie selbstkritischer geworden, resignierter oder abgeklärter?

Vielleicht ein wenig resigniert, aber abgeklärt nicht, das werde ich nie werden – leider. Das schaffe ich nicht. Aber sonst – die Selbständigkeit ist ganz gewiß geblieben.

Und woran liegt es, daß sie resignierter geworden ist, die Selbsteinschätzung des Lebens?

Ja, weil ich mich doch auch, wie ich finde, getäuscht habe. In vielem, also jetzt gerade zum Schluß des Lebens, habe ich doch erleben müssen, daß ich mich in Menschen getäuscht habe.

Ich denke, daß wir im Laufe dieses Interviews darauf im einzelnen kommen, aber ich frage an dieser Stelle schon, selbst wenn ich mich später wiederholen sollte: Können Sie diese Enttäuschung in Worte fassen?

Ja, ich habe n i e mich besonders spezialisiert auf die Menschen, die dieser Partei, der ich angehöre... *der SED und jetzt der PDS...* Der KPD, seit 1931 – ich bin nie wegen der Personen eingetreten, sondern um der Idee willen. Und daß die Personen am Schluß meines Lebens in keiner Weise standgehalten haben den Ideen, denen sie eigentlich hätten treu bleiben müssen, das ist für mich die schlimmste Enttäuschung gewesen, eine große Enttäuschung.

Ich komme darauf zurück. Sie gehören mit dem Geburtsjahr 1908 zu jener Generation in Deutschland – und das, was Sie eben gesagt haben, belegt das schon –, jener Generation in Deutschland, für die Ideologien, totalitäre Weltanschauungen und geschlossene Denksysteme sozusagen noch unverbraucht, nicht diskreditiert waren. Die 20er und 30er Jahre, die Kämpfe zwischen Kommunisten und Faschisten in Deutschland, in Europa beweisen dies, Ihr eigenes Leben, Frau Spira, belegt es. Denken Sie, daß die Erfahrungen der Menschen in den vergangenen drei, vier Jahrzehnten die Ideologien, die politischen Heilslehren, aus der Welt geschafft haben, weil sie jetzt diskreditiert sind, und wenn das so sein sollte, sind dann die Menschen heute weniger verführbar als zur Zeit, als Sie in die KPD eintraten?

Über die Verführbarkeit der Menschen möchte ich nicht urteilen. Es ist jedesmal etwas anderes, was jede Generation erlebt und wo sie sich auch eventuell verführen läßt... *das hängt also nicht davon ab, daß man an politische Heilslehren glaubt...* Nein, Heilslehren müssen es nicht sein, keineswegs, aber sehr viele Menschen haben so ein Bedürfnis danach, sich irgend etwas im Leben vorzustellen, das heißt eine Person, der sie gleich sein möchten, ein System, das sie besonders bewegt, oder sei es die Natur, ganz verschieden. Und ich glaube nicht, daß immer dasselbe gefordert wird von den Menschen... *Aber es bleibt immer die Verführbarkeit des Menschen...* Ohne Zweifel... *Das heißt, das, was man jetzt da und dort als die Überwindung der Ideologien preist, ist keine Sicherheit vor neuer Verführung...* Keineswegs. Also da würde ich sagen: Keineswegs, auf keinen Fall.

Sind für Sie die Ideologien diskreditiert?

Nicht alle, nein, auch das diskreditiert, das fragt sich ja, wodurch man diskreditiert ist, nicht wahr? Also ich würde sagen, die Verführbarkeit ist eben doch das Haben... *das Habenwollen...* das Habenwollen. Daß unbedingt also sich hier in unserem – ich bin ja noch nicht lange Bundesbürgerin, nicht wahr –, also solange ich mich in der anderen Form des Lebens befand, habe ich immer nur gestaunt, daß die Menschen sich auf jeden Fall danach sehnten, das zu haben, was man heutzutage das Auto nennt. Ich selber bin eine leidenschaftliche Autofahrerin gewesen... *Und sie haben eins gehabt...* Habe selber eins gehabt, bin 32 Jahre gefahren... *Warum nehmen Sie es den Menschen übel, das heißt, ich bin nicht sicher, Sie nehmen es ihnen vielleicht nicht übel, daß sie es haben wollen, aber Sie merken es doch als etwas Erstaunenswertes an...* Ja, weil es vieles ersetzt bei den meisten Menschen. Ich habe das Auto mir damals mit meinem Mann gemeinsam angeschafft, weil wir das Bedürfnis hatten, rauszufahren ins Freie, und dort spazierenzugehen. Wir haben den Wagen stehenlassen und haben schöne Wanderungen gemacht... *Ich bin jetzt hartnäckig...* Ja, bitte...

Frau Spira, der Ausgang dieses Teils unseres Gesprächs war, daß Sie als DDR-Bürgerin doch mit Verwunderung festgestellt haben, daß die Menschen so sehr nach dem Besitz eines Autos sich gesehnt haben, haben gleichzeitig aber eingeräumt – und Sie sind ja eine freimütige Frau –, daß Sie ein Auto hatten, und haben gesagt, »ja, aber für uns war es, für meinen Mann und für mich war es ein Transportmittel, um etwas anderes zu tun, nämlich wandern zu gehen und dorthin zu kommen, wo man wandern konnte«. Das können die anderen auch für sich geltend machen. Ich will noch mal wissen: Kann es sein, daß Sie enttäuscht sind aus Gründen, die eigentlich nicht zulässig sind. Weil sie, weil die Enttäuschung auf einem natürlichen Bedürfnis von Menschen basiert, ein Auto zu haben, beweglich zu sein.

Nein, ich glaube, es ist in meiner Ablehnung doch noch etwas mehr drin, ich meine, das gehört natürlich dazu. Was Sie sagen, ist richtig. Aber das ist doch, sehen Sie, die Menschen haben hier in unseren Breiten es furchtbar schwer gehabt, zu einem Auto zu kommen. Sieben Jahre haben sie gewartet – vier Jahre habe ich immer warten müssen. Und da war ich noch gut bedient mit den vier Jahren. Aber nun ist es möglich. Ich habe nichts dagegen, daß die Menschen als erstes sich darauf gestürzt haben, ein Auto zu haben. Das ist es nicht. Daß sie das wollten und endlich das Geld, das sie schon längst bereit hatten, auszugeben – das ist es nicht. Nein, es ist vielmehr, daß sie nun etwas anderes geworden sind. Besitzer. Das spielt viel mehr eine große Rolle... *Und das verändert in Ihren Augen den Menschen...* das verändert den Menschen ungeheuer... *es macht ihn gefangener auf eine andere Weise als vorher...* ja, das Auto isoliert ihn... *Singen Sie das Lob des Besitzlosen?..* Nee, nee. So harmlos bin ich nicht, daß ich glauben würde, nur der Besitzlose ist glücklich, nein, nein, nein. Selbstverständlich gehören zu einem Jahrhundert, in das man hineingeboren ist, auch die selbstverständlichen Voraussetzungen, in denen sich ein Mensch wohl fühlt. Und das tut er unbedingt, wenn er auch ein Auto hat, wenn es ihm möglich ist. Aber das bedeutet nicht, daß er sich von seiner Umwelt isolieren muß.

Stefanie, genannt Steffi, Spira. 1908 in Wien geboren, in Berlin aufgewachsen. Die Eltern sind beide Schauspieler, der Vater ein Jude, der 1943 in einem Konzentrationslager zu Tode kommt. 1928 erstes Engagement für Steffi Spira an der Berliner Volksbühne. Bald danach auch Mitarbeit an der Truppe 31, einem linken politischen Theater und Kabarett. 1931, wie schon erwähnt, Eintritt in die KPD und Eheschließung mit Günter Ruschin, Schauspieler und Dramaturg, wie Steffi Spira ein Kommunist, wie ihr Vater ein Jude. 1933 gelingt dem Ehepaar nach kurzer Verhaftung durch die Nazis die Flucht in die Schweiz, dann nach Frankreich. Dort wird im selben Jahr das erste Kind, ein Sohn, geboren. 1941 Emigration der Familie nach Mexiko. 1947 Rückkehr nach Ostberlin. 1948 Rückkehr an die Volksbühne, Günter Ruschin als Chefdramaturg, Steffi Spira als Schauspielerin. Leben in der DDR. Kommunisten mit Erfahrungen und Enttäuschungen, aber Kommunisten. Steffi Spira – das Leben einer Angehörigen einer bekennenden deutschen Minderheit. Bevor wir auf einzelnes zu sprechen kommen, Frau Spira: Ist es im Rückblick möglich, zu sagen, was in all den Jahren von Not und Hoffnung das Schwerste und Schwierigste gewesen ist im Sichbehaupten und im Sichtreubleiben?

Ja. Sicher ist es für mich die Zugehörigkeit zu den Ideen des Kommunismus – ich habe das in meinem ganzes Leben sehr ernst genommen, und ich möchte das, bevor ich von dieser Welt gehe, nicht unbedingt aufgeben. Es fällt mir schwer. Es fällt mir entsetzlich schwer, und ich bin auch mehr oder weniger schon dabei, zurückzugehen von all dem, was ich früher aktiv mitgemacht habe... *nicht in der Überzeugung, sondern in der Aktivität...* ja, in der Aktivität... *aber in der Überzeugung sagen Sie, ich verharre auf dem, was meinem Leben den Halt gegeben hat...* So ist es, so ist es. Ich könnte auch, glaube ich, nicht anders. Ich könnte nicht so einfach mich zurückziehen und sagen: »Ach Gott, ich bin eben enttäuscht, und jetzt wünsche ich nichts mehr damit zu tun zu haben.

Was machte diese kommunistische Lehre, deren Entartung wir alle sehen, was machte diese kommunistische Lehre für Sie, in Ihrem ganzen Leben, das ich eben kurz skizziert habe in meiner langen Frageeinleitung, was machte diese kommunistische Lehre für Sie so zentral wichtig?

Ich will antworten mit einem Zitat von Schiller aus dem Don Carlos. Er läßt den Posa sagen zu dem König: »Und sagen Sie ihm, daß er soll Achtung tragen vor den Träumen seiner Jugend, wenn er ein Mann sein wird.« Ich kann nicht anders. Ich habe Achtung vor den Träumen meiner Jugend.

Ist das auch eine Trotzhaltung, weil, wenn Sie die Jugendträume aufgeben müßten, Sie etwas Neues nicht mehr fänden?

Nein. Nein, nein. Ich habe sehr lange mit dem Christentum mich auseinandergesetzt. Ganz gewiß. Und ich wollte die Schuld nicht einem anderen übergeben, meine eigene Schuld. Das wollte ich nicht. Ich wollte, wenn ich eine Schuld habe, sie selber tragen. Ich habe immer furchtbar gehaßt, wenn mir meine Mutter oder mein Vater sagten: Ach Gott, die Enkel machen das dann auch schon aus... *Die Enkel fechten es besser aus...* So ist es, ja. Und das hat mich rasend gemacht vor Wut. Ich, ich wollte selbständig sein und ohne den Rückhalt, daß es dann die Enkel tun. Nein, ich wollte es selbst tun.

Können Sie noch sagen – können Sie aus der Erinnerung heraufholen und beschwören –, wie die späten 20er, die frühen 30er Jahre gewesen sind in Ihrem Bewußtsein, im Bewußtsein von Ihresgleichen, also unter links eingestellten Künstlern und Literaten und Intellektuellen, diese späten 20er und frühen 30er Jahre mit Weltwirtschaftskrise, Massenarbeitslosigkeit, Straßenkämpfen zwischen den extremen Rechten und Linken in Deutschland, mit viel politischer Heilserwartung der Menschen, wie waren diese Jahre in Ihrer Erinnerung, wie sind sie gewesen?

Also, sicherlich voller Erregung, voller Nervosität, voller Eingreifmöglichkeiten. Also, ich meine, ich habe, wie man so schön sagt, Haus-und-Hof-Propaganda mitgemacht. Und habe da einiges erfahren, Erfreuliches und Böses. Ich bin mal gerannt aus so einer Laubenkolonie, was die Beine tragen konnten, schnell schnell. Die Hunde haben sie auf uns gehetzt, wir waren zu zweit. Sind immer zu zweit gegangen. Und das war kein Spaß. Und es hat mich sehr betroffen, daß die Menschen so bös sein können. Aber es war ihr gutes Recht... *Ist es ein gutes Recht, bös zu sein?...* Nein, böse zu sein nicht, aber sich zu verteidigen, wenn sie denken, sie würden angegriffen. Meine tiefste, wie soll ich sagen, Erlebnisfähigkeit besteht darin, daß ich immer gestaunt habe, wie schnell die Menschen dabei sind, zu glauben, daß sie angegriffen werden. Also politisch reagieren sie wie die Wilden... *Er-*

klärt das den Ausländerhaß von heute?... Ein wenig ja. Sicher ein wenig auch.

Emigration in Paris zunächst, nach dem Kriegsausbruch 1939 in einem südfranzösischen Internierungslager. Das war schwer, sich durchzuschlagen, Ihr Mann hat Stoffe verkauft, Sie sind putzen gegangen. Aber Sie haben auch politisch, künstlerisch gearbeitet in einem Exilkabarett- und theater, Sie haben mit Helene Weigel 1937 die Uraufführung des Brecht-Stücks »Die Gewehre der Frau Carrar« bestritten. Wenn Sie von Ihren Enkeln gefragt würden: Was bedeutete Emigration damals, was war das Prägende, was war das Bleibende im Bewußtsein? Was würden Sie antworten?

Daß wir auf jeden Fall in Paris für einige Menschen da waren – da hatten wir auch das Gefühl, dicht an Deutschland zu sein, nicht so weit weg wie nachher in Mexiko –, also wir hatten das Gefühl, es lohnt sich, bei all dem. Wir waren so arm wie die Kirchenmäuse, ja, aber für das Theater zu spielen, Proben zu halten, hatten wir immer Zeit, und wenn es nachts war.

Haben Sie Heimweh gehabt?

Ja, als ich weggegangen bin aus Deutschland. Ich dachte, ich springe aus dem Zug, solches Heimweh hatte ich gleich am Anfang. Und als ich von Basel, Badischer Bahnhof, nach Basel, Schweizer Bahnhof, rüberfuhr, war es aus. Da wußte ich, ich bleibe lange weg. Und ich wollte nicht mehr aussteigen. Ich wollte das neue Leben erleben.

In der Sowjetunion wurden in den 30er Jahren Schauprozesse gegen alte Bolschewisten geführt. Staatsterroristische Prozesse, politische Entartungen, die man später Stalinismus nannte. Wenn man darüber sprach unter den kommunistischen Emigranten in Paris, was sagte man zu diesen Vorgängen im Gelobten Land, wie erklärte man das Unheimliche?

Mein Mann und ich, wir waren mit Egon Erwin Kisch befreundet. Es war im Sommer 36 – die ersten Prozesse fanden 36 oder 37 statt –, wir lagen am Strand und besprachen natürlich die Ereignisse. Und wir haben uns vielleicht gerettet, wenn Sie so wollen. Wir haben gesagt, die Russen sind etwas ganz Sonderbares, etwas, was es in keinem anderen Land gibt und was bei Dostojewski so ausgezeichnet auch schon beschrieben ist: daß sie sich selbst anklagen. Daß sie von sich selber also immer in Sachen hineingeraten, die beinahe unwahrscheinlich sind, und sich dann selbst bezichtigen, dafür gesorgt zu haben. Und so hatten wir das Gefühl, daß das vielleicht eine Ausnahme sei... *Nichts Stalinistisches, nichts, keine Entartung der Lehre, der man anhing, sondern etwas spezifisch Russisches?..* Also, ich muß ehrlich sagen, für mich war der Mann Stalin ziemlich uninteressant. Bis zum Krieg. Dann wurde er ja eigentlich interessant für mich... *als der Mann, von dem Sie dachten: Er bringt mich nach Deutschland zurück...* Selbstverständlich. Ich war überzeugt davon, wenn wir überhaupt noch einmal nach Deutschland zurückkommen, dann durch Stalin, durch die Sowjetunion. Das dachte ich. Das dachte ich gewiß.

Noch einmal zurück zu dem, was Sie und Ihr Mann und der Rasende Reporter, der weltberühmte Journalist Egon Erwin Kisch, am französischen Strand sich gedacht haben, sich als Erklärung gedacht haben, was diese Schauprozesse in einem kommunistischen Land bedeuten sollten. Denken Sie nachträglich, Frau Spira, es wäre besser gewessen, für das eigene Selbstwertgefühl wie für die Lehre, nicht nach umständlichen Erklärungen und Ent-

schuldigungen – Dostojewski – zu suchen, sondern dem eigenen Mißtrauen zu vertrauen?

Ja, sicherlich wäre es besser gewesen, also heutzutage würde ich das selbstverständlich sagen: Es wäre uns sehr gut bekommen, der richtigen Wahrheit ins Auge zu sehen, ganz gewiß, aber so wie wir damals waren, voller Hoffnung auf die Sowjetunion, konnten wir uns, ehrlich gesagt, das gar nicht vorstellen. Später dann, bei den folgenden Prozessen, als es sich fast ausschließlich um Juden handelte, die da also ganz schrecklich drangekommen waren, da war ich schon im Zweifel. Da war ich im Zweifel, daß das normal vor sich gehen könnte, daß da nicht doch also ein schrecklicher Antisemitismus dabei sei.

Sie haben zuerst in Paris, dann im gemeinsamen Exil in Mexiko und später in der DDR Freundschaft geschlossen und gehalten mit Anna Seghers, der Dichterin und Schriftstellerin, Kommunistin wie Sie, Frau Spira. Erzählen Sie bitte von Anna Seghers.

Also das ist an und für sich ein Riesenstoff, und das kann ich natürlich in so einem Gespräch nicht bewältigen. Aber für mich bedeutete Anna Seghers ein wunderbares Zusammentreffen. Sie war älter als ich, acht Jahre, das ist schon etwas, sie war immer so alt wie das Jahrhundert, und ich habe von ihr sehr vieles gelernt, mit ihr sehr vieles erlebt und sehr viel, wie soll ich sagen, Inside-Stories der Familie miterlebt. Und ich finde eben, daß Anna Seghers ein Glücksfall ist. Der Glücksfall eines Menschen, der eben unbeirrt seiner eigenen Notwendigkeit, zu schreiben, immer Folge geleistet hat. Sie hat so schön gesagt, sie war sehr viel krank als Kind, und es war ihr langweilig, da hat sie geschrieben, ja, sie hat immer geschrieben, Geschichtchen, Geschichten, später größere Geschichten, und sie sagte immer: »Weißt du, wie das nachher zusammenkommt... ich kann dir nicht sagen, wie daraus ein ganzer Roman wird. Ich sehe die Sache vor mir, dann muß ich schreiben.«

War sie eine herzensgute, eine offene Frau, oder war sie scheu?

Das Wort scheu trifft es nicht ganz. Sie war nicht scheu, denn sie hatte keine Angst vor Menschen. Nein, aber sie war sehr verschlossen, sie war kein offenherziger, herzlicher Mensch, der eben so wie ich immer quatscht. Nein, nein, das tat sie gar nicht. Aber sie war ein Mensch, der durch den Menschen hindurchschaute. Sie konnte das wirklich. Sie erlebte einen Menschen entweder als ganze Persönlichkeit oder gar nicht, oder sie lehnte ihn gleich von vornherein ab... *Und Sie hatten den Eindruck, darin hat sie sich nicht oder selten getäuscht?...* Selten getäuscht, das würde ich sagen, selten. Sie hat sich natürlich auch getäuscht... *Hat sie gelitten unter ihrer Parteitreue?...* Also, ich will Ihnen was sagen: Als ich mit Anna über diese Sachen, die ja doch wir beide auch miterlebt haben, gesprochen habe, habe ich ihr gesagt: Also, hör mal zu... *Sie meinen jetzt den Prozeß gegen...* Nein, ich meine jetzt nicht den Prozeß, sondern ich meine überhaupt die Situationen, die nach 1956 entstanden sind... *in der DDR...* in der DDR, selbstverständlich. Da habe ich ihr gesagt: Also hör mal zu, Zibi – also wir haben immer Zibi, das heißt Eule auf ungarisch, zu ihr gesagt –, also, wir sind so alt schon, nicht, und dir wird doch bestimmt niemand etwas antun, ausgeschlossen. Seien wir doch bitte mutig und bleiben dabei und helfen Menschen. Und das hat jeder versucht zu tun, und Anna in ganz besonderem Maß. Und wenn sie in diesem e i n e n Fall n i c h t also in der Frage Walter Janka... *Jetzt müssen wir das kurz erklären. Es gibt eben über Anna Seghers spätestens seit der Wende in der DDR den Vorwurf, sie habe geschwiegen, wo sie habe reden, schützendes Zeugnis habe ablegen müssen in dem Prozeß gegen Walter Janka 1957 in der DDR, Leiter des Aufbau-Verlags, angeklagt unter anderem mit Wolfgang Harich wegen einer angeblichen konterrevolutionären Verschwörung gegen das Regime, und Janka wurde zu fünf Jahren Zuchthaus verurteilt. Anna Seghers, die die bedeutende Person war, wie Sie sie beschrieben haben, hat geschwiegen. Warum hat sie geschwiegen? So, wie Sie sie eben beschrieben haben, müssen Sie das erst recht erklären.*

Ja, ich will das gerne erklären, soweit ich es kann. Es muß ja nicht unbedingt alles sein, ich meine, soweit ich es kann, sage ich es, aber andere haben es vielleicht anders erlebt. Also ich bin zu ihr gegangen – denn wir kannten ja beide Janka aus Mexiko –, und da habe ich gesagt: Was ist denn los, willst du Walter nicht helfen? Und da sagte sie: Nein, das möchte ich nicht. Ich war erstaunt. Ich habe auch nicht weiter gefragt. Später, also nicht sehr lange später, ist es mir klargeworden. Ihr Mann war Ungar. Es handelte sich um Lukács... *den Literaturhistoriker..* Einen sehr bewunderten und großen Literaturhistoriker. Und es handelte sich um den Petöfi-Kreis... *Ja. Ungarischer Aufstand 1956...* So ist es, so ist es. Anna hatte eine e n t s e t z l i c h e Angst, daß ihr Mann hineingezogen werden könnte, und hat nicht eingegriffen. Es ist falsch. Sicher ist es falsch. Man sollte es nicht tun. Aber ich weiß nicht, jeder Mensch hat seine Schwächen. Und ich finde es schrecklich, daß man einen so großen Menschen, der so vielen Menschen helfen und etwas sagen konnte – vor allem in seinen Büchern –, daß der wegen einer Sache, in der er gefehlt hat, ohne Zweifel, nun also so von vielen Menschen in die Ecke gestellt wird, als habe er alles verraten. Wissen Sie, ich kann also wirklich lächeln und sagen: Was soll der Quatsch? So viele Menschen, so entsetzlich viele Menschen, wenn man ihnen sozusagen auf die Finger guckt, was sie alles getan und getrieben haben, haben Schlimmeres getan, viel viel Schlimmeres in ihrem Leben. Und Anna hat wirklich sehr viel mehr getan als andere Menschen. Ich meine, ich will sie nicht verteidigen, in dieser Frage nicht. Denn ich kannte Janka und weiß, was es für ihn bedeutet hat. Es war schrecklich, wirklich schrecklich. Aber ich gehöre nicht zu denen, die die Steine werfen.

Sie haben Bert Brecht gut gekannt, waren, wie erwähnt, befreundet mit Egon Erwin Kisch. Beide Kommunisten hatten ihre Schwierigkeiten mit dem Staatskommunismus, mit dem Wuchern seiner Apparathaftigkeit, mit der Entfernung von den Hoffnungen seiner Anfänge. Ihr Mann, Frau Spira, Günter Ruschin, ist 1963 vielleicht erbittert gestorben, nachdem er 1958 die Arbeit an der Ostberliner Volksbühne aufgeben mußte, weil er mit Majakowskis Stück »Das Schwitzbad« Stalin anzuprangern versuchte. Sie selber, Steffi Spira, haben immer wieder einmal aufgemuckt in Ihrem beruflichen Umkreis, aber Sie wie alle anderen hier Genannten wollten schließlich doch – soweit es zu erkennen ist – bleiben, was sie waren – Kommunisten. Immer drängt es mich zur Grundfrage zurück: Was war die Wurzel für diese andauernden, oft wohl peinigenden Kompromisse?

Das Einsehen, daß so viele andere Menschen so wenig tun, so wenig wirklich tun. Ich hätte mich gerne, wenn es möglich gewesen wäre, angeschlossen an etwas anderes. Aber das Christentum hat mich nicht gereizt, fast über 2000 Jahre am Ruder, an der Macht – Ruder ist komisch gesagt –, aber an der Macht. Was hat es geleistet, was hat es geleistet? Sicherlich in der ungeheueren Anzahl der Jahre viel, sicher. Aber für den einzelnen entsetzlich wenig. Und ich habe keine Beziehung mehr dazu... *Aber dieses Bedürfnis, etwas für den hinfälligen, gebrechlichen Menschen zu tun, war es das, was Sie dann am Kommunismus festhalten ließ?...* Ja, also, ich glaube, daß man doch von sich aus nicht umhinkann, wenn man es ernst meint und es nicht ein Zufallstreffer ist, daß man in diese Richtung geht, daß man doch dabeibleibt. Und ich denke nicht, es zu ändern.

Die DDR ist entschwunden. Was ist Ihr Nachruf auf sie, Frau Spira? Was wollte und sollte dieser untergegangene deutsche Staat nach Ihren Erwartungen sein und was hat ihn – außer den ökonomischen Schwierigkeiten und Fehlern – scheitern lassen?

Nach meiner Meinung hat ihn das Mißtrauen an den Menschen scheitern lassen... *Das Mißtrauen des Apparats gegenüber den Menschen...* Ohne Zweifel. Das hat dem Zentralkomitee am meisten geschadet, und das hat es umgebracht – mit Recht, finde ich.

Haben Sie eine Erklärung für dieses Mißtrauen?

Nein. Es ist das übliche, daß ehe Menschen vertrauen, sie zuerst mißtrauen. Ich habe dazu keine Beziehung, ich bin kein Rache-Mensch. Ich war ganz überrascht, als neulich mich jemand fragte: »Nun bist du hier und hast nie den SA-Mann gesucht, der dich verhaftet hat?« Ich bin überhaupt nicht auf den Gedanken gekommen. Und daß meine ich.

Sie haben beantwortet, woran die DDR gescheitert ist: nämlich am Mißtrauen der Herrschenden gegenüber ihren Menschen, aber Sie haben nicht gesagt, was die

DDR nach Ihrer Vorstellung, in Ihrem Nachruf, was sie hätte sein sollen.

Ja, die DDR hätte sein sollen ein neuer Staat, der wirklich sich glücklich schätzt mit vielen anderen gemeinsam etwas Neues aufzubauen, etwas, was es noch nie gegeben hat. Das ist doch das Interessante. Wissen Sie, das tausendmal gelebte Leben – was soll denn das, wozu ist denn der Mensch gut? Immer wieder dasselbe? Arbeiten, sich hocharbeiten, und dann was haben, dann Besitz haben, und die Kinder machen es nun weiter. So was Langweiliges. Entschuldigen Sie.

Dann sagen Sie mal genauso engagiert, was der neue Mensch, der andere, der in der DDR, der im Sozialismus, statt dessen an neuem Leben, an neuer Spannung haben sollte.

Also ich glaube, daß, wenn es also wirklich um den Menschen geht, er alles sein kann. Er hat alle Freiheiten. Also wenn er wirklich sich selbst verwirklichen möchte, hat er eigentlich alle Freiheiten und vor allen Dingen die wunderbare Möglichkeit, seinen eigenen Bedürfnissen, seinen eigenen Talenten, seinen eigenen Ansprüchen gegenüber... *aber wie soll er das tun, eingebunden in die materiellen Notwendigkeiten...* ja, ja, das ist ja nötig. Die materiellen Notwendigkeiten sind Notwendigkeiten. Die müssen erlebt werden, die müssen gemacht werden, aber nicht so hoch hinaus. Also wenn ich das sehe im Fernsehen, in den Medien, also wer ist denn nun groß? Also, Herr Stich, Gott sei Dank, hat nun auch, ich weiß nicht wieviel Tausende gewonnen beim Tennis... *Hunderttausende...* Hunderttausende sogar, also schön. Das ist doch kein Streben. Das Geld ist doch ganz uninteressant. Daß er wunderbar spielt, ist doch viel mehr Wert, daß er ein wirklicher Könner ist und sich wirklich bemüht hat, also wirklich was aus seinem Beruf zu machen.

Es fällt mir schwer, an Ihrem Traum zu rühren, aber basiert der Traum nicht wirklich auf einer Fehleinschätzung von uns Menschen?

Wahrscheinlich. Das bin ich sofort bereit zuzugeben... *Warum ist dann der Traum erlaubt?...* Ja, weil es sonst schrecklich ist, wenn alle Menschen gleichmäßig langweilig leben.

Nun muß man aber für diesen Traum gelegentlich zahlen.

Ja natürlich. Ich habe mich nie beklagt, nirgends. Das möchte ich extra betonen. Ich habe mich vor niemandem oder bei niemandem beklagt. Als ich verhaftet wurde, das können Sie – jetzt läuft der Film am 1. und am 5. August, zwar nachts spät, aber er läuft – sehen. So, wie es ist, bleibts nicht; die getrennten Schwestern... *Ihre Schwester Camilla, Schauspielerin...* meine Schwester Camilla ist dabei. Sie ist ausgezeichnet, sie ist wirklich hervorragend, und ich finde nicht, daß es wichtig ist, sondern ich meine, da zeigt sich ein wenig, wo die Grenzen sind.

Ich muß dennoch auf Folgendem beharren. Es ging mir nicht so sehr darum, ob S i e bereit gewesen sind, für Ihren Traum zu zahlen. Sie w a r e n bereit, für Ihren Traum zu zahlen... Ja, ohne Zweifel... *Ich fragte danach, ob Menschen, die so träumen, wenn sie dann nicht da bleiben, wo sie sind, sondern wenn Macht dazukommt, ob da nicht für diesen Traum andere Menschen, die diesen Traum nicht haben, zahlen müssen?*

Das weiß ich nicht so, ich glaube nicht, nein. Wissen Sie, dazu habe ich viel zuwenig Einfluß gehabt... *Nein, nicht S i e haben es zu verschulden, sondern Menschen, die ihren Traum haben, und dann kriegen diese Menschen auch noch Macht und wollen dann ihren Traum verwirklichen – wider die Natur des Menschen –, dann zahlen Menschen, die den Traum nicht haben, für die Traumverwirklichung der Machthaber.*

Ja, vielleicht ein wenig, ja, wahrscheinlich. Ich glaube ja, sie werden zahlen, wahrscheinlich. Also ich möchte nicht, daß jemand aus dem Gesagten entnimmt, daß er für das, was ich mache, sozusagen, für mich zahlen muß. Das möchte ich nicht, nein, auf keinen Fall. Das habe ich auch nicht gemeint... *Das war eindeutig, daß Sie das nicht gemeint haben.*

Frau Spira, die Liste Ihrer Bühnenrollen in der DDR, zumeist an der Ostberliner Volksbühne, von 1948 bis in die jüngste Vergangenheit umfaßt in Ihrem Erinnerungsbuch »Trab der Schaukelpferde« sechseinhalb Seiten. Theater, Frau Spira, was war das in Ihrem Leben: vor allem eine moralische Anstalt im Sinne Schillers zur Veredelung der Menschheit oder auch, und stärker gar, die kreatürliche Lust an der Kunst der Darstellung?

Ohne Zweifel das letztere in hohem Maße. Den Spaß, in eine andere Person hineinzugehen und ihr also die Züge zu geben, die ich glaube, die sie haben muß, und mit ihr Erlebnisse zu teilen... *Es war eine Lust, zu spielen...* Das hat mir immer gefallen, ja, das hat mir sehr gefallen. Ich war sehr glücklich damit. Aber ich meine, um auch das zu sagen, daß ich mich in bestimmten Dingen sicher geändert habe. Heute, zum Beispiel, heute zufällig, als ich nach Hause kam, wurde ich angerufen, nein bekam ich ein Telegramm, ich möchte sofort anrufen, es handele sich um eine Filmrolle. Und man fragte, ob ich schon gleich zusagen möchte. Ich sagte: »Ausgeschlossen, schicken Sie mir das Manuskript, ich gehöre noch zu den alten Schauspielern, ich lese das ganze Stück.« Ja, und das tue ich. Und wenn es mir Spaß macht, mache ich mit. Und wenn es mir keinen Spaß macht, mache ich nicht mit. Und habe ich eben kein Geld, macht das nichts.

War das Leben im Theater, am Theater, eine Stunde oder anderthalb vor der Aufführung dazusein abends, regelmäßig, Pflicht, Pflicht aber gleichzeitig als etwas im Grunde doch immer auch irgendwo Chaotisches – war das etwas, was Ihrem Naturell, Ihrer Neigung entsprach?

Ja, natürlich... *Sie haben es geliebt...* Sehr, sehr, ja. Und vor allen Dingen, ich liebte dieses Leben, das eben doch nicht beständig war. Also heute will ich ins Theater gehen und, sagen wir mal, irgendein Stück spielen, ist jetzt egal, und komme ins Theater, und der ist erkrankt oder gestolpert oder was weiß ich, der Kollege... *und da müssen Sie einspringen...* ja, das lief wunderbar. Das finde ich herrlich. Ich liebe es, das ist vielleicht mein Tick, also immer möglichst, also wie heißt es so schön bei Herrn Goethe: in Bereitschaft sein.

Am 4. November 1989 sind Sie, Steffi Spira, durch eine kurze Rede berühmter noch im Land geworden, als Sie es je vorher gewesen waren. Auf einer Kundgebung auf dem Berliner Alexanderplatz, zu der Künstler aufgerufen hatten, um für eine erneuerte DDR zu demonstrieren – Hunderttausende kamen –, sagten Sie unter anderem, und das Fernsehen übertrug die ganze Veranstaltung live, ich zitiere: »Ich wünsche für meine Urenkel, daß sie aufwachsen ohne Fahnenappell, ohne Staatsbürgerkunde und daß keine Blauhemden mit Fackeln an den hohen Herren vorübergehen.« Fünf Tage später fiel die Mauer. Seither haben Sie ein paar bittere Bemerkungen über die Deutschen gemacht. Sie haben gesagt dem Sinne nach: Die Deutschen sind ein Volk ohne jeden revolutionären

Geist. Nun rühmen sich die Deutschen in ihrer Mehrheit aber gerade derzeit ihrer friedlichen Revolution in Leipzig und anderswo. Worauf basiert Ihr Vorwurf gegen die Landsleute?

Ich will es Ihnen sagen. Er richtet sich nicht gegen die vielen Menschen, die in Leipzig waren, er richtet sich nicht gegen die Menschen, die auf der Demonstration am Alexanderplatz waren. Er richtet sich vielmehr gegen die Menschen, die immer sagen: Also dafür kann ich nichts, also weißt du, der hat mir gesagt, oder der war da, und der, ich nicht. Ich bin nicht so.« Also diese entsetzliche Angst, selbständig Verantwortung zu übernehmen – das gibt es in keinem Land in diesem Ausmaß wie in Deutschland.

Haben Sie den Eindruck, daß die Deutschen in der ehemaligen DDR nach so vielen Jahren der Anpassung – wenn es denn eine war, und es war wohl eine, und ich erhebe keinen Vorwurf, ich denke, daß wir Menschen so sind –, daß die Menschen nach diesen Jahrzehnten der Anpassung nach einer ganz kurzen Phase, zu der der 4. November 89 gehörte, sich wieder anpassen?

Wahrscheinlich, wahrscheinlich. Ich kann das nicht ändern, so wird es sein, sicher.

Sie haben gesagt – ich zitiere jetzt wörtlich – bei Ihren kritischen Bemerkungen über die Deutschen: »Ich, Steffi Spira, ich habe die Schnauze voll.« Sie sitzen hier zu diesem Interview, Sie wollen immer noch etwas bewegen, Sie wollen immer noch Menschen erreichen, oder?

Ohne Zweifel... *Sie haben die Schnauze nicht voll...* Ja, wenn Sie das so genau nehmen, nein. Habe ich nicht.

Erlauben Sie mir eine letzte Frage. Was war das Beste an Ihrem Leben? Am Ende auch die Außergewöhnlichkeit Ihrer Enttäuschungen?

Nein, ich glaube, das Beste in meinem Leben war, daß mich sehr viele Menschen wirklich geliebt haben, und daß die Liebe für mich das entscheidende Merkmal des Lebens ist.

Regine Hildebrandt

Gespräch vom 16. September 1991

Regine Hildebrandt, Jahrgang 1941, ein Kind der DDR sozusagen. Aufgewachsen in der Bernauer Straße, promoviert in der DDR, als Biologin gearbeitet, in einer Nische gewohnt, aber auch engagiert in der Bürgerrechtsbewegung, in der Sozialdemokratischen Partei, kaum nachdem sie gegründet worden war. Heute Sozialministerin im brandenburgischen Kabinett. Nicht einverstanden mit den einfachen Urteilen, die die Mehrheit der Westdeutschen über die ehemalige DDR hat, nicht einverstanden mit der Verkürzung der Chancen für Menschen in der ehemaligen DDR. Zur Person: Regine Hildebrandt.

Wenn Sie, Frau Hildebrandt, einem Westdeutschen erklären wollen, was für die breite Mehrheit der Ostdeutschen die Vereinigung nach nun bald einem Jahr bedeutet, was sagen Sie dem Westdeutschen dann?

Zuerst was Positives. Es ist einfach – und das sage ich mir auch selbst immer wieder –, es ist einfach ein Phänomen, daß die Mauer weg ist. Es ist ein Phänomen, daß wir uns bewegen können, daß wir frei sind. Ich sage es mir immer wieder, wenn ich in Berlin über die ehemaligen Grenzstraßen gehe oder nach Potsdam über die Glienicker Brücke fahre, das ist die Dimension, die wir im Auge behalten wollen. Aber andererseits versäume ich auch nicht, zu sagen, wie viele Verwerfungen gesellschaftlicher Art mit dieser Vereinigung verbunden sind und wie viel soziales Elend und wie viel Not und Verunsicherung – am schlimmsten auf dem Arbeitsmarktsektor, aber insgesamt auch im Sozialbereich. Es ist eine ganz schwere Last, die auf uns gekommen ist, wir müssen sie bewältigen. Doch ich möchte darauf hinweisen, das erste, was ich sage, ist, daß es eine ganz phantastische Sache ist, daß es so weit gekommen ist.

Sagen Sie das jetzt, weil Sie Politikerin sind?

Nee. Das sage ich nicht, weil ich Politikerin bin, sondern weil ich in der Bernauer Straße groß geworden bin, und auch mein Mann ist dort groß geworden, der hat richtig Mauerträume gehabt. Die hatte ich nun nicht. Aber das ständige Bewußtsein, daß hier eine unrechte Grenze ist, daß hier eine Mauer ist, daß hier eine Trennung ist von Dingen, die zusammengehören – dieses hat mich über vierzig Jahre begleitet, und nicht nur mich, sondern meine gesamte Familie. Und den Kindern konnten wir das auch vermitteln. Also für uns war diese Grenze – durch Berlin in extremem Maße – ein Einschnitt in unser persönliches Leben, in die Familie, für uns war das wirklich Betroffenheit. Wenn ich die sozialen Nöte nicht direkt so sehen würde, dann wäre es für mich selbstverständlich, daß diese neue Dimension phantastisch ist.

Aber Sie würden dem Westdeutschen abverlangen, daß er die Freiheit nicht als das nun ansieht, wohinter alle soziale Not zurückzutreten hat, sondern er soll – würden Sie von ihm verlangen – sich bewußtmachen, daß für viele diese Freiheit sozusagen auch gar nicht zu bezahlen ist.

Ja, das würde ich versuchen ihm an schlichten Beispielen klarzumachen. Was nützt es ihnen, wenn sie die Meinungsfreiheit haben. Sie können reden, über was sie wollen – vorher durften sie es nicht –, auch in der Öffentlichkeit. Sie können schreiben, was sie wollen, und ihre Gedanken sind nur noch gerichtet auf Arbeitslosengeld, Arbeitsplatz behalten oder nicht, Mieterhöhung, neue Steuererklärung, die Sozialversicherung, mit der sie nicht Bescheid wissen. Das heißt also, die Gespräche werden nicht etwa von politischen Dimensionen beherrscht, von der neuen Freiheit, sondern von den täglichen Sorgen, und genau dasselbe ist es mit dem Reisen. Wir wollten immer reisen. Wir waren ein Land, das eingemauert, ein Volk, das eingemauert war, und wir wollten raus. Und als die Besuchsmöglichkeiten kamen in den Jahren vor 89, da war es so, daß bei den Geburtstagsfeiern und auch in den Arbeitskollektiven nur davon die Rede war, wer wann wo wieder im Westen war und wie der nächste Antrag eventuell gestellt werden könnte. Wir wollten raus. Jetzt können wir überall raus, aber die Frage ist: können wir es bezahlen? Für die junge Generation geht es ja noch, da ist man flexibel, aber wenn ich manchmal sehe, daß ältere Leute, die in Cottbus wohnen und aus dem Rheinland stammen, 60-, 70jährige, die gerne noch mal ins Rheinland wollen und bei ihrer Rente von 600-700 Mark das nicht in der Lage sind zu realisieren, wenn sie nicht noch Verwandte da haben; denn wenn sie die Hotels bezahlen müssen und das Fahrgeld hin und zurück – das geht nicht.

Was fällt den Westdeutschen in der Regel am schwersten beim Begreifen der Verhältnisse in den neuen Bundesländern?

Eigentlich sehen sie nur, wie dreckig und verfallen alles ist, und hören aus der Presse die neuesten Stasi-Informationen und denken dann: Also wie konnte man da überhaupt leben, in dem Land! Und können überhaupt nicht begreifen, daß auch in den desolaten Betrieben, die sie jetzt zu sehen kriegen, daß da vernünftig produziert wurde, daß aus dem Betrieb weiße Tabletten rauskamen, ja, und daß da auch Menschen ein Leben gestaltet haben, das durchaus lebenswert war. Und das sieht man nicht. Es sieht so schäbig aus, wenn sie nunmehr nicht mehr produzierende Betriebe sehen, man kriegt selber einen Schreck, selbst wenn man vorher da gearbeitet hat.

Jetzt eine Frage, die eine Zeitlang, gleich nach der Wende, groß in Mode war, dann aber aus der Öffentlichkeit entschwand, die Frage hier wieder hervorgeholt und nun an Sie gerichtet: Wird etwas bleiben von der untergegangenen DDR, und falls es so ist, was sollte es dann nach Ihrem Wunsch sein?

Ich brauche nicht noch mal zu sagen, daß vieles nicht bleiben durfte, aber ich möchte auch noch mal sagen, es gibt viele soziale Dinge, viele zwischenmenschliche Dinge, eine Form von Solidarität, als Notgemeinschaft, von der ich meine, daß wir versuchen müßten, sie doch noch zu bewahren. Soziale Errungenschaften nannten wir sie immer, auch diese ganz relativ zu sehen, aber einiges davon ist bewahrenswert und war d e u t l i c h besser als das, was wir jetzt statt dessen bekommen. Und was ich mir persönlich immer noch wünsche, ist, daß von hiesiger Bescheidenheit, die auch natürlich durchaus eine notgedrungene Herkunft hatte, Bescheidenheit, Mitmenschlichkeit, Solidarität, daß davon einfach etwas hinübergerettet werden kann. Das liegt nun allerdings jenseits von allen gesetzgeberischen und sonstigen Maßnahmen, die wir ergreifen könnten. Das ist eine Sache, die müßte sich zwischenmenschlich erhalten. Und ich hoffe, daß beide Komponenten doch eine Zukunft haben, einmal die subjektive und zum anderen die, die sich gesetzgeberisch in Sozialgesetzgebung, im sozialen Gestaltungsspielraum äußern müßte. Ich hoffe es sehr.

Diese subjektive Seite, die Sie erhalten sehen möchten – die westdeutsche Welt, ist sie Ihnen manchmal unbehaglich?

Ja, ganz erheblich. Aber das war sie schon vorher. Denn ich meine, wir wohnen in Berlin, und schon vor 61 haben wir ja durch den engen Kontakt von Ost nach West gesehen, wie die Entwicklung so läuft. Und dieser Überfluß von allem, diese Wirtschaftswunder-Mentalität, dieser Perfektionismus, der eben auf ganz andere Zielstellungen orientiert, der jagt mir schon ein bißchen Angst ein. Und es ist so, daß es schön ist, wenn man viele Dinge hat, die zum Lebensstandard gehören, aber es ist auch schön, wenn man weiß, daß das nicht alles ist, daß vielleicht andere Dinge wirklich noch wesentlicher sind im Leben. Und deswegen macht es mir angst.

Die objektive Seite: Können Sie, so, daß der sozialpolitische Laie es versteht, ein Beispiel oder zwei Beispiele geben für sozialpolitische Einrichtungen der DDR, die Sie für besser ansehen als die vergleichbaren altbundesrepublikanischen Einrichtungen?

Ach ja, da kann ich Ihnen allerdings mehr als zwei nennen, aber... *wir haben nur 45 Minuten...* ich beschränke mich auf zwei, eins aus dem Sozialbereich. Das ist die Frage der Mindestsicherung der Renten. Es ist so, daß bei uns die Löhne gering waren, die Renten gering waren, aber es war so, daß jeder Anspruch hatte auf eine Mindestrente. Die war 330 Mark seinerzeit, und damit konnte man leben, weil alles andere subventioniert war. Das heißt also, es gab im Osten keine Einrichtung wie die Sozialhilfe, bei der man eine Bedürftigkeit nachweisen mußte – nachweisen mußte, daß man selbst kein Geld auf dem Konto hat und daß auch die Kinder nicht in der Lage sind, einen zu unterstützen –, ehe der Staat dann als soziales Netz, als soziale Sicherung, zahlt. Wir hatten hier die Mindestsicherung, die man obligatorisch bekam. Und damit war man unabhängig. Unabhängig von Überprüfungen – viel Geld war sowieso nicht da, viel Vermögen auch nicht –, aber auch unabhängig davon, daß die Kinder dafür einstehen. Und das ist also eine Frage der Würde. Nun kann man natürlich sagen, es war ohnehin, wenn man die Altenheime im Osten sieht, würdelos, wie dort gelebt wurde. Aber diese Unabhängigkeit und die Selbständigkeit, ich glaube, auf die legen ganz ganz viele unserer Bürger großen Wert. Und wenn man eine Mindestsicherung kriegen könnte, unabhängig von den Sozialamtskontakten, von der Inanspruchnahme der Sozialhilfe, das wäre schon schön, und wir haben auch schon einen kleinen Schritt auf diesem Weg geschafft. Es gibt eine Entschließung aller Parteien des Bundestages, daß das Rentenrecht bis 97 neu überdacht werden soll. Es soll Altersarmut verhindert werden, und ich hoffe, das ist der erste Schritt zu einer Form von würdiger Mindestsicherung. Ich hoffe es.

Das wäre dann für Sie eine Rückkehr zu einem Vorbild, das aus der DDR stammt.

Also, nennen wir es nicht Rückkehr. Sagen wir mal, eine Weiterentwicklung, ein Auffangen... Das zweite Beispiel ist aus dem Gesundheitswesen. Ich habe relativ lange in der Diabetesbetreuung gearbeitet, und dieses war im Gesundheitswesen eine Form von Dispensairebetreuung, von Betreuung chronisch Kranker, die in den Altbundesländern unter den dortigen Organisationsstrukturen nicht möglich ist. Wir hatten hier zum Beispiel die Zentralstelle für Diabetes. Eine Einrichtung, wo sämtliche Spezialärzte, die sich mit Zuckerkranken beschäftigten, ein Labor, die Fürsorger und die Diätberatung in einem Haus waren. Und hier wurden rundum die Diabetiker sachkundig betreut, und hier wurden Ferienlager organisiert, bei denen ich mit großer Begeisterung dabei war, vier Wochen sozusagen ein verschobener Klinikaufenthalt, kombiniert mit Ferienlager. Das sind Dinge, die sind in dem neuen Gesundheitssystem erwünscht, aber im Moment nicht finanzierbar. Wir sind dabei, sie zu gestalten, in der Zwischenzeit ist aber das Netz von Betreuungseinrichtungen bei uns zerschlagen. Und das ist für mich ganz schwer zu ertragen. Wir hatten die erste Zusammenkunft, da war eindeutig, daß tatsächlich die Situation der Diabetiker sich akut verschlechtert hat. Alle, die ins Krankenhaus kommen, kommen mit Werten ins Krankenhaus, die sie früher nicht hatten. Und diese Art Betreuung, die hätten wir unbedingt auch bewahren müssen. Vielleicht kriegen wir das noch mal wieder hin.

Kann es sein, Frau Hildebrandt, daß – aufs ganze gesehen, nicht für den letzten Fall, den Sie beispielhaft erwähnt haben –, daß die Zeit im Sinne der von Ihnen eben genannten Sozialeinrichtungen arbeitet, daß es nach der Euphorie der Wende und der dann folgenden ersten Bedürfnisstillung nun wieder mehr eigenständiges Selbstbewußtsein zwischen Elbe und Oder gibt?

Ja, also das möchte ich aus vollem Herzen bejahen. Besonders die Dimension der eigenen Gestaltung – falls es nicht so sein sollte, sollten sich das alle noch mal überlegen. Aber es ist einfach so, daß diese Bananen-Mentalität, die wir nach den Wahlen hatten – also daß wir West-Geld haben, Autos haben, Bananen haben, alles soll so sein wie im Westen –, daß die vorbei ist. Denn wir kannten aus dem Fernsehen immer nur die eine Seite und haben die andere nicht so richtig ernst genommen. Die erleben wir nun hautnah. Und jetzt überlegt man sich dann doch: Wie war es denn nun eigentlich wirklich vorher, und wie ist es wirklich jetzt, und stellt fest, verschiedene Dinge sind bewahrenswert gewesen, und auf die besinnt man sich denn doch mit wachsendem Selbstbewußtsein.

Treffen Sie gelegentlich bei Westdeutschen auf die Dummheit, auf die Arroganz von Siegern?

Ja, leider. Ich will es immer nicht so richtig wahrhaben, weil es doch sehr belastend ist, aber es ist so.

Und wie steht es mit einer Wehleidigkeit unter den Ostdeutschen?

Ja, auch leider. Also das kann ich nun dann auch nicht verhehlen. Es ist in der Tat so, daß wir dazu neigen, nunmehr in diese Wehleidigkeit zu verfallen, das darf aber nicht sein. Also die versuche ich dann immer in Aktivität umzumünzen.

Regine Hildebrandt, geboren am 26. April 1941 in Berlin, aufgewachsen – Sie haben es schon erwähnt – in der Bernauer Straße, der östlichen Grenzstraße zum Westen. Der Vater war Musiker, Pianist in der Unterhaltungsmusikbranche, die bürgerliche Familie hielt sich von jedem parteipolitischen Engagement fern. Sie machten Abitur, Frau Hildebrandt, und studierten an der Ostberliner Universität von 1959 bis 64 Biologie. Nach dem Studium Arbeit in der pharmakologischen Abteilung im Volkseigenen Betrieb »Berlin-Chemie«, dabei auch Promotion 1968 zum Doktor der Naturwissenschaften. Später Bereichsleiterin in der Zentralstelle – auch das schon erwähnt – für Diabetes und Stoffwechselkrankheiten in Ostberlin. Zum Lebenslauf Regine Hildebrandts meh-

rere Fragen. Zunächst diese: Sie hielten sich vom herrschenden Regime der DDR fern. Keine Mitgliedschaft bei der FDJ, keine der SED oder einer Blockpartei, aber eine engagierte Christin der Evangelischen Kirche. Sehen Sie sich in diesen Jahren als Dissidentin in der Gesellschaft oder als Nischenbewohnerin mit Ihrer Familie – verheiratet, drei Kinder –, die sich ihre Eigenständigkeit bewahrt, aber sich auch arrangiert.

Dissident ist ein bißchen anspruchsvoll. Also, durchaus als ein eigenständiger Mensch, der halb in der Nische und halb in der Gesellschaft lebt, nicht nur in der Nische. Es war mir immer ein Bedürfnis, auch durch die Berufstätigkeit engagiert mitzuwirken, und dabei mußte man auch Kompromisse machen. Also nicht nur Nische, und Dissident ist zu anspruchsvoll.

Sie haben nach allem, was man erfahren kann, Ihr Arbeitsleben in Ihrer Brigade gemocht. Sie haben das Kollektiv nicht als Last empfunden. Sie sind schließlich dem FDGB, der Gewerkschaftsorganisation der DDR, beigetreten, weil durch diese Mitgliedschaft Sie und Ihre Kolleginnen die Prämien und anderen Vergünstigungen als sogenannte sozialistische Brigade erhalten konnten. Das normale Leben der Mehrheit, der Männer und Frauen in der DDR. Manche haben nach der Wende von verlorenen Jahren gesprochen. Waren es verlorene Jahre, können Sie verstehen, daß manche – nicht mehr bedrängt als Sie, Frau Hildebrandt –, sie so nennen?

Nein, das kann ich überhaupt nicht verstehen. Natürlich hätte man ganz andere Dinge machen können, das ist richtig. Man hätte eine andere Ausbildung machen können, andere Reisen, aber wenn man hier nicht zu den wirklich Verfolgten gehörte – davon gab es genug, aber die Mehrheit eben nicht –, dann, glaube ich, waren es keine verlorenen Jahre, es war für aktive Menschen genug Gestaltungsspielraum da... *Können Sie das beschreiben?...* Aber gerne. Also, wenn Sie es an meinem Beispiel mal sich vergegenwärtigen wollen, der Werdegang war immer mit Komplikationen versehen, verständlicherweise. Nicht bei den Pionieren, nicht in der FDJ, das gab in der Schule Schwierigkeiten, bei der Zulassung zur Oberschule Schwierigkeiten, es ging gerade noch. Bei der Zulassung zum Studium Schwierigkeiten, aber das ist auch gelungen, und dann kam man in den Betrieb. Und nun konnte man dort auch wieder Gestaltungsspielräume nutzen. Es war wirklich oftmals möglich, ich will es nicht verallgemeinern. Es gab auch dann, sicher regional unterschiedlich, Einschränkungen und Benachteiligungen. Ich habe es nicht so erlebt. Ich konnte dort promovieren, ich konnte dort eine Arbeitsgruppe aufbauen, damals in der pharmazeutischen Industrie, Forschung machen, publizieren. Das war uns alles möglich. Und wir konnten – dieser Punkt ist mir ganz wichtig –, eben eine Form von Gemeinschaft auch bei der Arbeit aufbauen, mit netten jungen Kollegen, mit Einbeziehung der Familien, mit dem Aufbau eines durchaus vernünftigen Lebens außerhalb der Arbeit. Das war also eine ganz tolle Sache. Und ich möchte es nicht missen, weder unser Kollektiv, Kollektiv der sozialistischen Arbeit, in Berlin-Chemie noch das in der Zentralstelle für Diabetes, man konnte innerhalb der Formen, die reglementierend vorgegeben waren, wenn man wollte und wenn die Bedingungen nicht extremungünstig waren von den äußeren Gegebenheiten her, man konnte dann diesen Gestaltungsspielraum nutzen, und ihn so nutzen, daß man sich politisch nichts vergab, sondern was Vernünftiges für alle daraus gemacht hat.

Gab es einen gar nicht unbedingt von der herrschenden Partei unmittelbar ausgeübten, sondern von der allgemeinen Stimmung, die von der Struktur der Gesellschaft ausging – gab es einen Druck auf das Individuum, sich nicht abseits zu halten, wenn es sich abseits halten wollte, in einer solchen Brigade, geriet es dann in die Gefahr, benachteiligt zu werden? Ich sage ausdrücklich, daß dieses ein Problem ist, von dem ich denke, daß es in allen Systemen vorherrscht, aber es kann sein, daß das untergegangene System solche Gefahren vergrößert hat.

Naja, also das Kollektivleben war sozusagen das Ziel durchaus in der Gesellschaft. Wir mit unserem »sozialistischen Wettbewerb« – sozialistisch arbeiten, sozialistisch lernen, sozialistisch leben –, da war dann eben drin, daß man kulturelle Veranstaltungen zusammen machen sollte und Zirkel organisieren, Zirkel schreibender Arbeiter, Betriebsfestspiele, viel Gutes, wenn es einem gelungen ist, das auszunutzen, aber es war natürlich ein gewisser Druck zum Kollektiv da. Es war aber ohne weiteres möglich, wenn einem das nun nicht lag, daß man es geschafft hat, nach der Dienstzeit nach Hause zu gehen, ohne daß man persönliche Nachteile hatte. Also so schlimm war es nicht.

Wie erklären Sie sich, daß derzeit in der vorherrschenden öffentlichen Meinung, vor allem der Westdeutschen, diese Wahrheit über den DDR-Alltag verdrängt wird, daß da und dort diese Wahrheit vergröbert wird ins schier Konzentrationslagerhafte.

Zwei wesentliche Ursachen: Die Erfahrung der West-Besucher, wenn sie hier in den Osten kamen. Man kam eben rein wie in ein Lager. Und das ist also gerade für einen Freiheit gewohnten Westeuropäer oder Mitteleuropäer natürlich eine Tortur gewesen, und es war ja auch objektiv eine Tortur. Also von daher schon immer der Eindruck: na um Himmels willen, wie kann man da drin bloß leben. Dieses Gefühl hatten wir ja nun nicht, denn wir konnten die Grenze ja nicht passieren, wir waren einfach bloß auf der anderen Seite der Mauer, also dieses Grenzüberschreitungserlebnis hatten wir erst hinterher. Mit all den psychologischen Belastungen, die damit verbunden waren. Das ist also die Vergangenheit. Und dann kommt das, was jetzt nach der Wende passiert ist, noch dazu: Was macht die Schlagzeilen? Die desolate Wirtschaft; man sieht wie katastrophal alles aussieht, die verkommenen Häuser und die Berichterstattung über Stasi-Vergangenheit, Unterdrückungsmechanismen hier und da. Das prägt jetzt die Meinung so, aber es ist eben auch nur eine Facette aus einem breiten Leben, so daß ein Zerrbild entsteht, ein Zerrbild, das nicht den Tatsachen entspricht, wie es die Mehrheit der Menschen vor Ort erlebt hat. Und dazu kommt natürlich – jetzt kommen wir auf die Jammer-Mentalität –, daß man besondere Zuwendung auch als Ostler erfährt, wenn man erst mal klarmacht, wie schlimm es war. Und wenn man jetzt auf einmal feststellt: jetzt haben wir nicht lauter Mitläufer hier, sondern jetzt haben wir lauter Verfolgte – nein, das darf auch nicht sein. Also insofern kommen eben diese Vergangenheitserfahrung und die tatsächliche Gegenwartserfahrung dazu, um dieses Bild völlig zu entstellen.

Sie und Ihr Mann sind Pazifisten. Ihre Kinder wurden freigestellt vom Wehrkundeunterricht in der Schule, soweit ich weiß, nachdem Sie einen Brief an Frau Honecker, die Bildungsministerin geschrieben hatten. Erzählen Sie den Vorgang.

Die Vorgeschichte ist die, daß mein Mann den Wehrdienst verweigert hat, schon in den 60er Jahren, als es in der DDR noch nicht möglich war. Und 64 wurde dann der Wehrersatzdienst, die sogenannten Bausoldaten, eingeführt, und er gehörte zu den ersten Leuten, die dort eingezogen wurden. Wir dachten damals, es wäre tatsächlich ein Dienst, der frei wäre von militärischer Tätigkeit, aber sie wurden dann als produktive Leute für den Bau von Schießplätzen und ähnliches eingesetzt, und da hat er nicht mitgemacht und ist dann verurteilt worden, saß also im Gefängnis wegen Befehlsverweigerung. Das also zur Vergangenheit. Und das ist uns so in Fleisch und Blut übergegangen, daß wir, als wir hörten, daß der Wehrkundeunterricht eingeführt werden sollte, da waren unsere Kinder noch gar nicht soweit, wir uns sofort – wie es überhaupt bei uns üblich war, wenn uns irgendwas absolut gegen den Strich ging – zu Wort gemeldet haben, und zwar nicht als konspirative Gruppe, sondern als Ehepaar, als Individuum, an Frau Honecker geschrieben und mitgeteilt haben, daß wir dieses für absolut unförderlich halten für eine Friedenserziehung, diesen Wehrkundeunterricht, und daß wir uns, wenn wir mit unseren Kindern soweit sind, daß sie diesen Wehrkundeunterricht besuchen müßten, daß wir uns weigern, unsere Kinder dahin zu schicken. Da erfolgte überhaupt keine Reaktion, wie sowieso der Kontakt zu diesem Volksbildungsministerium eine Katastrophe war. Sie konnten mit allen reden, und die Kirche konnte mit allen reden, bloß nicht mit der Volksbildung. Und als die Zeit nun soweit war, daß unsere Kinder diesen Wehrkundeunterricht hätten machen müssen, da haben wir uns eindeutig in der Schule dafür ausgesprochen, daß das für uns nicht in Frage kommt. Und haben auch dieses Schreiben an Frau Honecker dazugelegt und darauf verwiesen, daß das in der Tradition unserer Denkungsart ist und daß wir dazu nicht bereit sind. Und wir haben es durchgesetzt, obwohl es an sich gesetzwidrig war, wenn Sie so wollen. Es bestand ja Schulpflicht und demzufolge auch die Pflicht, die Kinder zum Wehrkundeunterricht zu schicken. Nicht zu den militärischen Lagern, da konnten sie sich immer ein bißchen drücken, aber der Wehrkundeunterricht war obligatorisch. Und wir haben die Erfahrung gemacht, wie so oft in unserem Leben: Wenn Sie wissen, was Sie wollen, und dieses auch deutlich sagen und dazu stehen und bereit sind, die Konsequenzen zu tragen, dann schaffen Sie es. Und wir haben es nicht nur in der Volksbildung geschafft, sondern bei meinem Sohn auch in der Lehre, wo sogar der Wehrkundeunterricht bzw. die gesamte Wehrerziehung Teil des Lehrvertrages war. Auch dort haben wir es geschafft, daß er es nicht machen mußte. Sie müssen es bloß wollen und müssen es durchsetzen.

Halten Sie sich für ein Vorbild?

Ich möchte immer nicht so anspruchsvoll erscheinen, dies ist einfach für mich auch nicht der Maßstab. Ich möchte gerne – wie wir es die ganzen Jahre gemacht haben, als Familie, als Freundeskreis –, daß da Menschen sind, die vor sich selbst bestehen können. Wenn das dann ein Vorbild wird, wunderbar. Bloß da soll auch keine didaktische Komponente dabeisein. Wir haben für uns es so gestaltet, wie wir es für richtig hielten, und wir wollten nicht Märtyrer oder Vorbilder werden, sondern wir wollten einfach so leben, daß wir es für uns akzeptieren können.

Was ist Ihr Urteil über Mitläufer?

Das hat sich in meinem Leben gewandelt. Theoretisch würde ich sagen: das ist das letzte. Aber wir mußten uns ja tatsächlich eine Gegenwart hier gestalten, und da ging es eben ohne Tendenzen von Mitläufertum offenbar nicht. Normalerweise sind für mich Mitläufer eben ganz traurige Phänomene.

Haben Sie den Eindruck, daß die pluralistische Gesellschaft, in der jetzt beide deutschen Staaten vereinigt sind, das Mitläufertum nicht kennt?

Nee, den Eindruck habe ich überhaupt nicht. Die Frage ist jetzt: Wie definiert man Mitläufertum. Was ich jetzt erlebe, ist, daß jeder seine festgelegte Meinung hat, jeder seine Ideologie besitzt. Das, was wir eigentlich gar nicht im Osten haben wollten – da hatten wir es immer und waren dagegen –, das erlebe ich jetzt in facettenreicher Form im Westen. Und das macht mich ganz erschrocken. Es wird dort auch nicht gedacht und gehandelt entsprechend den Gegebenheiten, sondern es werden Positionen eingenommen, zu denen man sich mal bekannt hat. Die Frage ist, ob man zu diesem kollektiven Drang nach der Artikulation bestimmter Leitlinien, die man also einmal für sich akzeptiert hat, ob das auch Tendenzen von Mitläufertum nachher aufweist. Es ist so, daß ich glaube, im Westen muß man oftmals auch in bestimmten Konstellationen drin sein, um Karriere zu machen, um eine Zukunft zu haben... *Seilschaften zu haben...* Seilschaften auch da wieder, ja. Das ist wirklich für mich erschreckend. Und ich möchte ein praktisches Beispiel sagen: Pflegeversicherung! Für uns im Osten brauchen wir sie ganz dringend. Und wir brauchen eine Pflegeversicherung, die die alten Leute nicht finanziell belastet. Im Osten ist es gar keine Frage, daß ein 60jähriger jetzt nicht in der Lage ist, 88 Mark im Monat für eine private Pflegeversicherung zu zahlen. Das müßte auch einem FDP-Mann im Osten klarsein, wenn er hier Minister ist. Aber wenn die Parteilinie jetzt so ist, daß sie das nicht will, dann wird das Wahrnehmen der Realitäten hintangestellt. Es ist dann so, daß eigentlich von vornherein feststeht, wie die Entscheidung aussieht, man braucht gar nicht mehr hinzugucken, ob es geht oder nicht. Und das ist für mich unerträglich.

Die Mitgliedschaft in der SED, was soll sie nach Ihrer Vorstellung, nach Ihrem Empfinden, Frau Hildebrandt, für Folgen heute haben?

Nun sind wir glücklicherweise auf die Mitgliedschaft der SED gekommen, nicht auf die bei der Staatssicherheit. Dieses Problem ist lange diskutiert worden. Ich kenne aus meiner Berufstätigkeit vor allen Dingen viele Genossen – damals hieß es ja Genosse, SED-Genosse –, die für mich ganz diskutable Partner waren. Schon damals gab es so 'ne und solche. Und wir müssen weiter zusammenleben, wir müssen auch unsere Zukunft gemeinsam gestalten. Das heißt, es muß zu einer Akzeptanz kommen, möglichst in Verbindung mit einer Vergangenheitsbewältigung. Wir haben in der PDS-Fraktion in Brandenburg beispielsweise so viele konstruktive Menschen, auch gerade Sozialpolitiker, daß ich nur sagen kann, man muß genauer hingucken, um wen es sich handelt. Wenn immer wieder von den alten Seilschaften gesprochen wird – gerade vor Ort müßten unsere Menschen auch mal genauer hingucken aufgrund ihrer Erfahrung in der Vergangenheit mit diesen Menschen, w i e haben sie sich tatsächlich benommen, w a s haben sie gemacht, und das muß das Kriterium sein. Wir haben Bürgermeister in Brandenburg, PDS-Bürgermeister jetzt, früher SED-Bürgermeister, die mehrheitlich gewählt worden sind, zu denen auch die Dörfer stehen und sagen: Der hat schon immer die Sache gemacht, der hilft uns auch wieder. Das ist in Ordnung. Und andererseits muß ich sagen, wer leitende Funktionen – und so haben wir uns ja auch bei der Besetzung der Stellen im öffentlichen Dienst verständigt –, wer leitende Funktionen in den Parteien innehatte, wer Parteisekretär war über lange Jahre, da muß man dann doch eben noch mit größerer Vorsicht rangehen.

Ich habe einen Brief erhalten aus der ehemaligen DDR, gestützt auf diese Sendereihe. Eine Lehrerin hat mir geschrieben, daß sie – sie war SED-Mitglied, aus ihrem Familienhintergrund sehr erklärlich, das war auch mit Verfolgung der Eltern verbunden –, daß sie im Lehrerkollegium, weil sie das jüngste Parteimitglied war, Parteisekretärin wurde, weil man diesen Posten an die Schwächste, nämlich die Jüngste, abschob. Sagen Sie, daß es das gegeben hat, oder sagen Sie, daß ist nachträglich erfunden?

Nein. Wir haben jetzt gerade bei uns im Ministerium so einen Fall gehabt, auch kurzzeitig Parteisekretärin und macht jetzt bei uns in der Frauenforschung mit über eine ABM-Stelle. Das bringt uns natürlich in Verlegenheit. Bloß die Frage – und da komme ich wieder zu meiner ersten Ausführung –, die Frage ist die Akzeptanz vor Ort. Haben sie sich so benommen oder sich so verhalten, daß man sagen kann, da ist im Prinzip nichts daran auszusetzen gewesen, das war im Bereich der Norm, dann muß diese Akzeptanz gegeben werden.

Muß dann nicht die Politik, müssen dann nicht die Politiker über alle Parteigrenzen hinweg allmählich den Mut finden, das allgemein zu tun, was Sie hier jetzt getan haben, nämlich gegen dieses manchmal a l l z u »gesunde Volksempfinden«, das sogenannte, Stellung zu beziehen und zu sagen: keine Emotionen, wir müssen auch mal gegen den Strom schwimmen?

Auf jeden Fall. Aber es ist eben ganz schwer. Und auch da erfordert es wieder Zivilcourage... *So ist das...* Denn bei jeder Versammlung können sie mit Bemerkungen über die Staatssicherheit oder gegen die alten Seilschaften Applaus kriegen, soviel sie wollen... *ja, deswegen frage ich ja danach...* und deswegen bin ich immer der Meinung, man muß dem auch Rechnung tragen, ich möchte jetzt nicht den Eindruck erwecken, als ob alles in bester Ordnung ist, und im Prinzip waren alles Opfer. Wir haben hier alte Seilschaften, das ist zum Verrücktwerden. Es kommt auch oft vor, daß diejenigen, die früher eben die Leitungspositionen in der Industrie hatten, jetzt die schnellsten Marktwirtschaftler werden und jetzt tatsächlich natürlich wieder die sind, die nun nach anderen Richtlinien, aber mit der gleichen Konsequenz und mit der gleichen Unbarmherzigkeit gegen die Leute vorgehen. Und das darf nicht sein! Also es gibt diese alten Seilschaften, und man muß da was dagegen tun, bloß ich sage so oft den Betriebsräten und den Belegschaften: Da können wir nichts dagegen tun, das kann die Regierung nicht bringen, das muß tatsächlich von den Menschen, die das belegen können, durch eine Materialsammlung, passieren. Fälle sammeln und die vorlegen, zusammentragen, und dann was dagegen machen.

Ist das nicht eine Einladung?... Das ist eine Einladung zur Aufarbeitung... *Kann es nicht auch eine Einladung sein, Emotionen gefährlich aufzuheizen?...* Nein... *Ich sage nicht, daß es nicht sein muß, ich frage mich nur: Ist es nicht redlicher, zu sagen, wir müssen die, die mit untergehen könnten, schützen – das Beispiel der Lehrerin, das ich gebracht habe, die, als jüngstes SED-Mitglied in dem Kollegium, verdonnert wurde, Parteisekretärin zu sein, und Sie, als gelernte DDR-Bürgerin, sagen, ja, das hat es gegeben –, ist es nicht wichtiger, diese zu schützen, weil das andere sich sozusagen biologisch erledigt, durch Ausscheiden aus dem aktiven Leben, wobei ich n o c h ausdrücklich sage, damit auch d i e s e s nicht falsch verstanden wird: Den Gerichten, was der Gerichte ist, nichts soll bemäntelt werden, dies lassen wir, darüber sind wir uns einig...* ja, sind wir uns einig... *wir reden über das Problem: Was soll wirklich gegen verständliche, aber gefährliche und auch manchmal nicht verständliche Volksstimmung – wenn man den Mut hat, es zu sagen – von der Politik, auch von der Kirche, die da auffällig schweigt nach meinem Eindruck, getan werden beim Aufarbeiten, beim angemessenen Aufarbeiten?*

Ich deutete es vorhin ja schon an, daß Zivilcourage dazu gehört, zu sagen: Kümmert euch um Einzelfälle, guckt genauer hin, urteilt nicht pauschal ab, das hat keinen Sinn. Und wenn wir jetzt auf dieses Beispiel der Lehrerin zurückkommen: Wir haben doch jetzt die entsprechenden Ausschüsse, in denen sich auch die Betroffenen artikulieren können. Wir haben nicht bloß die Bögen, sondern wir haben die Möglichkeit, uns dazu äußern zu können. Und die Lehrerin wird unter diesen Umständen mit Sicherheit – es kann ja überlegt werden – auch weiter im Schuldienst sein können, w e i l man genauer hinguckt. Und das, meine ich, ist das Wesentliche. Genauer hingucken, und ich muß schon sagen, da scheue ich das Mißverständnis auch nicht, ich bin der Meinung, wir müssen unser Leben hier gestalten, und einigermaßen gerecht, und dazu müssen wir eben solche Pogromstimmung verhindern. Und wir müssen auch verhindern – und da komme ich noch mal auf ein ganz sensibles Thema, was auch nicht so sonderlich viel Akzeptanz gefunden hat –, die Verteufelung der Stasi-Mitarbeiter in Bausch und Bogen. Die sich zum Beispiel in einer Rentensenkung unter die Mindestrente äußern sollte nach dem Rentenüberleitungsgesetz, nach dem bundesrepublikanischen Vorschlag, dem Vorschlag der Bundesregierung. Das kann nicht sein, da bin ich auf einmal der Anwalt der Stasi-Rentner. Ich bin dafür, daß ein Maß von Grundgerechtigkeit erhalten bleibt. Das halte ich für die einzige Möglichkeit, um in die Zukunft zu kommen. Eins möchte ich sagen aus akutem Anlaß: Nehmen Sie die CDU: Es kann doch auch nicht so sein, daß alle wie Phönix aus der Asche gewandelt aufsteigen. Es muß doch eine Vergangenheitsverarbeitung stattfinden. Und ich bin manchmal verblüfft – gewesen, jetzt tut sich ein bißchen was –, wie diese Umwandlung also von einem Tag zum anderen da war, und – das war schon ein Relikt aus der Vergangenheit – wenn man vielleicht mal dieses oder jenes kritische Wort gegenüber der CDU gesagt hat, die für uns seinerzeit auch nicht besser war als die SED.

Sie, wie Ihr Mann, waren in der Vorwendezeit in der Bürgerrechtsbewegung »Demokratie Jetzt« engagiert, sind dann aber schon im Oktober 1989 der gerade gegründeten Sozialdemokratischen Partei in der DDR beigetreten. Warum?

Die Bürgerbewegung liegt uns näher. Wir haben also bis dahin nur als Privatpersonen agiert und versucht, unsere »Opposition« zu gestalten, also, wenn Sie so wollen, mit Zivilcourage zu leben, und deswegen ist natürlich die Bürgerbewegung das Gremium, in dem wir uns zu Hause fühlen. Andererseits war es aber so: Wenn der Umbruch in den Ostländern oder in der DDR damals eine Perspektive haben sollte und möglicherweise zu demokratischen Strukturen sich hinwandeln würde, war uns klar, daß man Parteien braucht. Und wir hatten ja eine Palette von Blockparteien, und was wir nicht hatten, war eine Sozialdemokratie. Und deswegen war uns klar: Wenn die Angelegenheit wirklich noch mal zu einer Staatsstruktur führen soll, dann brauchen wir diese Partei ganz dringend. Und da die SPD für uns von Ferne schon immer diejenige war, mit der wir am meisten sympathisiert haben – wir hier gerade auch in Berlin, mit Willy Brandt und solchen Leuten an der Spitze –, da war für uns klar, also die SPD war ohnehin die einzige, und deswegen sind wir gleich eingetreten, weil wir gesagt haben, unterstützen wir sie finanziell wenigstens, wenn wir uns auch noch in der Bürgerbewegung weiter sehr aktiv einsetzen. Aber man muß ja immer mal sehen, daß man für die Zukunft auch was hat. Und sehen Sie, dann kam es so.

Dann kam es so. Sozialministerin in der letzten DDR-Regierung unter Lothar de Maizière, heute Sozialministerin im brandenburgischen Kabinett Manfred Stolpes. Was bedeutet Ihnen, Frau Regine Hildebrandt, die Politik als existentieller Zugewinn und was als existentielle Einbuße?

Also eins ist mir ganz wichtig – und das gilt für viele Leute, die jetzt hier in der Politik sind, speziell auch in der SPD oder in der Bürgerbewegung –, daß sie eigentlich nicht bewußt in die Politik gegangen sind, sondern es einfach die Einsicht in die Notwendigkeit war. Es war eine so dünne Personaldecke, es m u ß t e n Leute die Verhältnisse gestalten, und es waren keine da. Und wir haben uns immer gegenseitig ermuntert, doch mitzumachen und die vielen Wahlen und die vielen Stellen, die zu besetzen waren – es war im Prinzip eigentlich nicht zu schaffen mit der Personaldecke. Also das zu dem Start in die Politik. Für mich ist es inzwischen fast eine fixe Idee geworden, daß wir hier noch mögliche Gerechtigkeit durchsetzen müssen und die Verhältnisse noch für uns tatsächlich erträglich gestalten müssen. In Klammern: Ich bin der Meinung, wenn mehr Leute sich noch viel viel mehr Mühe gegeben hätten, da hätte es noch ganz anders, viel besser laufen können mit der Einheit – aber das nur am Rande. Also die Tatsache, daß man hier Bewegungsspielraum hat – zwar schaffe ich nie so viel, wie ich will, aber dieses oder jenes schafft man dann doch –, das ist also das, was der Zuwachs durch die Politik gebracht hat... *Die Einbuße?...* Und die Einbuße, die ist natürlich erheblich, es ist eine völlige Lebensstiländerung. All das, was wir eben über vierzig Jahre doch hochgehalten hatten, die Familie und den Freundeskreis und die Nische, all das, was man da machen konnte, seine Hobbies – bei mir die Berliner Domkantorei, dort singe ich seit vielen Jahren mit, sie hat gerade Jubiläum, ist auch ein Mauerkind, also dreißig Jahre Domkantorei –, ja, dafür hat man natürlich keine Zeit. Und speziell die Familie: sie hat bei mir einen ganz großen Stellenwert. Meine Mutter wohnt in unserem Mietshaus, die Schwiegereltern jetzt auch, alle über 80. Da war natürlich früher was los. So gestaltete sich Gemeinsamkeit. Und jetzt bin ich nicht mehr zu Hause.

Der Verlust eines Arbeitsplatzes in der ehemaligen DDR – bedeutet er wegen der einstigen Gesellschaftsstruktur mehr, jedenfalls anderes, als ein Arbeitsplatzverlust in der alten Bundesrepublik?

Das ist für mich ein ganz wichtiger Gesichtspunkt. Wenn man vom Phänomen Arbeitslosigkeit spricht, dann meint man in den Altbundesländern: Arbeitsplatz ist weg, und da muß man eben sehen, wie man mit Arbeitsförderung überbrückt, und dann hat man den neuen Arbeitsplatz. Bei uns gab es keine Arbeitslosigkeit. Die Arbeitsplätze waren sicher. Damit lebte man. Der Beruf, die berufliche Tätigkeit, hatte einen ganz anderen Stellenwert. Über 90 Prozent der Frauen waren hier berufstätig und wollen es weiter bleiben, nicht nur wegen des Geldverdienens. Es war nicht nur die Arbeit, es war die Integration in eine Gemeinschaft. Diese Gemeinschaft hat nicht nur die Aufgabe der beruflichen Erledigung der Arbeit gehabt, sondern sie hatte auch die Dimension der Gemeinsamkeit über die 8 Stunden- oder 8,75 Stunden Arbeitszeit hinaus. Hier wurden Perspektiven eröffnet für kulturelle Tätigkeit: Arbeitsgemeinschaften, Kunstgewerbe, eine mineralogische Arbeitsgemeinschaft, zu der ich gehörte. Wir haben Exkursionen gemacht mit den Familien, mit den Kindern, Steine gesammelt, Steine geschliffen... *Es war eine Anleitung, und Sie sagen, eigentlich, wenn man ehrlich ist, die meisten Menschen brauchen so eine Anleitung, und sie wurde ihnen gegeben...* Nein, das ist noch zu negativ ausgedrückt. Es war die übliche Möglichkeit dort, eben solche Dinge zu gestalten. Wir hatten keine Infrastruktur von Trägerschaften, Ver einen oder ähnlichen Gruppierungen in den Kommunen, in den Städten, sondern dieses war im wesentlichen bei den Betrieben, und deswegen ist dieser Zusammenbruch der Betriebe eben so fatal, weil damit nämlich nicht nur die Arbeit weg ist, sondern auch diese kulturelle und soziale Infrastruktur. Und das ist so schwer klarzumachen und so schwer zu kompensieren. Ein Beispiel: Wenn ein Betrieb regional beherrschend war – nehmen wir mal Ludwigsfelde IFA-Getriebewerke –, da gehörte ihm nicht nur die Produktionsstätte, sondern auch der

Kindergarten, das Kulturhaus, die Sporthalle, der Altentreff. Das gehörte alles dem Betrieb, weil er diese Aufgaben hatte. Und für mich ist also wesentlich, immer wieder klarzumachen, wenn jetzt der Betrieb kaputtgeht, ist dieses alles weg. Und die ganzen Sozialeinrichtungen werden von der Treuhand verwaltet und von dem neuen Investor gekauft. Und die Gemeinde, die Stadtverwaltung sitzt in irgendeiner Asbestbaracke jetzt. So ist die Realität.

Sie sprechen oft vom Skandal, der die Behandlung der alten Menschen in den neuen Bundesländern sei. Erläutern Sie bitte, worin nach Ihrem Verständnis dieser Skandal besteht.

Der Skandal besteht darin, daß das gesamte Lebensgefüge mit dem Erwartungshorizont, mit den Hoffnungen, Wünschen, mit den Wertvorstellungen unserer alten Menschen jetzt zusammenbricht. Sie haben nach 45 hier gearbeitet. Sie h a b e n gearbeitet. Das möchte ich noch mal d e u t l i c h sagen. Wenn immer von der geringen Arbeitsproduktivität die Rede ist, das hat ganz andere Ursachen. Die Menschen waren hier fleißig, die Menschen waren kreativ, und sie haben nach 45 gearbeitet, genau wie ihre Verwandten in den Altbundesländern, in der Bundesrepublik. Sie haben bloß das Wirtschaftswunder nicht gehabt, deshalb haben sie diesen Aufstieg nicht erlebt. Sie hatten geringe Einkommen, von diesen geringen Einkommen haben sie ein bißchen was gespart, weil sie wußten, sie kriegen die Mindestrente, die 330 Mark, damit können sie kaum leben. Also sie können leben, aber sie können keine Sprünge machen, und ihre Alterssicherung war ihr Konto. Da haben sie Pfennig auf Pfennig von den geringen Einkommen und den geringen Renten aufeinandergelegt, damit sie eine gewisse Form von Unabhängigkeit im Alter haben und den Enkelkindern vielleicht mal eine Freude machen können und nicht auf die Kinder angewiesen sind, ihnen nicht zur Last fallen. Und da, in dieser Situation – nehmen wir mal an, sie haben 30.000 Mark gespart für das Alter, das ist sozusagen ihre Altersversicherung gewesen –, da kam die Wirtschafts-, Währungs- und Sozialunion. 6000 Mark konnten wir noch durchsetzen für die alten Leute 1:1, der Rest 2:1 – also praktisch halbiert das Lebensersparte, die Sicherung. Und jetzt kommen sie in die Situation, daß zum Beispiel, wenn sie im Altenheim sind, sie nicht mehr 120 Mark bezahlen müssen wie bisher, sondern bei gleich schlechten Bedingungen, wie wir sie ja doch eben noch haben, 1800 Mark normalerweise zahlen sollen. Dann ist ihre Rente von 600 Mark weg, 1200 Mark bleiben übrig, und die werden jetzt vom Konto genommen. Und wenn Sie mal überlegen, die 1200 Mark, sie sind die abgewerteten 2400 Mark. Und die 2400 Mark waren für den alten Menschen nicht nur das Produkt einer jahre-, jahre-, jahrelangen Arbeits- und Sparaktion, sondern sie waren praktisch auch ihre Sicherung für das Alter. Und jetzt sind sie weg. Und, verstehen Sie, das kann nicht sein! Ich weiß, daß es auch für die alten Bürger in den Altbundesländern sehr schwierig ist, damit klarzukommen, aber sie konnten sich daran gewöhnen, und unsere konnten sich nicht daran gewöhnen. Und deswegen sage ich: So geht es nicht! Und wir haben in Brandenburg Übergangslösungen für dieses Jahr, und im Hinblick auf die Pflegeversicherung versuchen wir noch weitere Übergangslösungen zu finden, damit es nicht so ist, daß die alten Menschen nur noch Taschengeldempfänger sind.

Erlauben Sie mir eine letzte Frage. Begreifen Sie, wie es zur sozialistischen Utopie hat kommen können?

Ja, das begreife ich. Das ist für mich auch die soziale Gerechtigkeit, und dabei eben auch eine Gleichheit, von der man eben bei der sozialistischen Utopie ausgeht. Die ist für mich schon eine sehr positive Erscheinung. Ich bin ja bescheiden. Ich weiß, von der Gleichheit sind wir schon weit weg, aber wenigstens die Gerechtigkeit muß bleiben. Es muß wenigstens in der Gesellschaft, in der neuen, noch jeder seine individuelle Perspektive haben. Es darf nicht so viel Verlierer geben.

Angela Merkel

Gespräch vom 28. Oktober 1991

Angela Merkel, Jahrgang 1954, Bundesministerin für Frauen und Jugend, CDU-Mitglied. Sie soll als Nachfolgerin von Lothar de Maizière die Stellvertreterin von Helmut Kohl im Bundesvorstand der Christlich-Demokratischen Union werden. Sie ist die Hoffnung der CDU darauf, daß Ost und West innerhalb der CDU, und nicht nur innerhalb der Partei, schneller zusammenfinden, als es bisher der Fall ist. Sie ist aber auch durchaus für Überraschungen gut. In mancher Hinsicht ist sie sehr viel mehr eine eigenständige Ost-Deutsche, als manche in Westdeutschland denken mögen. Zur Person: Angela Merkel.

Eine junge Frau von 37 Jahren, Angela Merkel, am 17. Juli 1954 geboren, noch keine zwei Jahre in der Politik, gerade etwas länger als ein Jahr in der CDU, aber seit Januar 1991 Bundesministerin für Frauen und Jugend und ausersehen, demnächst die Stellvertreterin Helmut Kohls im Parteivorsitz der Christlich-Demokratischen Union zu werden. Vor allen anderen Fragen, Frau Merkel, zunächst diese: Geht das nicht alles ein bißchen schnell für Sie? Haben Sie gelegentlich das beklemmende Gefühl, es geschehe etwas mit Ihnen, mehr als daß Sie selber etwas aus sich machen? Angela Merkel – derzeit mehr Objekt als Subjekt.

Ich glaube, daß mein Lebensweg in den letzten zwei Jahren ja nicht untypisch ist und etwas zu tun hat mit dem, was in der DDR und nach der DDR passiert ist. Und da besteht natürlich die Gefahr, daß man zum Objekt wird von Ereignissen und nicht mehr ganz Herr seiner eigenen Wünsche und seines eigenen Willens ist. Aber ich habe das Gefühl, daß meine inneren Mechanismen noch so weit intakt sind, daß sie mich dann einfach so ein bißchen in eine Ruhezone drängen, wenn es zuviel wird, und dann auch wieder Besinnungsphasen, wenn auch kurze, eintreten, so daß ich dann immer wieder glaube einigermaßen festen Boden unter den Füßen zu haben.

Können Sie sagen – es ist die reine schiere Neugier –, wie wirkt dieser Kontrollmechanismus, dieser Selbstkontrollmechanismus? Wann merken Sie, daß Sie das brauchen, und wie sieht dann eine solche Ruhepause aus?

Die Ruhepause sieht so aus, daß ich einfach einen oder zwei Tage nichts tue, nichts tue, was mit Politik zu tun hat, sondern... *Das geht?...* Ja, da nehme ich mir die Freiheit, dann gucke ich, daß ich spazierengehe und ein bißchen nachdenke oder umgrabe oder einfach repetiere, was passiert ist.

Halten Sie für möglich, daß Ihnen das noch möglich ist, weil Sie noch keine ganz wichtige Politikerin sind? Weil – Lambsdorff oder Kohl oder ich weiß nicht wer, die werden sich jetzt beschweren, daß ich das sage, denn das ist ja ehrenrührig –, wenn man keine Zeit hat, daß die vielleicht diese Zeit gar nicht finden, während Sie sie noch finden.

Also der schlimmste Fall, der Ausfall, ist dann der starke Kopfschmerz, aber ich weiß auch nicht, mir ist es eigentlich auch nicht so wichtig, eine wichtige Politikerin zu sein, sondern mir ist es wichtig, wenn ich politisch tätig bin, auch die Kraft zu haben, mit den Leuten zu sprechen und das, was ich tue, einigermaßen vollkommen oder mit voller Kraft zu tun. Und deshalb, denke ich, ist dann ein ausgefallener Termin vielleicht besser als einer, den man nur halb anwesend wahrgenommen hat.

Wenn man beobachtet, wie Sie sich als Politikerin öffentlich geben, dann kann man den Eindruck gewinnen – ich habe den Eindruck gewonnen –, Ihre noch anhaltende Suche nach einem von Inhalten bestimmten eigenen Standort innerhalb Ihrer Partei sei verbunden mit der taktischen Begabung, sich klüglich zurückzuhalten, und dem Ehrgeiz, funktionstüchtig zu sein. Geht eine solche Einschätzung von Ihnen ganz in die Irre? Worin können Sie zustimmen, worin wollen Sie widersprechen?

Also, widersprechen in dem klüglich. Mit der Zurückhaltung, das hat wieder was mit dem festen Boden zu tun. Ich verhalte mich schon auf unbekanntem Terrain erst mal so, daß ich alles, was mir von anderen Terrains bekannt ist, nicht herausposaune, sondern daß ich versuche, Grund unter die Füße zu bekommen. Und das kann dann mit Zurückhaltung eine Weile lang zu tun haben. Außerdem gehöre ich vielleicht zu dem Menschentyp, der auch erst mal seine Umgebung einigermaßen genau beobachtet und einzuschätzen versucht. Und insofern gewisse Zurückhaltung. An bestimmten Stellen fange ich dann aber schon an, auch die Dinge von mir zu geben, die mir wichtig sind. Klüglich würde ich es nicht nennen, sondern ich würde einfach sagen: es ist für mich als Typ lebensnotwendig.

Und der Ehrgeiz mit der Funktionstüchtigkeit?

Ja, ich weiß nicht, Ehrgeiz mit der Funktionstüchtigkeit, ich habe im Fernsehen und auch jetzt in den stürmischen Zeiten der q u a s i Revolution viele Leute erlebt, die vielleicht manchmal auch in ihrer Funktion überfordert waren. Und ich glaube, Funktionstüchtigkeit ist schon wichtig; lieber an einer Stufe tiefer oder ein bißchen weniger und funktionstüchtig als überstrapaziert und nicht funktionstüchtig, und ich weiß nicht, ob das was mit Ehrgeiz zu tun hat. Ich will die Dinge, die ich mache, ordentlich machen. Es ist aber richtig, wenn Sie das als Ehrgeiz bezeichnen, dann haben Sie recht.

Klingt schön. Sind Sie sich dessen bewußt, wenn etwas schön klingt?

Nein, ich sage jetzt das, was ich wirklich meine. Ich komme aus dem naturwissenschaftlichen Beruf, und dort war ganz klar, daß man irgendwas nur vernünftig und ordentlich machen kann und auf einer vernünftigen Grundlage und... *Alle werden Ihnen zustimmen...* Aber?...*Alle werden sagen, die Angela Merkel ist prima. Nun geht es ja gar nicht so sehr um lieber eine Stufe tiefer, sondern bei Ihnen geht es ja, und so war ja schon die Eingangsfrage von mir gestimmt, um immer noch eine Stufe höher, und jetzt geht es darum, d i e Stellvertreterin von Helmut Kohl, dem Vorsitzenden der stärksten Bonner Regierungspartei, der CDU, zu werden. Gleichzeitig – indem Sie bereit sind, sich aufstellen zu lassen und damit rechnen können, daß Sie gewählt werden – sagen Sie aber auch in unserem Interview hier: manches müssen Sie erst noch kennenlernen...* Ja... *Jetzt sind wir wieder bei mehr Objekt als Subjekt. Wie verträgt sich das mit Ihrem Selbstwertgefühl?*

Mit meinem Selbstwertgefühl? Also mein Selbstwertgefühl sagt mir eben, daß ich nur so viel tun kann, wie ich schaffe... *Warum lassen Sie sich darauf ein?...* Worauf? Auf den Job oder auf diese Position?.. *Auf diese Stellvertretung von Kohl im Parteivorsitz...* Ich hatte große Beklemmungen, als ich die Sache auf mich zulaufen sah. Aus verschiedenen Gründen, und ein ganz wichtiger ist der, daß ich zum Beispiel mich in der CDU noch nicht besonders gut auskenne. Zumindest nicht in der westlichen CDU. Auf der anderen Seite ist eine Konstruktion gefunden worden nach der deutschen Einheit in der CDU, die bis zum nächsten Wahlparteitag so aufrechterhalten wird. Und ich denke, ich kann einen kleinen Beitrag dazu leisten, um zum – wie man heute so schön sagt – Zusammenwachsen von Ost- und West-CDU beizutragen. Ob das nun voll diese Funktion ausfüllt, darüber bin ich mir nicht im klaren. Ich sehe auch große Gefahren von Scheitern darin, eigentlich fast noch mehr als im Ministeramt. Aber ich hab es deshalb gemacht, weil ich denke, es muß jemand unbedingt aus dem Osten sein... *Und eine Frau und evangelisch...* Nein, das glaube ich nicht, daß es eine Frau machen muß... *aber es ist zweckmäßig, es ist nützlich...* Lothar de Maizière war keine Frau... *wenn man alles drei zusammenkriegen kann, Osten, Frau und evangelisch...* Ja... *dann ist das besser als Mann, Westler und katholisch...* Gut. Ich sage, das ist mir relativ egal, daß es mit der Frau nun gerade gut paßt, das ist sicherlich richtig. Aber wichtig ist, daß es jemand aus dem Osten macht. Und da bin ich nach längerer Überlegung zu der Überzeugung oder zu der Meinung gekommen, daß ich es versuchen kann. Aber es ist in diesem Falle wirklich ein Versuch, ob man es ordentlich schaffen kann.

Ein bißchen bin ich irritiert, aber das kann daran liegen, daß ich so viel älter bin als Sie. Ich bin wirklich ein bißchen irritiert, n i c h t ü b e r r a s c h t. Denn das, was Ihnen geschieht, ist parteienüblich. Aber daß es tatsächlich so ist, daß jemand auf einen solchen Posten gehievt wird, der von sich aus sagt: ich kenne mich noch gar nicht aus, aber weil es dem Parteivorsitzenden, der Partei – ich sage das völlig wertfrei, ich sage es nun mal voller Verwunderung – nützlich erscheint, macht man das. Das heißt, sehr scharf jetzt gesagt: Unser System geht dahin, aus optischen und Image-Gründen – sehr verkürzt und sehr scharf gesagt – auch jemanden auf einen Posten zu hieven, der von der Optik und vom Image her gut paßt, von der Kompetenz her noch nicht paßt.

Ja, das wird sich herausstellen, ob es von der Kompetenz paßt oder nicht. Also, ich meine, wir haben jetzt in allen Parteien schon an relativ herausragender Stelle Leute, die aus der ehemaligen DDR kommen, die alle... *Darum geht's mir nicht. Es geht mir wirklich um die Erfahrung – mit der CDU in Ihrem Falle –, es geht mir nicht um die Sache, Ost oder West...* Nee, ich sage, ich weiß nicht, ob zum Beispiel Herr Thierse mit der SPD-West die Erfahrung mitbringt, die ihn zum Stellvertretenden Parteivorsitzenden prädestiniert, und genauso ist das bei mir. Es ist ein Risiko, aber es ist auch eine Chance. Weil ich glaube, daß von bestimmten Lebensläufen, in denen Politiker zu größeren Politikern werden oder in bestimmte Funktionen kommen, ja ausreichend viele vorhanden sind. Und da kann man sich schon mal auch, sagen wir mal, aus der bewährten Welt des Westens ein kleines Abenteuer gestatten und... *Also großer Einspruch, Frau Merkel, es ging mir nicht um Ost und West, sondern es ging mir wirklich um Lebenserfahrung, um Politikerfahrung, im Westen oder im Osten, aber wir haben es gehabt, der Punkt geht an Sie. Nur, bei mir muß der Punkt bleiben: um die Frage Ost oder West geht es mir dabei nicht. Ich frage nicht, ob Sie für Bundeskanzler Kohl als Stellvertreterin im Parteivorsitz bequem sein werden, ich frage, ob Aufmüpfigkeit als solche, ob Widerspruchsgeist, und sei es als Beigabe von Jugendlichkeit, nach Ihrer Selbsteinschätzung ein w i c h t i g e r oder ein geringerer Teil Ihres Wesens ist.*

Widerspruchsgeist ist, glaube ich, nicht der Hauptteil meines Wesens, aber mit zunehmendem Alter erlerne ich ihn besser. Ich hab da vielleicht einen gegenläufigen Lebenslauf. Ich war, glaube ich, mit 15 Jahren weniger zum Widerspruch fähig als heute. Aber ich halte ihn für außerordentlich wichtig in der Politik, die Fähigkeit zum Widerspruch... *Und Sie lernen ihn?...* Ja... *Mal ein bißchen albern und überspitzt gesagt: es kann sein, in fünf Jahren sind Sie für Kohl nicht mehr so bequem wie jetzt?...* Das kann man nicht ausschließen, das kann ich aber auch nicht voraussagen. Ich lerne nur, auch aus selbstbewußtem Auftreten meiner Kollegen, daß Widerspruchsgeist unbedingt notwendig ist zum Überleben.

Sie waren vom Demokratischen Aufbruch kommend, dann zur CDU sich gesellend, eine enge Mitarbeiterin des letzten DDR-Staatssekretärs, Ministerpräsident de Maizière und seines Staatssekretärs Krause. Von Hause aus sind Sie promovierte Physikerin. Was hat Sie veranlaßt, nach der Vereinigung in der Politik zu bleiben? Waren Sie besorgt, daß Sie in der DDR als Physikerin arbeitslos werden würden?

Nein, ich war mir – das mag jetzt komisch klingen – eigentlich immer bewußt, daß ich nach einem möglichen Zusammenbruch der DDR oder im Umbruch, also unter westlichen Verhältnissen, wahrscheinlich nicht in der Grundlagenforschung würde arbeiten können. Ich habe gerne Physik gemacht. Aber ich habe nicht so gerne Physik gemacht, daß ich auf alle Beigaben des Lebens sonst noch verzichtet hätte. Und das muß man, wenn man in der Forschung ist, doch zu weiten Teilen tun. Bei meiner politischen Betätigung – das hätte aber genausogut als Lehrerin oder in mehr Arbeit mit Menschen auf anderem Gebiet passieren können – macht's mir nichts aus, viele Stunden zu arbeiten, und weil ich da ein gewisses Kommunikationsbedürfnis befriedigen kann. Ich bin eigentlich der Meinung, daß ich auf einem anderen Gebiet eine Arbeit gefunden hätte, wenn ich nicht politisch tätig wäre, und ich bin auch der Meinung, wenn meine politische Tätigkeit abrupt enden würde, daß mir wieder was einfallen würde, was ich tun könnte.

Sie sind 1954 in Hamburg geboren. Ihr Vater war evangelischer Theologe, Ihre Mutter Lehrerin. Noch in Ihrem Geburtsjahr 1954 ging ihr Vater mit seiner Familie als Pfarrer in die DDR, von woher er zum Studium nach Westdeutschland gekommen war. Sie sind mit zwei jüngeren Geschwistern in der brandenburgischen Kleinstadt Templin aufgewachsen. Wie hielt es Ihr Vater mit seiner Kirchenleitung und deren Bemühungen in den 70er Jahren, als Kirche im Sozialismus Freiräume zu gewinnen und zu sichern?

Sofern ich das jetzt skizzieren kann, hat mein Vater sehr verschiedene Phasen in der DDR durchgemacht. Er war in den 60er Jahren jemand, der schon eine Kooperation irgendwo versucht hat mit dem Staat oder an eine gewiße Reformierbarkeit des Sozialismus glaubte. Und danach – 68 eigentlich, Einmarsch in die ČSSR – war er bitter enttäuscht und hat dann immer gegen diese Formel: Kirche im Sozialismus sich aufgelehnt, weil er der Meinung war, daß das, was in der DDR passierte, nicht Sozialismus war... *Wofür eine gewisse Neigung zum Sozialismus spricht...* Das ist richtig, und die würde ich ihm auch heute noch nicht absprechen. Jedenfalls zum Glauben an eine... *gerechtere Welt...* nein, gerechtere, will ich nicht sagen, an eine Welt, in der so was wie Sozialismus wahr werden könnte... *Sie brauchen das nicht...* Ich brauche das nicht, nein. Ich hab da eine andere Anschauung. Und er hat dann aber aus dieser großen Distanz und der Enttäuschung sich schon recht große Freiräume auch herausgenommen. Also Solshenizyn, Sacharow und all diese Dinge konnte er ja mit seinen Kirchenleuten gut verwenden und kennenlernen, und das hat dann auch mein Leben geprägt.

Sie hielten sich dem Regime fern, konnten aber das Abitur machen und Physik studieren. Nach dem Studium arbeiteten Sie im Zentralinstitut für Physikalische Chemie an der Ostberliner Akademie der Wissenschaften. Mitglied waren Sie bei der FDJ, der Freien Deutschen Jugend, dem staatlichen Jugendverband der DDR. Waren Sie das ganz gern?

Also, das hatte auch zwei Seiten. Ich hab erst mal schon bestimmte Formen der Anpassung genutzt, um einen bestimmten Bildungsweg zu gehen, weil ich zum Beispiel aus der Bekanntschaft mit Pfarrersfamilien wußte, daß viele Kinder von Pfarrern wieder Theologie studieren mußten zum Schluß... *um überhaupt was zu studieren...* um überhaupt was zu studieren, was ich nie wollte. Ich war gern in der FDJ, muß ich sagen, aus einer Unterbetätigung in der FDJ, daß man nämlich in Seminargruppen, unter jungen Leuten im Institut auch Dinge unternommen hat, die mit dem System und seiner Ideologie eigentlich wenig zu tun hatten. Das will ich zugeben. Aber ansonsten war es auch siebzig Prozent Opportunismus natürlich.

Warum haben Sie jetzt gesagt: »Das will ich zugeben.«? Was ist denn daran so schwer, das einzuräumen?

Es ist nicht schwer, einzuräumen, ich will nur sagen, und zugeben sage ich vielleicht schon aus Reaktion auf westdeutsche Zuhörer... *Ja, das denke ich...* daß dort die Leute sich nicht vorstellen konnten, daß in all dem auch Leben stattfand, richtiges Leben... *Finden Sie das nicht empörend, daß die Westler Sie in eine Situation bringen, viele Westler, in der Sie beinahe reflexhaft sagen »zugeben«, und erst wenn ich nachfrage, erklären Sie das. Empört Sie das nicht über die Westler?...* Ja, Empörung – es macht mich manchmal ein bißchen traurig, wie wenig sie sich Mühe geben, bestimmte Feinheiten nachzuvollziehen.

Ihre Mutter, Frau Merkel, so heißt es, habe ihre Kinder durchaus ehrgeizig gewünscht. Waren Sie auch bei der FDJ ehrgeizig? Haben Sie Auszeichnungen bekommen?

Meine Mutter hat ihre Kinder nicht ehrgeizig gewünscht, sondern meine Mutter ist qua Heirat in die DDR transferiert worden und hatte Angst, daß dadurch ihren Kindern Nachteile entstehen, gemessen an einem möglichen Aufwachsen in Hamburg... *Deswegen hat sie gesagt, ihr müßt immer die ersten sein...* Und deshalb hat sie gesagt, ihr müßt euch Mühe geben, sonst kommt ihr hier nicht durch, und ihr müßt immer die Besten sein. Und ich war in der FDJ nicht ehrgeizig, ich war aber in der Schule ehrgeizig, und ich habe zum Beispiel mal eine Herder-Medaille bei einer Russisch-Olympiade bekommen – das schon, wobei ich Ehrgeiz auch für nichts Schlechtes halte.

Sie haben immer gesagt, bei vielen Menschen in der DDR habe sich die ganze Nichtanpassung ans Regime darin erschöpft, nicht in einer Partei zu sein. Ich sehe darin keinen Vorwurf, ich halte Anpassung für ein Menschenrecht der Schwachen. Also ohne einen Makel, einen Vorwurf im Sinn zu haben, frage ich: Trifft Ihre Kennzeichnung der Mehrheit – mit der minimalen Nichtanpassung und der maximalen Anpassung ans Herrschende – nicht ganz und gar auch auf die DDR-Bürgerin Angela Merkel zu?

Also, ich halte Anpassung für eine ziemlich lebensnotwendige Sache und für keinen Makel. Und... *darin sind wir uns einig, wie Sie gehört haben...* Ja, ich will es nun noch mal wiederholen. Und ich wollte nur sagen, daß die Mitgliedschaft in einer Blockpartei nicht unbedingt bedeutete, daß man sich mehr angepaßt hat als jemand, der nicht in einer Blockpartei tätig war. Manch einer hat eben auch seine gesamte innere Kraft einfach dazu gebraucht, sich als Nichtparteimitglied trotzdem anzupassen. Also, so einfach kann man die Unterscheidung nicht machen. Und Anpassung ist auch – selbstverständlich – Teil meines Lebens gewesen. Und ist es heute auch noch... *auf eine andere Weise...* auf eine andere Weise, aber auch natürlich Anpassung an bestimmte Verhältnisse.

Wir sind uns einig, oder wir sind uns nicht einig, Sie müssen es sagen, daß zu der sogenannten – und ich sage jetzt wirklich abschätzig, sogenannten – Vergangenheitsbewältigung, wie sie derzeit mehrheitlich in Deutschland betrieben wird, im Westen betrieben wird, im Westen Deutschlands betrieben wird, daß dazu auch so die Vorstellung gehört, Anpassung, Mitläufertum habe es nur in der DDR gegeben. Sind wir uns einig, daß es natürlich eine andere Form von Anpassung und Mitläufertum auch im System der pluralistischen Demokratie gibt?

Wir sind uns einig, daß es Anpassung auch dort gibt. Aber für mich gibt es große Unterschiede in den verschiedenen qualitativen Formen von Anpassung. Es gibt nämlich Anpassung, über die haben wir jetzt gesprochen, als ein defensives Verhalten, und dann gibt es aber a k t i v e s Unterstützen aus Überreaktion auf sich Anpassenmüssen. Und ich meine, die Vergangenheitsbewältigung, die halte ich aus einem Grunde für ganz wichtig. Sie haben es jetzt so ein bißchen negativ gesagt... *Die Art, wie sie betrieben wird. Ich halte sie auch für wichtig, aber die Art, wie sie betrieben wird...* ich halte sie deshalb für wichtig, um zu verhindern, daß es in den Biographien von Leben absolute Brüche gibt, daß also das Leben im Jahre 91 nichts mehr mit dem zu tun haben soll, wie ein Mensch im Jahre 88 gelebt hat. Und ich erlebe zur Zeit, daß es Schnitte gibt, die irgendwann wieder aufbrechen werden in den Biographien. Wir konnten Geld ziemlich leicht austauschen, Firmennamen auch noch, aber das Leben muß irgendwie eine Kontinuität behalten, und dazu gehört, daß ich mich erinnern kann und erinnern d a r f und erinnern w i l l, und deshalb finde ich Vergangenheitsbewältigung wichtig.

Ich stimme Ihnen ganz zu. Mein Einwand gegen die Art, gegen die vorherrschende Art der Vergangenheitsbewältigung, nämlich gegen diese Dämonisierung der ehemaligen DDR, gegen das So-Tun, als ob es Mitläufertum eigentlich gar nicht gegeben habe, gegen eigentlich sogar so tun wie: Pfarrerskind wie Sie kann nicht studieren. Das sind in bestimmten ganz grobschlächtigen Teilen der Vergangenheitsbewältigung – Sie wissen das so gut wie ich – vorherrschende Thesen im Westen der Bundesrepublik. Im Osten kann man es nicht gut sagen, weil die Leute es besser wissen. Manche verdrängen freilich, was sie besser wissen.

Ja, man kann es leider inzwischen auch im Osten prima sagen... *So ist es...* also es gibt einen großen Hang zur Schablonisierung... *richtig...* und es gibt einen großen Hang – und das meine ich auch mit dem Verdrängen –, daß wir ein paar Schuldige suchen, an denen wir unsere gesamte Aggressionen auslassen, und daß die meisten sich rausziehen aus dem Prozeß. Und ich glaube schon, daß das System auch dadurch so gut funktioniert hat, daß fast jeder auf seine Art und Weise eingebunden war. Und für mich ist es auch keine Schande, darüber zu sprechen.

Ist es nicht ein bißchen doch so, daß die CDU, zum Beispiel, Ihre Partei, eher dazu neigt, es ein bißchen grobschlächtiger zu machen, weil das auch sie kleidsam abhebt von dem, was links vorgeht? Ist nicht an dieser Vergangenheitsbewältigung auch eine Crux, daß sie immer auch parteiliche Interessen mitbefriedigt?

Also, ich glaube, daß das, was jetzt, nennen wir es weiter Vergangenheitsbewältigung der CDU anbelangt, daß da doch an vielen Stellen Ehrlichkeit versucht wird, daß es aber aus meiner Sicht oft so schwer gelingt, weil viele sofort in eine Konfrontationshaltung gehen, die mir nicht so vollkommen verständlich ist, weil oft ein Angriff vermutet wird, wo keiner ist.

Haben Sie den Eindruck, daß Ihre westlichen Parteifreunde und -freundinnen mehrheitlich, in der Regel – Ausnahmen gibt's immer –, sich seit der Vereinigung wirklich für die Lebensumstände, wie sie hier gewesen sind, interessieren, oder haben Sie nicht eher den Eindruck, sie suchen eine Bestätigung ihrer vorgefaßten Meinungen?

Also, ich habe den Eindruck – das gilt für die CDU-Mitglieder, und das gilt aber für viele Westdeutsche –, daß es einen Mangel an Neugierde gibt. Man hat ein System gekannt, und das ist weg, und man interessiert sich aber eigentlich nicht für das wahrhaftige Leben in diesem System und dieses Leben war ja a u c h s c h ö n . Wir haben schöne Spaziergänge gemacht, wir haben Familienfeste gefeiert, wir sind in den Urlaub gefahren, wir hatten gute Freunde. Und das war richtiges Leben. Und dieses Leben hat sich in d i e s e n Teilen ja nicht unterschieden von dem Leben im Westen. Und diese Neugierde vermisse ich auf diese Art unserer Existenz. Und wenn die da wäre, würden wir vielleicht manches besser verstehen.

Von Ihnen, Frau Ministerin, ist gesagt worden, Sie seien zur Bürgerbewegung der DDR nicht gekommen, als die Wende v o r der Tür stand, sondern erst, als sie schon in der Tür w a r. Im Dezember 1989 haben Sie sich, wie bereits erwähnt, dem Demokratischen Aufbruch angeschlossen. Machen Sie sich heute dieses späte Engagement zum Vorwurf, geniert es Sie ein bißchen, gerade weil Sie in der Propaganda Ihrer Partei so gern als Beispiel für die couragierte Erneuerung ausgegeben werden?

Also, wir müssen immer mal überlegen, was wir jetzt als die Bürgerbewegung definieren. Ich bin keine Bürgerr e c h t lerin gewesen, wie andere, die sehr früh und sehr deutlich ihren Widerspruch zum System artikuliert haben, ich hab ihn aber an den Stellen, wo ich war, immer deutlich artikuliert. Ich bin spät zum Demokratischen Aufbruch gekommen, weil ich lange gesucht habe, wo ich mich engagieren soll, und irgendwo ein tiefes Mißtrauen zu basisdemokratischen Gruppierungen habe und mich dort nicht wohl gefühlt habe... *Warum?..* weil ich glaube, daß man in der politischen Arbeit auch zum Machbaren kommen muß und nicht zu lange sich im eigenen Diskutieren verlieren sollte.

Liegt darin die Gefahr, in dieser Einsicht... Also vielleicht hab ich da ein autoritäres Verhalten in mir... *Ja, das könnte ja sein, aber das müßte nicht aus dem Osten kommen...* ich habe mich dort nicht zu Hause gefühlt... *Ich kenne eine Menge Leute im Westen, die den Osten nie kennengelernt haben und die hochautoritär sind. Also lassen wir jedenfalls Osten...* Nee, das hat mit Osten gar nichts zu tun... *Wunderbar...* das hängt mit meiner Haltung zusammen... *Sie hatten möglicherweise ein autoritäres Bedürfnis. Ein Bedürfnis, autoritär zu sein...* Nach einer gewissen Strukturiertheit der Arbeit, die aber immer was auch mit Autorität dann zu tun hat.

Besteht darin die Gefahr, liegt da eine Gefahr, daß man steril wird, aber die Strukturen schließlich wichtiger nimmt als die Phantasie, die Inhalte erzeugt?

Ja, die Gefahr besteht sicherlich, und der muß man sich auch erwehren, und man darf natürlich nicht, oder, ich möchte nicht zu denen gehören, die jeder Diskussion ausweichen. Nur ich glaube, die Bürger erwarten von den Politikern so eine Art Dienstleistung, und die besteht darin, daß man bestimmte Probleme löst. Und jede Problemlösung birgt in sich den Fehler, und mit dem muß man dann auch leben können.

Sind Sie bereit, nein, Sie sind ganz sicher bereit – den Fehler machen Sie nicht, zu sagen, Sie sind nicht bereit –, Sie sind bereit, zuzustimmen, behaupte ich, daß man diese Basisdemokratiebewegten braucht, damit die Politik nicht austrocknet, nicht steril wird. Oder wollen Sie das bestreiten?

Nein, sie sind eine gute Ergänzung, aber... *Man muß sie auf ihrem Platz halten...* Nein, es geht nicht um Auf-ihrem-Platz-Halten, wir haben Demokratie, und wir haben Wahlen. Und ich sage ja nur, daß ich den Eindruck habe, daß die Mehrzahl der Bürger ab und zu auch Taten oder bestimmte Entschlüsse erwartet... *Ja nicht ab und zu, dauernd. Die Frage ist nur, die Weisheit ist ja nicht immer bei der Mehrheit. Es könnte ja sein, daß die Bürger mit diesem völlig begreiflichen Verlangen, daß sie dauernd konkrete, pragmatische Beschlüsse – möglichst welche, die sie bevorteilen und andere benachteiligen – haben wollen, sich auch ein bißchen irren, weil es vielleicht mal sein könnte, daß man sagen kann: Ohne diese Basisbewegungen, ohne die autonomen Gruppen wäre beispielsweise das Umweltbewußtsein nicht so weit, wie es in der Bundesrepublik immerhin ist. Wonach ich bei diesem Interview zur Person Angela Merkel forsche, ist, wie weit sind Sie ganz ehrlich – soweit man das erkennen kann, nicht nur, weil ich jetzt nachfrage – bereit, zu sagen: Doch, das muß sein, so sehr, wie meine politische Haltung sein muß, meine, Angelika Merkels, politische Haltung. Oder wie weit ist es im Grunde doch so, wie Sie eben spontan eingeräumt haben: Meine, Angela Merkels, Art läßt mich das eigentlich als unbehaglich empfinden.*

Als unbehaglich empfinde ich das nicht, sondern ich fühle mich nur nicht dazugehörig, das ist der Unterschied... *Das ist ja ganz in Ordnung. Nur, sehen Sie den Wert ein?...* Ja, ich sehe den Wert ein, und vor allen Dingen sehe ich den Wert dann ein, wenn – Sie haben jetzt das Umweltproblem angesprochen – sich neue politische Probleme artikulieren müssen. Aber es zeigt sich auch, wenn man mal das Umweltbewußtsein und seine Strukturierung nimmt, daß die Grünen, von denen es ja kommt, inzwischen natürlich auch an Strukturiertheit sehr wohl zugenommen haben. Wenn es also um das Machbare geht, ist die Strukturierung offensichtlich notwendig. Und ich hab so lange von Nichtmachbarem, von

Versprechungen gelebt in der ehemaligen DDR, daß es mich wirklich nach dem Machbaren sehnt innerlich.

Das ist sehr verständlich. Kann es sein – eine Frage, die ich sozusagen in fünf Jahren oder in zehn noch mal stellen müßte –, kann es sein, daß nach dem sehr begründeten und berechtigten Bedürfnis nach dem Machbaren der 37jährigen, der j e t z t *37jährigen, Angela Merkel etwas zuwächst, was der 50jährigen wieder ein bißchen mehr, nicht unbedingt zwingend, von Anfang an Strukturiertes, Phantasievolles in der Politik als nützlich erscheinen läßt. Als nützlicher als jetzt?*

Selbstverständlich. Ich sag mal, in meiner Arbeit als Jugendministerin werde ich oft gefragt, ob ich denn überhaupt Visionen hätte... *Hab ich nicht gefragt, Frau Ministerin...* Nee? Sag ich jetzt mal. Ich find aber, daß das mit der Phantasie was zu tun hat, die Visionen. Und ich hab deshalb lange nachgedacht, und es könnte schon sein, wenn ich ein bißchen was gemacht habe, daß ich dann auch wieder dazu komme, mehr Phantasie in das noch nicht ganz Machbare zu entwickeln.

Haben Sie Verständnis für Menschen, vielleicht sogar Respekt vor Ihnen, die 1945, nach dem Ende dieses verheerenden Krieges, meinten, es müsse grundlegend anders werden in Deutschland, und die aus solcher Überzeugung in die SED eingetreten sind? Verständnis und vielleicht sogar Respekt?

Die meisten sind ja nicht sofort in die SED eingetreten, sondern die waren entweder in der KPD oder sind in die SPD eingetreten... *Frau Ministerin – ein bißchen später, dann war die Vereinigung vollzogen, und ich möchte nicht, daß wir uns damit aufhalten. Ich will wirklich fragen: SED...* Nee, ich wollte ja bloß von meinem Großvater erzählen, der zum Beispiel... *Entschuldigung...* als

SPD-Mitglied aus genau dem von Ihnen genannten Bewußtsein in die SED eingetreten ist und dann Ende der 50er Jahre an Herzinfarkt aus lauter Verbitterung über dieses ganze Werden gegangen ist. Ich habe also schon aus meiner familiären Erfahrung Verständnis dafür, darauf sollte es hinauslaufen.

Gut, aber jetzt die etwas weniger Alten, die gleich in die SED mußten, weil die Vereinigung, die Zwangsvereinigung, vollzogen war – auch dafür Verständnis und vielleicht sogar Respekt?

Ich glaube, daß in dieser Nachkriegsperiode das durchaus eine respektvolle Haltung gewesen sein kann.

In diesem Zusammenhang ein konkretes Beispiel: Die Schriftstellerin Christa Wolf ist nach der Wende in Westdeutschland heftig angegriffen worden. Haben Sie eine Meinung zu Christa Wolf?

Ich hab eine Meinung zu Christa Wolf, zumal mich ihre Bücher durch die Zeit in der DDR begleitet haben, ich sie gerne gelesen habe. Das »Kassandra«-Buch zum Beispiel hat mir außerordentlich gut gefallen. Auch »Kindheitsmuster« war ein wichtiges Buch für mich. Ich glaube aber, daß sie sich einer Illusion über das System hingegeben hat und im Grunde immer an seine Reformierbarkeit geglaubt hat. Und das hat uns unterschieden. Aber dieses System hat ihr doch auch gestattet, tiefgründige Analysen vorzunehmen, die für jedermann von Bedeutung sein können, egal ob in Ost oder West.

Sie sind ganz sicher, daß Sie keine Illusionen über unser gemeinsames, von mir verteidigtes, gewolltes System, weil ich kein besseres kenne, keine Illusionen haben? Sie glauben, unser System wird, wenn es hart auf hart geht, sich wirklich menschenrechtlich immer verhalten?

Ich halte es für ein lernfähiges System. Und das ist schon mal wichtig, weil das frühere, das quasi-sozialistische System nicht lernfähig war; ich halte es aber auch für ein System, was man pflegen und hegen muß und auf das man achten muß und von dem ich nicht annehme, daß es nicht einfach auch mal außer Gefahr geraten könnte. Aber dann wäre es nicht mehr... *Hat die Lernfähigkeit nachgelassen?....* Dieses Systems? Ich hab manchmal Sorge, daß es selbstverständlich geworden ist und daß es deshalb etwas sorglos behandelt wird.

Meinen Sie, daß in absehbarer Zeit, also nicht erst, wenn sich die Frage durch Tod biologisch beantwortet hat, die übrigen Parteien, auch Ihre eigene, die CDU, öffnen sollten für SED-Genossen, denen nichts anderes entgegenzuhalten ist als ihre seinerzeitige Überzeugung? Soll die CDU SED-Genossen aufnehmen?

Die CDU tut sich zur Zeit mit dieser Frage außerordentlich schwer. Und ich denke, das ist richtig so, weil erschwerend hinzukommt die Tatsache, daß es eine atheistische Partei war und viele in die CDU, gerade in den neuen Bundesländern, doch aus christlichen Motiven reingegangen sind. Ich glaube, wenn die CDU in vielen Jahren weitergegangen ist, zusammengewachsen ist, daß man Menschen nicht ihr Leben lang einen Vorwurf daraus machen kann, daß sie irgendwann mal in der SED gewesen sind... *Also aufnehmen...* Mitarbeiten lassen und irgendwann auch mal aufnehmen. Es ist aber kein Thema der heutigen Zeit – für mich, in der CDU. Andere haben da ja heute schon eine andere Meinung dazu.

Bei der bevorstehenden Neuregelung des Abtreibungsparagraphen 218 haben Sie, Frau Frauenministerin, weit zurückgesteckt gegenüber Ihrer ursprünglichen Auffassung. Vor allem im Punkt der schriftlichen Begründung des Arztes für eine Abtreibung aufgrund einer psycho-sozialen Indikation. Davor wird, so denke ich, mancher Arzt zurückschrecken. Hat es Sinn, Frau Merkel, hat es n o c h *Sinn, sind Sie noch so kurz erst in der Politik, daß man Sie fragen kann, ob bei* I h r e m *Kompromiß innerhalb der CDU auch Rücksicht auf Ihre politische Karriere im Spiel war? Wäre das denn eine Schande, wenn Sie es zugeben würden? Wäre das nicht eher auch eine befreiende Verblüffung für die Öffentlichkeit, die sogar honoriert würde, wenn man an der Ehrlichkeit nicht vorbeikäme? Lassen Sie sich darauf ein, auf die Frage?*

Na, selbstverständlich, wenn ich mich nicht mehr auf die Fragen einlasse, ist es schlecht... *Naja, nicht so glatt, wie Sie das ganz gut können, sondern wirklich auf die Frage?...* Da muß mir gestattet sein, daß ich bei der schriftlichen Festhaltung – schon mal einen Knackpunkt – formuliert hatte... *Ja, natürlich...* und daß ich jetzt, das Gesetz ist nicht verabschiedet, auf die Ausschußberatungen sehr achten werde, was Ärzte dazu sagen und was uns Juristen dazu sagen. Und ich bin schon der Meinung, wenn das Urteil von Ärzten und Juristen lautet – genauso, wie Sie es sagen –, daß Ärzte davon abgehalten werden wegen Justiziabilität, daß ich dann sagen werde, daß ich dem schwer zustimmen kann... *Was heißt: schwer zustimmen, werden Sie zustimmen, oder werden Sie nicht zustimmen?...* Wenn die Aussage lautet, daß es eine Erhöhung der Justiziabilität bedeutet und damit eine Verängstigung von Ärzten und das von Ärzten und Juristen gesagt wird – dann werde ich nicht zustimmen. Aber dieser Kompromiß, wie Sie sagen, ist dann, oder dem ich zugestimmt habe, ist, glaube ich, nicht aus Rücksicht auf meine politische Karriere gefunden worden... *Ich fänd das keine Schande. Ich fänd es natürlich und normal, vorherrschend, üblich...* Ja, muß ich drüber nachdenken. Also, ich glaube, daß meine politische Karriere das geringste Übel in der Frage ist. Die Frage ist ja immer, was ist Kompromiß in der Politik und wieviel kostet mich der Kompromiß an Wahrhaftigkeit. Und da liegt's, genau in der Frage, in der Abwägung liegt es und nicht, ob ich dann noch drei Tage länger Frauenministerin wäre, ja oder nein.

Ich spreche jetzt nicht mehr vom Paragraphen 218, sondern frage allgemein. Sie haben sich einige Male öffentlich geäußert – und heute abend haben Sie es wieder getan – über die politische Notwendigkeit, fähig zu Kompromissen zu sein. Ich stimme dem zu. Aber haben Sie in Ihren jungen Jahren gelegentlich auch schon eine A h n u n g davon, daß irgendwann ein Kompromiß z u w e i t gehen kann? Ein Problem, mit dem sich heute viele ehemalige SED-Genossen herumschlagen.

Ja, sicherlich hab ich eine Ahnung davon. Ich glaube, die konnte man nun in der ehemaligen DDR wirklich täglich gewinnen, ob der Kompromiß... *Wo ist für Sie die Grenze?....* In der jetzigen Politik oder in der früheren Zeit?... *Nein, so wie Sie jetzt als Politikerin herausgefordert sind, Kompromisse zu schließen...* Die Grenze ist dann erreicht, wenn ich es den Menschen, für die ich ja letztendlich Politik machen soll, nicht mehr graden Auges erklären kann... *Das heißt gar nichts. Versuchen Sie es, konkretisieren Sie es. Es muß doch für Sie eine Grenzziehung geben, jenseits der, jenseits dieser Grenze, Sie den Leuten nicht mehr gerade in die Augen gucken können. Von wann an können Sie den Leuten nicht mehr gerade in die Augen gucken?...* Ja, das muß man am konkreten Beispiel machen... *Machen Sie das mal...* Von dann an, wenn ich der Meinung bin, daß, ja, zum Beispiel, wenn die Anhörungen im Ausschuß des Deutschen Bundestages – kommen wir noch mal zur vorigen Frage zurück – ergeben, daß mir ernsthaft erscheinende Ärzte und mir ernsthaft erscheinende Juristen, sagen: Genau dieser Satz der schriftlichen Fixierung bedeutet eine Verschärfung in einer Form, die Ärzte dem Gericht ein Stück näher bringen. Dann wäre es mir schwer, nach meiner Intention und nachdem, was ich gesagt habe, den Leuten noch ins Gesicht zu schauen, und dann hat der Kompromiß... *Wenn Sie dann zustimmen...* Wenn ich dann zustimme, und dann hat der Kompromiß eine Art erreicht, die ich eigentlich für nicht mehr vertretbar halte.

Wobei die größte Versuchung ja darin besteht, denk ich mir – ich bin aus glücklichen Umständen solchen Versuchungen immer entrückt gewesen, Sie sind es nicht –, die größte Versuchung besteht darin, denk ich mir, auch bei SED-Genossen bestand sie darin, daß man ja für das jeweils Gute, was man sah, meinte, daß man doch noch e i n e n kleinen Schritt weitergehen könnte... Ja... *Sind Sie für sich, so gut man das kann, und ich weiß, daß Sie für sich reklamieren, nicht so grobschlächtig strukturiert zu sein, daß Sie sagen: ich weiß das in jedem Falle, aber haben Sie für sich selber ein sicheres Gefühl, daß Sie die Grenze nicht überschreiten werden, hinter der man sich dann später genieren muß, oder können Sie verstehen, daß es einem passiert?...* ich kann verstehen, daß es einem passiert, das ist richtig. Und insofern gehöre ich auch nicht zu denen, was jetzt fast implizite unterstellt wird, die Leute verurteilen, zum Beispiel Menschen, die Mitglieder der SED waren, für das, was sie getan haben. Alles, was wir heute diskutieren, unter dem Thema Vergangenheitsbewältigung, da geht es ja nicht um moralische Verurteilung, sondern es geht darum, wer im neuen System in welcher Funktion noch Verantwortung übernehmen kann. Und das sind zwei völlig unterschiedliche Fragen. Ich kann das verstehen, ich hoffe auf der anderen Seite, daß es mir als Politiker gelingt, diese Grenze nicht allzu oft überschreiten zu müssen.

Erlauben Sie mir eine letzte Frage. Politik, beruflich ausgeübt, wie Sie es jetzt tun, bedingt weithin unausweichlich eine gewisse Selbstbescheidung in der Meinungsoffenheit, eine gewisse Parteienge aus Bereitschaft. Wenn man das nun will, man hat sich dafür entschieden. Das ist alles ganz ehrenwert. Und diese Einengung ist unter den Systemen, nach Inhalt und Form, aber nicht der grundsätzlichen Art nach verschieden. Stört Sie diese Konsequenz Ihrer Parteinahme gelegentlich?

Bis jetzt hat sie mich noch nicht so fürchterlich gestört. Aber es kann schon sein, daß man es, oder daß ich es, ab und zu auch als eine Einengung empfinden werde, und insbesondere als eine Einengung deshalb, weil ich ja zu denen aus der ehemaligen DDR gehöre, die sich so gefreut haben, endlich mal frei und unverbindlich ihre Meinung sagen zu können und nun eigentlich sofort in Strukturen kommen, die das schwer zulassen. Und diese Urfreude an der eigenen Meinungsäußerung, die wird natürlich schon beschränkt, indem jetzt zum Beispiel schnell viele Ämter auf mich zukommen. Und ich hoffe, daß ich sie mir aber an einigen Ecken und Enden immer noch bewahren kann, weil das, glaube ich, auch letztendlich die Leute eher zufriedenstellt, als wenn man nun immer völlig auf die Struktur fixiert ist.

Joachim Gauck

Gespräch vom 25. November 1991

Das Stasiunterlagen-Gesetz ist verabschiedet. Einen Mann gibt es, der von Amts wegen nun die Fülle von Stasi-Akten verwaltet, das heißt, er verwaltet Papierberge, Regale kilometerlang. Eine Problematik, von der man nicht weiß, ob sie sich in vernünftigen Formen wird lösen lassen. Er ist davon überzeugt. Joachim Gauck, Jahrgang 1940, evangelischer Pfarrer, Mitglied des Neuen Forum, Mitglied der Volkskammer nach der Wende, jetzt der Bundesbeauftragte für die personenbezogenen Unterlagen des Staatssicherheitsdienstes der DDR. Sehen Sie zur Person: Joachim Gauck.

Herr Gauck, haben Sie gelegentlich Zweifel am Sinn, am Segen Ihrer Arbeit als hauptamtlicher Verwalter von Stasi-Vergangenheit? Denken Sie manchmal, die Bewältigung könnte mißglücken?

Tja, wenn man eine Aufgabe nicht trainiert oder gelernt hat und sich so einer Aufgabe zum erstenmal stellt, dann wäre Sicherheit hier wohl auch fehl am Platze. Das ist ja auch ein Versuch. Diejenigen, die das vorantreiben, denken, daß es der richtige Versuch ist. Und das motiviert sie, und das motiviert auch mich. Aber Sicherheit ist das nicht.

Können Sie die Zweifel, die Sie – eingeschränkt, wie Sie jetzt deutlich gemacht haben – allenfalls haben, begrün-

den? Sind es Zweifel, die darauf gerichtet sind, ich, Joachim Gauck, bin vielleicht nicht imstande, die Arbeit zu leisten, oder sind das Zweifel, die sich darauf gründen – was weiß ich, nachts, wenn Sie wachliegen –, vielleicht kann es nicht glücken, weil so was nie glückt?

Eher das letztere. Ich bin ja nicht alleine mit diesem Werk, was zu tun ist. Es gibt politische Begleitung und praktische Hilfe. Ich habe Kolleginnen und Kollegen. Also, da sind wir miteinander befaßt mit der Aufgabe. Aber ob denn ein Volk das will, ob viele Menschen in diesem deutschen Volk das wollen, die Vergangenheit anschauen, Schatten begegnen, die man lieber fliehen möchte – das haben wir ja noch nicht probiert. Und wir denken jetzt, daß wir gute Gründe haben, dies so zu machen.

Sie sind, eingesetzt von der Bundesregierung, der Bundesbeauftragte für personenbezogene Unterlagen, also Akten, des Staatssicherheitsdienstes der DDR. So die amtliche Bezeichnung Ihrer Funktion, Herr Gauck. Beschreiben Sie bitte das Ziel, das Sie sich mit Ihrer Arbeit gesetzt hatten.

Das Ziel besteht darin, daß Menschen, die lange unterdrückt waren, in Erinnerungs- und Begegnungs- und Aufarbeitungsprozessen die Befreiung, von der sie früher geträumt haben und die sie auf der Straße erstritten haben, weiter fortführen können. Menschen, die bislang unterdrückt und bevormundet waren, sollen altes Herrschaftswissen in Besitz nehmen, sollen Subjekte werden des Gestaltens und sollen dadurch mehr zu sich selber finden. Sie sollen freier werden für die Aufgaben von morgen.

Wir werden darauf ganz sicher kommen in diesem Interview, aber vorab, an der Stelle gefragt nach Ihrer Ant-

wort, natürlich ist das ein Ziel, aufs innigste zu wünschen: So: wie die Dinge sich bisher entwickelt haben, denken Sie, daß sie dem Ziel gerecht werden? Nicht Sie, sondern so, wie die Dinge sich entwickeln.

Herr Gaus, was wir bisher tun konnten, griff zu kurz. Die gesetzliche Regelung des Einigungsvertrages hat für allerhand Restriktionen gesorgt. Künftig, im neuen Jahr, werden wir ganz umfangreich politische Ziele und menschliche Wünsche und Notwendigkeiten abarbeiten können. Dann wird sich erst erweisen, was das überhaupt ist: Erinnern, der Vergangenheit begegnen, politische und historische Aufarbeitung. Dann sehen wir weiter.

Wir werden darauf kommen. Zunächst zur Person Joachim Gauck: Im Jahre 1940 in Rostock geboren, evangelischer Theologe, Pfarrer in einer mecklenburgischen Landgemeinde, dann in der Heimatstadt. Verheiratet, vier Kinder. In der letzten DDR-Volkskammer nach der Wende Vorsitzender des Sonderausschusses zur Überprüfung der Stasi-Auflösung. Manchen, Herr Gauck, manchen fällt im Leben eine außergewöhnliche Aufgabe zu. Andere fühlen sich zu solchen besonderen Arbeiten hingezogen, finden ihre Erfüllung darin. Einige sind schließlich besessen von ihrer Funktion. Können Sie eine solche Besessenheit in Grenzen begreifen, oder ist sie Ihnen unbehaglich als etwas Fremdartiges?

Ich kann sie in Grenzen begreifen. Sie ist mir aber völlig unbehaglich, und ich teile diese Besessenheit nicht. Ich möchte auch nicht mit Besessenen zusammenarbeiten.

Es gibt Leute, die sagen, Joachim Gauck ist besessen von diesem Reinigungs-, diesem Selbstreinigungsbedürfnis seines Volkes. Manchmal, wenn ich Sie argumentieren höre, bin ich nicht frei davon, daß Sie es sein könnten. Ich frag das wirklich sehr zögernd... Bei Ihnen kann ich mir das vorstellen, Herr Gaus... *Was heißt das?...* Daß Sie von jenseits fragen und mir von jenseits begegnen. Und es ist allemal eine große Schwierigkeit, das, was uns in der Tiefe bewegt und was uns bis in die Seelen hinein verändert hat gegenüber unseren Landsleuten in den westlichen Ländern, wirklich dem anderen zu vermitteln, intellektuell das zu benennen, das ist leicht möglich... *Also, das, was ich gesagt habe, was manche von Ihnen sagen – richtig oder falsch –, haben mir Diesseitige, das heißt Deutsche aus der ehemaligen DDR, gesagt. Ganz im Gegenteil scheint es mir so zu sein, daß viele Jenseitige, Westdeutsche, es sich besonders einfach, auch im Sinne von sensationell, besonders pauschal, bei dieser Aufarbeitung machen. Insofern weise ich zurück, daß es das Westliche ist. Bleiben wir doch bei der Frage: Sie sagen: in Grenzen können Sie solche Besessenheit verstehen, aber für sich schließen Sie sie aus.*

Ja, aber selbstverständlich. Und das spürt auch jeder an mir. Also, weder Rachsucht noch irgendwie ein Insistieren darauf, andere zu Bösewichtern zu machen, ist es, was mich leitet, sondern mir geht es darum, mit den Landsleuten, die vorher unten waren, mich eines Herrschaftswissens zu bemächtigen, was früher dafür gesorgt hat, daß Unterdrückte unterdrückt blieben, und mir geht es darum, daß in diesem Inbesitznehmen wir fähig werden, zu uns selber zu kommen – aber ich wiederhole mich –, und da ist es eigentlich für meine engeren politischen Freunde wie auch für Menschen anderer politischer Lager so, daß das relativ schnell zu begreifen ist.

Ich sag nicht, daß ich es nicht begreife. Sie sind von Ihrer Funktion her wie eine Romanfigur. Schädlich könnte das Buch wohl schreiben. Der Herr über die Aktenregale, der Mann, der jetzige Mann, mit dem Herrschaftswissen, der sich vorlegen lassen kann, was über wen geschrieben steht. Grübeln Sie manchmal über Ihre Funktion, und grübeln Sie manchmal über Macht?

Ja, über meine Funktion wohl öfter. Aus eigenem Antrieb und durch öffentliche Diskussionen oder im Gespräch mit Freunden. Das ganze als eine Machtausübung zu sehen ist mir wirklich fremd. Auch weiß ich viel weniger als man mir in der Öffentlichkeit zuschreibt. Ich lese nicht besonders viele Akten. Und ich habe auch keine Freude an Zerbrechen von Karrieren. Ich habe allerdings auch keine Freude daran, wenn ich sehe, daß ehemals Begünstigte mit Zähnen und Klauen ihre Begünstigungen verteidigen, die ihnen der stalinistische Apparat verschafft hat. Da gibt's ein klares politisches Bewußtsein, daß das schädlich ist, und das möchte ich aus politischen Gründen verändern.

Zur Person Joachim Gauck: Die Besonderheit Ihrer Funktion, die mich veranlaßt, zu sagen, die Funktion paßt zu einer Romanfigur. Die Besonderheit Ihrer Funktion – läßt sie Sie wirklich ganz unbeeindruckt?

Nein, das geht gar nicht. Das geht nicht. Man muß auch was dazu tun, daß man normal bleibt. Ich schätze die Attribute der Macht nicht, obwohl ich es normal finde, daß man in bestimmten Etagen anders lebt. Aber ich würde mich freuen, wenn es mir lange gelingen würde, ohne ständige Bewachung zu leben.

Was nicht das einzige Problem ist. Haben Sie dazu beigetragen, Herr Gauck, daß Stasi-Material über de Maizière zur rechten Zeit ins Tageslicht kam?

Natürlich nicht. Also zur rechten Zeit insofern, als es zum berechtigten Empfänger kam, nämlich zu dem, der den Antrag gestellt hat. Da haben wir uns versucht zu beeilen, aber was Sie mit Ihrer Frage meinen – nein.

Es wird anderes behauptet... Ja. In welcher Behörde kann man nun ausschließen, daß immer alles ganz korrekt ist. Wir tun das möglichste, um möglichst korrekt zu sein.

Nach Ihrer Selbsteinschätzung, Herr Gauck, einst protestantischer Pfarrer: Ist Ihnen der strenge, richtende Gott des Alten Testaments gelegentlich näher als der vergebende des Neuen?

Nein, ganz bestimmt nicht. Ich kann damit nichts anfangen. Ich glaube nicht, daß ich glauben könnte, wenn mir das Neue Testament nicht bekannt wäre. Für mich ist es ein zentraler Text, die Geschichte von dem verlorenen Sohn, der einem liebenden Vater begegnet, als er damit nicht rechnet. Und nur so kann ich glauben.

Sie sind offensichtlich ein Mann der Ordnung, der staatlichen Strukturen und Regelungen. Einige aus der Bürgerrechtsbewegung der einstigen DDR – Sie, Herr Gauck, haben sich in der Wendezeit dem Neuen Forum angeschlossen – sind von Ihnen enttäuscht, fühlen sich gar g e täuscht. Tatsache ist, unter den Bürgerrechtlern hat man an dem Vorsatz festgehalten, den westdeutschen Nachrichtendiensten zum Beispiel keinen Zugang zu den Stasi-Akten zu gewähren. Diese Hinterlassenschaft sollte den Opfern allein gehören, staatliche Nutznießung ausgeschlossen bleiben. Der Bundestag hat nun mehrheitlich anders beschlossen, und Sie haben an dem Gesetz beratend mitgewirkt und es öffentlich gutgeheißen. Können Sie verstehen, daß Bürgerrechtler, die an die Ideale und Vorsätze der Wendezeit denken, sich von Ihnen enttäuscht fühlen, oder sehen Sie in solchen Gefühlen vor allem den Beweis für einen Mangel an konkreter Poli-

tikfähigkeit, für die Unfähigkeit, Kompromisse zu schließen und dem Staat zu geben, was des Staates ist?

Das letztere zuerst. Ja, es ist oftmals ein Mangel an der Fähigkeit, politische Ziele konkret werden zu lassen in Gesetzgebung und in Handlung. Nun noch mal aber zu den Zielen. So ist es ja nicht, wie Sie in Ihrer Frage unterstellt haben. Die Geheimdienste kriegen ja mitnichten Zugang zu den Akten der Opfer. Das war es aber, was wir in der Volkskammer sicherstellen wollten: daß die Opfer nicht erneut Opfer neuer dienstlicher Bemühung werden. Und das ist gesichert... *Ist das vom Gesetz gesichert?...* Das ist gesichert. Wenn es eine Nutzung von Opfer-Akten gibt, dann ist das ein ganz eng beschriebener, ganz eng wirklich beschriebener Bereich, wo es um schwerste Kriminalität geht, wie Mord, wo man unter Umständen eine solche Akte nutzen kann. Das wird der Betroffene in der Regel ja auch bejahen. In Ausnahmefällen könnte das dann auch ohne Bejahung geschehen. Aber generell gilt das, was die Volkskammer wollte: Der Schutz der Opfer-Akten ist gewährleistet, verändert hat sich dieses generelle Tabu. Und zwar haben wir gelernt, es ist sachgerechter, so zu verfahren, wie es ist. Und viele Mitstreiterinnen und Mitstreiter aus der Bürgerbewegung sind diesen Weg mitgegangen. Vor allen Dingen gilt eins: Dieses Volkskammergesetz sollte ja dafür sorgen, daß wir wirklich Einsicht bekommen – das ist gewährleistet. Daß wir umfangreich überprüfen können, um Seilschaften abzubauen und ähnliches – ist gewährleistet. Und das wir drittens endlich politisch und historisch aufarbeiten können... *Aber die Ideale...* Das waren die Ideale... *die Ideale jener Bürgerrechtler, die sagen: Er hat uns enttäuscht, Gauck hat uns enttäuscht, gingen ja dahin, daß sie sagten – jetzt vergröbert von mir gesagt –, die*

Nachrichtendienste, die Geheimdienste sind einer wie der andere – von mir jetzt vergröbert, ich will das keinem Bürgerrechtler in den Mund legen –, keiner, auch kein westlicher, auch kein westdeutscher Geheimdienst soll an diese Akten ran. Nun gibt es Berichte darüber, daß im September dieses Jahres Akten aus Ihrer Behörde an unbekannte Empfänger verlagert worden sind, und es gibt Vermutungen, daß diese unbekannten Empfänger der Bundesnachrichtendienst gewesen ist... Das ist nun wirklich ausgemachter Unsinn. Erstens läßt es die gesetzliche Regelung überhaupt nicht zu... *Ach...* und zweitens... *wir sind doch beide erfahren darin, und Sie mehr als ich, daß es administrative Vorgänge gibt, die gesetzliche Vorschriften unterlaufen oder wo noch keine da sind erst recht...* Mag sein, aber das, was Sie anfragen ist ganz entschieden in Abrede zu stellen, und ich tue es. Dies ist nicht der Fall. Der Fall ist, daß wir Material zurückbekommen haben. Wir haben Material von denen zurückbekommen, die vor unserer Zeit sich in den Besitz von Material gebracht haben oder es angeboten bekommen haben.

Sie sagen hier, diese Behauptung, die ja auch dazu geführt hat, daß eine Mitarbeiterin Ihrer Behörde gekündigt hat beziehungsweise einen Brief bekam, daß sie wegen entsprechender Äußerungen Hausverbot hatte und entfernt werden sollte aus der Behörde. Sie sagen: Dieses, was da behauptet worden ist, daß Akten ausgelagert worden sind in Richtung, sagen wir, Pullach, BND, oder in Richtung auf eine andere gesamtdeutsche Behörde. Dies, sagen Sie, ist von vorne bis hinten falsch.

Aber selbstverständlich. Es ist erlogen, und das ist ja auch meine Wut über diese Mitarbeiterin, daß sie nicht bei der Wahrheit bleibt. Sie hat keine Möglichkeit, das, was sie dort behauptet hat – wenn sie es überhaupt so behauptet hat, so hab ich es nicht gelesen –, zu belegen. Ich erkläre hier, es gibt keinen einzigen Fall, daß wir dem Verfassungsschutz oder dem Bundesnachrichtendienst Material ausgehändigt hätten. Diesen Fall gibt es nicht. Und die Behauptung oder die Unterstellung dieser Handlungen ist ein grober Akt von Illoyalität; übrigens das Fotografieren von dienstlichen Dingen und dergleichen dito. Und ich frage mich, was denn wohl eine Redaktion, ein Arzt, ein Abgeordneter mit Mitarbeitern macht, die so illoyal sich verhalten. Wir haben ihr nicht gekündigt, wir haben... *Nein, sie hatte gekündigt...* also nun macht sie Urlaub und mit Bezahlung die restliche Arbeitszeit zu Ende. Da waren wir sehr großzügig. Wissen Sie, Herr Gaus, das ist eben so ärgerlich, daß man mit allen Kräften, die einem zu Gebote stehen, dafür kämpft und ringt, die Ziele der Demokratiebewegung zu verwirklichen, daß man dabei eine erfolgreiche Arbeit abliefert, und dann kommen irgendwelche Leute mit einem verengten ideologischen Blickwinkel und trimmen das ganze so hin, wie es ihnen paßt. Und da mache ich nicht mit, und das geht nicht. Wir wollen bei der Wahrheit bleiben.

Einspruch, Euer Ehren, was angeht: sie kommen dann, und die trimmen es hin. Man kann das auch so formulieren – ich bin jetzt nicht bei dem Einzelfall –: Es gab mit der Wende, mit dem Oktober-November 89, eine, vielleicht utopische, Vorstellung, es könnte eine Gesellschaft – ich teile diese Utopie nicht, aber ich habe Respekt vor ihr –, es könnte eine Gesellschaft ohne Nachrichtendienste überhaupt geben. Es kann ja sein, daß Sie schon in der Wendezeit, in der unmittelbaren – im Grunde leben wir ja immer noch in der Wendezeit –, anderer Meinung wa-

ren, aber es hat diese Utopie, die sich wie alle, wie die meisten Utopien sehr schnell als eine Illusion erwies, gegeben. Wieviel Verständnis haben Sie dafür, daß Teile der Bürgerrechtsbewegung in der DDR folgendes Bild von der Lage haben: Sie werden bei feierlichen Anlässen hochgepriesen als friedfertige Revolutionäre, aber im politischen Alltag sind sie fürs Etablierte oft sehr lästig und Randerscheinungen, weithin. Das heißt: Der Mohr hat seine Schuldigkeit getan, der Mohr kann gehn. Wieviel Verständnis haben Sie für eine solche Gefühlslage von Bürgerrechtlern?

Dafür habe ich Verständnis. Und das Verständnis hört da auf, wo eine deutsche Neigung zur Larmoyanz einsetzt, eine allzu voreilige Bereitschaft, zu jammern. Viele der Bürgerrechtler, von denen wir jetzt sprechen, sind inzwischen in den Rathäusern und mit anderen Dingen beschäftigt, als zu jammern. Sie sind in Länderparlamenten und in unendlich vielen Gemeinderäten und machen dort tüchtige Arbeit, in den Bürgerbewegungen oder in Parteien, in die sie inzwischen gegangen sind. Manche der Bürgerrechtler haben übrigens in der Zeit der Wende schon über Verfassungsschutz nachgedacht, was ich damals nicht getan habe. Also, da gibt's ein ganz differenziertes Bild. Ich fange an, Verständnis zu entwickeln, wenn eine ganze Epoche abgewickelt wird und nicht mehr vorkommen soll. Und mein Verständnis hört auf, wenn sich alles ins Jammern bewegt. Da ist Schluß.

Sie sind ganz sicher, daß Sie nicht, weil Sie andere Möglichkeiten haben, auch vielleicht eine andere Mentalität, ungerecht sind, wenn Sie jetzt den Ton aufs Jammern legen.

Wissen Sie, gejammert wird nicht bloß im Osten, das wird es auch im Westen. Und... *Danach hab ich nicht ge-*

fragt, wo gejammert wird. Ich hab gefragt, ob S i e sicher sind, daß Sie n i c h t ungerecht sind, wenn Sie den Ton aufs Jammern legen bei der Beschreibung der Gefühle... Ich kann, denke ich, unterscheiden. Und ich habe Ihnen gesagt, daß ich Verständnis habe für Menschen, denen Vergangenheit weggenommen wird. Und ich habe Verständnis für eine ganze, sagen wir mal, für eine ganze Bevölkerungsgruppe. Ich nehme mal die fünfzigjährigen Frauen etwa, die sich jetzt auf dem Arbeitsmarkt befinden und plötzlich nicht gefragt sind, obwohl es Menschen sind, die ein wahnsinniges Leistungsvermögen haben und unglaublich viel geleistet haben. All das verstehe ich. Und wenn ich nach Hause komme und sehe eine ganze Region den Bach runtergehen, das läßt mich doch nicht k a l t. Aber die momentane Wirklichkeit nur als eine Krankheit zum Tode zu beschreiben und die in ihr wohnenden Möglichkeiten nicht zu sehen, da möchte ich nicht mittun. Und ich habe zu viele Freunde, vor allen Dingen auch aus meiner engeren politischen Heimat, die da auch nicht mitmachen. Das ist denen viel zu langweilig... *Was ist Ihre engere politische Heimat?...* Meine politische Heimat sind Menschen, die in der linken Mitte beheimatet sind und die im Neuen Forum, in der Sozialdemokratie etwa – so sehe ich das bei mir zu Hause – sich in diesen Politiketagen eingerichtet haben, wo ich vielleicht auch tätig wäre. Meine ehemaligen Kampfgenossen in Rostock zum Beispiel sind jetzt mit in der Regierung einer großen Koalition einer großen Stadt und...

Sehen Sie sich als ein Opfer der Stasi?

Tja, also ich sehe mich nicht als einen Mann, der sagt, ich war immer nur Opfer, sondern ich habe ein reiches, kämpferisches, erfülltes Leben gehabt. Aber ich bin natürlich auch observiert worden. Ich bin in einem Maße bespitzelt worden, das ich mir gar nicht bewußtmachen wollte, um nicht ständig mit dieser Kränkung zu leben, die es bedeutet, telefonisch überwacht, mit Wanzen überwacht, postalisch überwacht und mit IMs umgeben zu sein. Ich meine, das kann man sich gar nicht jeden Tag vor Augen führen. Dann verliert man die Lust am Leben, und deshalb haben wir das oft ausgeblendet und haben so getan, als lebten wir woanders.

Die Bewältigung der Stasi-Vergangenheit anhand der Aktenfülle, die Sie verwalten, Herr Gauck: Sie selber haben zu DDR-Zeiten, soweit bekannt, auch Gespräche mit der Stasi geführt; das Protokoll über eine Unterredung im Sommer 1988 ist veröffentlicht worden. Ein Stasi-Mann war zu Ihnen gekommen, um ausführlich den Verlauf des jüngst abgehaltenen regionalen Evangelischen Kirchentags in Rostock zu erörtern. Sie haben aus Ihrer abschätzigen Meinung über den Stasi-Apparat keinen Hehl gemacht, haben mannhaft Ihre Position vertreten, aber auch gesprochen von den positiven Zielsetzungen, die die sozialistische Gesellschaft in der DDR hat, warnend davon gesprochen, diese könnten gefährdet werden. Ihr Besucher hat seinen Teil gesagt, zeigte sich nicht ganz ohne Verständnis für Ihre abweichenden Meinungen, teilte Ihnen mit, daß die Besuchseinreise Ihrer nach Westdeutschland übergesiedelten Kinder in die DDR genehmigt worden sei, und dankte Ihnen, Herr Gauck – immer nach diesem Protokoll – namens des Ministeriums für Staatssicherheit für Ihre Durchführung des Kirchentags. Am Ende seines Berichts für seine Behörde schlägt der Stasi-Mann vor, den operativen Vorgang Gauck, Deckname Larve, zu archivieren und einen IM-Vorlauf anzulegen, also eine erste Unterlage über einen möglichen späteren informellen Mitarbeiter. Herr

Gauck, dieses Protokoll, Teil der Stasi-Akten, läßt für mich keinen Zweifel, daß Sie dem DDR-Regime ablehnend gegenüberstanden. Wer will, kann auch herauslesen, Sie haben im Sinne der Stasi funktioniert. Stimmen wir darin überein, daß diese Gauck-Stasi-Akte richtig gelesen und voll verstanden nur werden kann, wenn man über die Akte hinaus das ganze real existierende Leben der späten DDR stets mitbedenkt, die Mischung aus gestatteter Zurückgezogenheit, gleichzeitiger Aufmüpfigkeit wie Anpassung, Distanz zu den Parolen und Praktiken des Regimes, aber auch nicht gänzlich unbeeindruckt – und sei es unbewußt – von den historisch gesetzten Fakten und gesellschaftlich angestrebten Vorhaben. Die Akteneinsicht allein wird die Realität noch nicht vermitteln, oder?

Da stimme ich im Prinzip überein, obwohl die Akteneinsicht ein Hilfsmittel ist, worüber wir uns noch unterhalten sollten. Ich will an dieser Stelle noch mal sagen, daß es schon merkwürdig ist, wenn ein großes überregionales Organ ohne Zustimmung des Befragten aus einer Opfer-Akte zitiert... *Sie meinen jetzt dieses Protokoll?...* Ja... *»Die Welt« hat das veröffentlicht...* Ich weiß es... *Sie haben gescheut, es zu nennen. Warum? Sie sind doch jetzt frei...* Ja, sicher, aber ich hab mir das so angewöhnt, das so zu sagen... *Dann wollen wir es jetzt gemeinsam gesamtdeutsch sagen: »Die Welt« hat es veröffentlicht...* Ja, »Die Welt« hat es veröffentlicht... *Ich dachte, mit Ihrer Zustimmung...* Aber selbstverständlich nicht... *Sie kommen dabei sehr gut weg...* Ja, aber es ist selektiv herausgezogen aus einer Opfer-Akte. Und wenn man den Leuten nicht mitteilt, daß hinterher dieser IM-Vorlauf nicht angelegt wurde, weil die Vorgesetzten nämlich gesagt haben, das ist sinnlos. Wenn man nicht mitteilt, wieviel IMs an anderer Stelle dieser Akte vorkommen, wenn man nicht mitteilt, wie diese ganzen Abhörmaßnahmen gemacht worden sind, was alles in der Akte steht. Wenn man selektiv raussucht aus einer solchen Opfer-Akte, dann können sie letztlich auch die Opfer zu Helfern machen.

Ich habe ausdrücklich gesagt: Nach meinem Lektüre-Verständnis dieses Auszugs, von dem Sie jetzt sprechen, wird deutlich, daß Sie nicht... Ja, ja... *und ich komme auf diese, für mich wirklich zentrale Frage zurück: Die Akten allein vermitteln nicht die Einsicht in die Realität.*

Nein, die Akten allein nicht. Aber die Akten sind ein wichtiges Hilfsmittel. Es ist übrigens ein interessanter Text dort, weil da, in diesem Text – Sie haben das nicht zitiert – eine hilfreiche Tür vorkommt, die jedem offenstand. Ich sage zu dem Offizier, als er mir erklärt, wie hilfreich und wie verändert die Staatssicherheit ist, das finde ich so interessant, das kann nicht nur mich interessieren, das werde ich auch meinem Bischof mitteilen. So dort nachzulesen. Diese Tür stand jedem offen, der solche Gespräche zu führen hat. Als ich sie angefaßt hatte, da war das nichts mehr mit der nächsten Begegnung, die vielleicht konspirativ verlaufen wäre. Also, das gehört noch mit zum ganzen dazu. Jetzt komme ich noch mal auf Ihre eigentliche Frage... *Aber es war eine insofern korrekte Zusammenfassung von mir..* Insofern fast korrekt... *Das fast korrekt muß sich dann beziehen auf das, was nicht veröffentlicht wurde...* Nein, auf diese wichtige Passage bezieht es sich. Und es ist so, Herr Gaus, wenn man diese Akte sich vorstellt, diese Akte schließt damit. Wenn man dem Leser auch vielleicht suggeriert, die Akte endet dort, und dem Leser vorenthält, daß nach dieser Notiz weitere Spitzelberichte abgeheftet werden, dann kann man auch durch Auslassung allerhand Politik machen... *Ja, aber das ist jetzt etwas, das richtet sich eigentlich gegen die Veröffentlichung der Akte, nicht gegen mich. Heißt das, ist dieses die Begründung für Sie, warum Sie sagen: Seid vorsichtig mit dem Veröffentlichungsrecht?...* Nein, also, mit dem Veröffentlichungsrecht brauchen wir gar nicht besonders vorsichtig zu sein. Nur, die Opfer-Akten gehören dem Opfer. Und wenn das Opfer veröffentlichen möchte, hat es alle Möglichkeiten, dies zu tun. Und die Behauptung, die ich in einem anderen flächendeckend verbreiteten Organ gelesen habe, daß Kunze sein Buch nicht hätte machen können, ist natürlich unrichtig. Die kann man so nicht aufrechterhalten. Opfer-Akten gehören den Opfern, und es steht keiner Redaktion zu, ohne sich mit dem Opfer abzustimmen, darüber zu verfügen.

Verargen Sie es den Menschen, Herr Gauck, daß sie in großer großer Zahl auch in der DDR Mitläufer gewesen sind?

Nein, das ist so. Und ich glaube, nicht nur in der DDR... *Deswegen hab ich gesagt, auch...* sondern es ist so. Die Menschen sind nicht so, wie wir sie haben möchten, sie sind so, wie sie sind. Und das gehört dazu, daß man weiß, daß es Mehrheiten gibt, die sich nicht nur danach richten, was ethisch geboten ist, sondern was im Trend liegt.

Manchmal gibt es dann Minderheiten, die sich stimmungsmäßig abgesichert fühlen bei der vorherrschenden Stimmung der im Grunde der ganzen Problematik fernlebenden Mehrheit, und dann sind diese Minderheiten in der Gefahr, sie könnten ihre Werteordnung, die Prioritäten ihrer Werteordnung – ich sag nicht, daß die Mehrheit keine hat –, für die mehrheitliche ansehen. Ich kenne Beispiele, idealistisch gesinnter Kommunisten, die Opfer dieses Irrtums geworden sind. Kann es sein, daß der Stasi-Aufklärer Joachim Gauck in seinem Idealismus auch am Ende sich doch täuscht? Was angeht, daß die Menschen mehrheitlich es zustande bringen, vollziehen, vollziehen wollen, was Gauck will. So wie sich idealistisch gesinnte Kommunisten darüber täuschten, ob es den neuen Menschen gibt.

Auf diese Frage, Herr Gaus, hab ich ja nun schon lange gewartet, und da will ich Ihnen doch mit aller Deutlichkeit sagen, daß ich viel mehr Realist als Idealist bin. Es ist ein Gebot der politischen Vernunft, daß wir Unrecht nicht einfach auf sich beruhen lassen. Und die Zustimmung zu dieser Politik ergibt sich nicht so sehr aus den Wünschen der Wessis, sondern es ist ein fraktionsübergreifender Wille derer, die politisch die alten Verhältnisse verändert haben. Da gehe ich mit meinen ehemaligen Landsleuten und gehe da nicht aus idealistischer Befangenheit oder Besessenheit, sondern, wat möt, möt, sagt man in Mecklenburg. Und hier gibt es noch was zu erinnern. Hier gilt es nicht einfach zur Tagesordnung überzugehen, weil wir es für politisch zweckmäßig halten und hilfreich für die Gestaltung der Gegenwart und der Zukunft, daß wir nicht einfach alles beim alten belassen. Also, viel mehr Orientieren an der Realität und vor allen Dingen Angst davor, daß das, was wir verdrängen, hochkommt und dann viel schwerer zu handhaben ist.

Ich glaube, daß da von der Mehrheit nicht so viel verdrängt würde, sage ich mit Respekt vor dem gewöhnlichen, hinfälligen, gebrechlichen Menschen, der doch in allen Systemen möglichst fernab von der Politik lebt. Und die politisch Engagierten – aber dabei waren wir schon – sind gelegentlich in der Selbstgefährdung, das aus dem Auge zu verlieren. Lassen Sie mich eine, sehr zögernd, eine sehr, für mich sehr schwierige Frage stellen: Ich konstruiere teilweise einen Fall jetzt, aber er ist nur teilweise konstruiert. Eltern emigrieren aus politischen oder rassischen Gründen aus Deutschland nach 1933. Sie kehren mit ihrem halbwüchsigen Kind nach Deutschland, und zwar in ihren Teil Deutschlands, nach ihrer Überzeugung die DDR, zurück. Es ist kalter Krieg. Die KPD in Westdeutschland, in der Bundesrepublik ist verboten. McCarthy wütet in Amerika. Die Utopie des Sozialismus fühlt sich sehr gefährdet. Jetzt geht der Mann dieser Emigranteneltern in den Staatssicherheitsdienst. Ist er moralisch weniger gerechtfertigt, als der, der sich so weit nicht aus dem Fenster lehnen wollte, daß er in die SED gegangen ist, aber so weit doch mitspielen wollte, daß er in eine Blockpartei ging? Ich frage wirklich sehr zögernd. Das ganze, das ganze Thema unseres Interviews läßt mich in großer Ratlosigkeit. Sie sind besser dran, Sie sind nicht ratlos. Aber antworten Sie bitte auf meine Frage.

Ich bin zwar nicht ratlos, aber, wenn man einen politischen Willen hat, ist man ja noch nicht automatisch im Besitz der Wahrheit... *Das ist wahr, und auch nicht automatisch klüger. Das ist zur Erleichterung mal gesagt, das ist wahr...* aber ich kann schon Ihrer nostalgischen Schilderung, Herr Gaus, nicht zustimmen. Denn das Land, in das dieser Mann gekommen ist, das ist nicht nur der Widerpart zu einem wütenden McCarthy, sondern es ist die Heimstadt eines viel wütenderen Tyrannen, der hier die Maske eines Ulbricht hatte, aber in Wirklichkeit ein wütender Stalin war, der möglicherweise mehr Menschenopfer zu verantworten hatte, als es Hitler getan hat. Ein Deutscher soll sich hüten, das zu tun. Und ich werde niemals den deutschen Kommunismus mit dem deutschen Faschismus vergleichen. Aber diesen Kommunismus, diesen Mann im Hintergrund zu übersehen bei dieser Rückkehr, da muß man einen Grad an Naivität oder an Besessenheit gehabt haben, den ich nicht goutieren kann. Es geht nicht an, daß ich so uninformiert bin, und dann so tue, als habe ich nichts gewußt. Das hatten wir in Deutschland schon mal. Und ich stelle anheim, wie naiv dieser Mann gewesen sein soll.

Herr Gauck, Sie haben meine Frage nicht beantwortet... O doch... *Ich habe nicht – nein, ich wiederhole sie, und dann werden Sie es, denke ich, wirklich merken – ich habe nicht gesagt, ich habe nicht gewertet das Verhalten des Mannes. Nehmen wir an, das Kind jüdischer Kommunisten – und es ist nicht so sehr konstruiert, wovon ich spreche – ist ein kommunistischer Idealist. Ich weiß nicht, ob Sie welche getroffen haben, ich hab ein paar getroffen, und zur Wahrheit, zur Vergangenheitsbewältigung gehört auch diese Wahrheit, selbst wenn sie heute unpopulär ist. Ich habe ein paar getroffen, die sehr wenig Privilegien hatten, sich sehr quälten, wenn sie über ihre Vergangenheit sprechen mußten, weil sie auch nicht blauäugig gewesen waren, sondern schon mitgekriegt hatten im Laufe der Zeit, was aus ihren Idealen geworden war. Ich bin nur der Meinung, wir müssen heute aufpassen, daß wir uns nicht infizieren am Verhalten des Systems, das untergegangen ist. Das heißt, wir müssen auch unbequeme Dinge verbalisieren. Also: ich habe gefragt, ob ein solcher junger Mensch, der sagt: Ich will dieses Ideal, diesen Sozialismus, diese Utopie – die für ihn nicht Utopie war –, ich will sie verteidigen in diesen Zeiten, und der möglicherweise sehr gelitten hat an dem, was dann von ihm verlangt wurde – ich weiß es doch nicht. Ich habe gefragt, ob der moralisch verwerflicher ist als der bequeme Mitläufer, der sein Mitläufertum nicht durch totale Ent-*

haltsamkeit ausgewiesen hat, sondern dadurch, daß er ein bißchen privilegierter Mitläufer war, indem er in eine Blockpartei gegangen ist. Das habe ich gefragt.

Entschuldigung, diese Frage habe ich in der Tat nicht beantwortet. Ich entschuldige mich... *Müssen Sie nicht, nein, ich finde, daß... Dieses ist für mich ein ganz zentraler wichtiger Punkt...* Aber Sie haben gespürt, daß es etwas anderes gab, was für mich ins Wort wollte. Jetzt komme ich dann zu dem Teil der Frage. Ich denke, daß die Mitgliedschaft in einer Blockpartei zwar ein richtiger Kompromiß war, aber es war dafür gesorgt, daß man in dieser Blockpartei nicht in diese Dimension von Schuld geraten mußte wie in diesem Sicherheitsapparat... *Aber jeder in der Blockpartei, nicht jeder, aber viele in der Blockpartei waren verstrickt in den Sicherheitsapparat, so wie in der SED. Mir geht es wirklich nur, Herr Gauck, mir geht es nur darum...* Aber wir sprechen doch über den Sicherheitsapparat, Herr Gaus, wir sprechen doch nicht über die SED. Da bin ich ja w e i t davon entfernt... *Nein, nein. Wir sprechen über den Sicherheitsapparat, in den SED-Genossen verstrickt waren, in den SED-Genossen verwoben waren, Blockpartei-Leute und Parteilose. Mir geht es wirklich darum, die schrecklichen Vereinfachungen, die zum Beispiel das DDR-Regime ausgezeichnet haben, in Zweifel zu ziehen, nicht in Zweifel zu ziehen, ich halte sie für v e r d e r b l i c h falsch; und für richtig, gegen sie mit meiner Frage anzugehen. Wie sicher können wir sein, daß der Sieger – eine dumme Metapher, aber ich will sie jetzt wegen der Zuspitzung gebrauchen –, daß der Sieger sich nicht am Leichengift des Besiegten mindestens vorübergehend infiziert?*

Ja, das ist eine Frage, die Weisere als wir sich früher gestellt haben. Da kann man überhaupt nicht sicher sein.

Da müssen wir uns gegenseitig helfen, dies zu verhindern. Bei Ihrer Frage denke ich immer – von vorhin –, bei diesem Zurückkehrenden, wenn er sehr jung ist und weder Manès Sperber kennt noch Koestler und uninformiert ist, dann darf er so sein. Und dann erhebt sich in mir die bange Frage, wie lange darf einer eigentlich behaupten in bestimmten Zeiten, daß er uninformiert war, und das zur Entschuldigung anführen? Wir sind sehr rigide bei denen, die das für die Nazizeit sagen... *Wer ist das? Wer ist da sehr rigide?...* Unsereiner...

Haben Sie ein Urteil über jene politischen Kräfte der alten Bundesrepublik, die 1949 nicht nur hinnahmen, sondern öffentlich vertraten, daß Hans Globke, einst im NS-Innenministerium, Mitverfasser der anti-jüdischen Rassengesetze, als Staatssekretär engster Vertrauter von Bundeskanzler Adenauer wurde?

Schon die Erinnerung daran macht mir schwer zu schaffen. Ich glaube, daß die Akzeptanz des Rechtsstaates durch viele Menschen, die in diesem Teil Deutschlands lebten, darunter überaus stark gelitten hat. Und wenn wir jetzt anders verfahren wollen, liegt das unter anderem daran, daß wir ja auch aus der mangelnden Bereitschaft, der Vergangenheit zu begegnen nach dem Krieg, heute lernen wollen.

Wie erklären Sie, daß seinerzeit in Politik und Wirtschaft in Westdeutschland die Selbstreinigung von der nationalsozialistischen Zeit weithin oberflächlich blieb und personell wenig konsequent war?

Ich hab darüber viel nachgedacht. Ich bin zum Beispiel nicht sicher, ob das richtig ist, was Mitscherlich mit der Unfähigkeit der Deutschen zu trauern geschrieben hat. Ich frage mich manchmal heute, ob, wenn man Auschwitz erlebt hat und sich dazu stellen mußte als Überlebender, und wenn man diese ganzen Leichenberge hinter sich hatte und dieses Unmaß von Schuld, ob man dann so etwas wie dieses Atemholen brauchte, man konnte vielleicht nicht gleich dem ins Auge gucken. Da mußten Deutsche hingeführt werden. Die Engländer haben die Deutschen in Weimar dorthin geführt, wo sie vielleicht freiwillig nicht hingegangen wären.

Ich habe nicht den Eindruck gehabt, ich bin Jahrgang 1929, daß die Deutschen, daß viele Deutsche, daß alle Deutschen, die man dorthin führte, stark beeindruckt waren.

Ja, das war zu dicht. Da war zu viel Schuld, zu dicht, glaube ich. Und, wissen Sie, es ekelt mich, mir das vorzustellen. Nur, ich weiß nicht, wie ich mich verhalten hätte, wenn ich damals Soldat gewesen wäre und gedacht hätte, ich mache was. Und ich taste ja nach Antworten, warum wollte man dahin, wo »in Capri die rote Sonne im Meer versinkt« und alle möglichen anderen schönen Dinge, statt sich umzuwenden und die eigene Schuld... *Und ist das den Westdeutschen schlecht bekommen?...* Ja... *Woran zeigt es sich?...* Es ist ein Konflikt verdrängt worden. Und dieser Konflikt, der ist aber nicht gestorben, sondern in den Wirren der 68er Jahre sind die Söhne und Töchter derer, die sich nicht umdrehen wollten, mit einer derartigen Wut erfüllt worden, die sich aus den realen politischen Verhältnissen dieser Zeit überhaupt nicht erklären läßt.

Es hat sich am Establishment dadurch gar nichts geändert. Die Grünen sind dazugekommen, teilweise integriert ins Establishment, teilweise nicht, sonst hat sich n i c h t s geändert. Ich frage also, ob die Mehrheit der Menschen wirklich darunter gelitten hat, daß sie, und dann allmählich auch von führenden Zeitungsorganen, der elitären Minderheit, darin bestärkt, auch von Politi-

kern darin bestärkt, ob sie wirklich darunter gelitten hat, daß sie gesagt hat: »Nein, das wollen wir alles nicht wissen.« Und ich frage dazu, ob der jetzt drängendere Ruf nach Abrechnung nach Ihrer Meinung – ich rede nicht von den Opfern, die rufen – auch zu tun haben kann damit, daß es sich jetzt um eine Abrechnung mit Links handelt, während es sich nach 1945 um eine Abrechnung mit Rechts gehandelt hätte.

Es gibt solche Menschen, ja. Aber es bedeutet für mich nichts, ob die das so denken oder nicht. Was mich... *Aber es kann politische Fakten setzen...* und was mich treibt und meine politischen Freunde, was die Mehrheit aus allen Lagern in dem Volkskammergesetz beschlossen hat und jetzt beschlossen hat, ist, daß wir dieses Unrecht, was wir hier konkret Jahrzehnte erlebt haben, in dieser Form, wie die Staatssicherheit es zubereitet hat, nicht unangeschaut lassen wollen. Wir wollen daraus politische Konsequenzen ziehen.

Es irritiert Sie nicht, daß vielleicht schon wieder zu viel Mut, wenn auch mit ganz anderen unvergleichlichen Risiken, wirklich unvergleichlichen Risiken als früher in der DDR, aber daß vielleicht schon wieder zu viel Mut dazu gehört, wenn einer sagt: »Wir schaffen das doch nicht, laßt es, täuscht euch nicht, gebt nicht anderen Möglichkeiten, sich eurer Ideale bei der Abrechnung, bei der Aufrechnung, bei der Bewältigung zu bedienen, laßt das.« Es irritiert Sie nicht? Da sind wir wieder ein bißchen bei der Infizierung des Siegers durch das Leichengift des Besiegten, daß dazu auch heute, bei der allgemein herrschenden Stimmung, der verständlichen Aufklärungsbedürftigkeit der Opfer, politischen Kalkülen und Ablenkungen spezieller Art von Abrechnungen unter Literaten und Feuilletonisten, daß dazu ange-

sichts dieser Mehrheitssumme aus unterschiedlichen Motiven vielleicht auch schon wieder zu viel Mut gehört? Wenn zu viel Mut dazu gehört, daß in einer Gesellschaft einer eine von der Mehrheit abweichende Sorge öffentlich äußert, dann ist etwas faul in der Gesellschaft. Die DDR war ein Beispiel dafür. Braucht es heute zu viel Mut, weil man gegen den Strom der Mehrheitsmeinung schwimmt, Unterstellungen gewärtigen muß, wenn man sagt: »Es bringt nichts?«

Vorhin, Herr Gaus, waren Sie übrigens noch der Meinung, daß die Mehrheit dies nicht so interessiert, aber...

Entschuldigung, ich spreche von der Mehrheit, die Meinungsführer machen. Ich kann, was die Mehrheit angeht, sagen, ich gehe davon aus, wenn sie die jeweils sensationell aufgemachte Kurzfassung der jeweils anstehenden Vergangenheitsbewältigung in den Blättern mit den großen Überschriften gelesen hat, wendet sie sich ihren anderen, ihren eigenen konkreten Problemen zu. Ich spreche jetzt von der Mehrheit des Stroms, der Meinungsführer, und es gehört zur Selbstschutzfunktion der allgemeinen Mehrheit, da mitzuschwimmen. Ich frage jetzt also nach: Wie groß muß der Mut sein, wenn heute einer sagt: »Nein, wir schaffen das nicht.« Wenn er also Ihnen, und nicht nur Ihnen, sondern Ingrid Köppe, anderen Bürgerrechtlern und auch Leuten, die vielleicht darin ein politisches Kalkül sehen und sich Ihrer Ideale bewußt oder unbewußt bedienen? Wieviel Mut gehört dazu, wenn man heute ein Fragezeichen daran setzt? Zuviel Mut, ohne daß man sagen muß, es ist etwas faul?

Also, ich glaube nicht, daß da zu viel Mut dazu gehört. Es ist relativ einfach, so in eine besondere Rolle als Hüter einer momentanen Minderheit zu schlüpfen. Gegenwärtig ist es das. Ich glaube nicht, daß es eines gesteigerten Mutes bedarf. Das sind andere Zeiten gewesen, wo man... *Ich hab gesagt, die Risiken sind unvergleichlich. Ich glaube nicht, daß Sie recht haben, wenn Sie sagen, dazu gehört keine Courage. Die Risiken sind anders, aber es gehört schon zu der Mehrheitsstimmung, daß Sie sagen, wieso, ist doch kein Risiko...* Eine Mehrheitsstimmung dieser Art, die von ganz klaren politischen Zielen sich orientieren läßt, die die ehemals Unterdrückten und Bevormundeten zu Subjekten machen will, wenn das die Mehrheitsstimmung wäre, was ich hoffe, dann gehört politische Dummheit dazu, aber kein Mut, gegen diese Mehrheitsstimmung etwas zu sagen.

Es sind Menschen aufgrund ihrer Verstrickungen, die sich aus den Stasi-Akten ergaben, von ihren Arbeitsplätzen entfernt worden, ohne daß sie vorher dazu gehört wurden. Kann es sein, daß wir im Eifer gelegentlich rechtsstaatliche Regeln aus dem Auge verlieren?

Wo das so geschieht, kann das sein. Ich bin ganz froh, daß es in der Mehrzahl der Fälle anders ist.

Erlauben Sie mir eine letzte Frage: Eine Arbeit wie Ihre jetzige – geht der Sinn darüber hinaus, worauf ist der dann gerichtet, oder wie lange wollen Sie Ihr Amt ausüben?

Also, ich bin berufen für fünf Jahre. Und wenn ich gesund bleibe, möchte ich das auch diese fünf Jahre tun. Der Gesetzgeber würde dann die Möglichkeit einer einmaligen Wiederwahl einräumen... *Wie beim Bundespräsidenten...* Ob ich das dann noch möchte, wissen Sie, das kann ich heute nicht sagen. Darüber hinaus ein anderes politisches Amt, das vielleicht mit richtiger Macht verbunden wäre, anzustreben steht mir im Moment nicht im Sinn. Ich würde lieber mich etwas mehr entlasten beim normalen Berufsleben und beim normalen Erleben des Lebens, solange man es noch hat.

Hans Bentzien

Gespräch vom 23. Dezember 1991

Hans Bentzien, Jahrgang 1927, Parteifunktionär der SED, Kulturminister der DDR während des 11. Plenums des ZK der SED im Dezember 1965, von dem viele denken, daß dort die Reformansätze in der Partei gestoppt worden sind. Ein Mann, der immer versucht hat, seine Ideale – und niemand hat sie ihm bestritten – mit praktischer Arbeit zu verbinden. Im Grunde ein Aufklärer, der sich in ein kommunistisches Gewand gehüllt hat, scheint mir. Zur Person: Hans Bentzien.

Lauter letzte Tage, lauter letzte Sendungen aus Adlershof, der Fernsehproduktionsstätte der DDR und dann der Länder-Kette, die als solche Ende dieses Jahres ihre Tore schließt. Sie, Herr Bentzien, waren mit der Wende der letzte Chef des DDR-Fernsehens geworden im November 1989 bis zur Abberufung durch Ministerpräsident de Maizière im Juni 1990. Wie wäre es mit einem abschließenden Wort von Ihnen zur Rundfunk- und Fernsehneuordnung in den fünf neuen Bundesländern durch Herrn Mühlfenzl aus Bayern?

Dieser Sender hat starke, aber auch sehr viele schwache Stunden gehabt. Er hat durch die Bevölkerung früher sehr viel Kritik bekommen – zu Recht. Er war nicht sehr beliebt. Das hat sich geändert. Wir haben uns in wenigen Monaten ein gewisses Ansehen erarbeitet, und wenn man jetzt durch diese Gänge geht hier und sieht, daß kaum noch jemand arbeitet, so habe ich natürlich nichts zu grüßen und zu danken, aber ich möchte offen sagen: Das hat der Sender nicht verdient. Daß aus dem Süden Bayerns ein Reichsrundfunkkommissar geschickt wird, der nie eine Stunde unseres Programms gesehen hat, weder vorher noch nachher, technisch gar nicht sehen konnte, und als, ich würde fast sagen, alter starrer Mann hier seine Vorurteile, die man ihm in Bonn eingeblasen hat, abließ. Das hat der Sender, das haben die Kollegen hier nicht verdient.

Ich unterstelle einmal, Herr Bentzien, Sie hatten sich die Entwicklung seit der Wende anders gewünscht, als sie sich nun vollzogen hat. Dabei spreche ich jetzt nicht vom Rundfunk und Fernsehen, sondern frage nach den allgemeinen Gegebenheiten. Was bekümmert Sie am stärksten am Verlauf der Wende?

Die Beleidigung der Hoffnungen, die sehr viele Leute schöpften auf eine wirkliche funktionierende Demokratie. Und mit dieser Demokratie eine Förderung des freiheitlichen Gedankens. Das hier ist ja eine Kulturinstitution. Und daß sie geschlossen wird wie ein alter Pferdestall, das bekümmert mich am meisten. Nicht wegen der materiellen Dinge, sondern einfach weil die Hoffnungen nicht nur der Mitarbeiter, sondern der Bevölkerung, der dieser Sender dann aktiv gedient hat, so beschädigt werden.

Aber jetzt einmal weg vom Sender, allgemein auf die ehemalige DDR hin gesehen: Es gibt Menschen, die sind bereits auf die Beine gekommen, es wird hoffentlich bald noch mehr davon geben, und die sagen, doch, gut, es gibt viele, die oft jetzt in Vergessenheit geraten, weil sie gute Nachrichten verschlechtern könnten, wenn sie zu sehr vorkämen. Aber ich frage jetzt, und wir werden ja im einzelnen auf ihr Leben in der DDR kommen, ich frage jetzt einen Mann Ihres Schlages, Kommunist, SED-Funktionär, der oft den Rücken geradegehalten hat, wo andere ihn gekrümmt haben: Was ist für Sie das bitterste an der Wende, und zwar nicht, daß es sie gegeben hat, sondern wie sie verläuft.

Daß es sie gegeben hat, war eine Art Befreiung. Ich hab mir gedacht: Jetzt ist es vollbracht, das, was du eigentlich wolltest. Das war am Anfang November, auf dieser großen Kundgebung... *Ich nehme an, Sie meinen den 4. November 1989...* auf der großen Kundgebung auf dem Alex dachte ich: Jetzt beginnt es. Und es schien ja auch so, als ob es begänne. Und dann atmete alles tief durch. Und es kam eine große Hoffnung auf, und diese Hoffnung, von der ich eigentlich mir vorgestellt habe, daß sich mit ihr Demokratie und soziale Gerechtigtkeit, also der Grundgedanke des Sozialismus, verbindet, die hatte ich auch noch nach der Regierungserklärung von de Maizière. Aber dann, drei Wochen, vier Wochen später, war alles anders, und so konnte nicht – mit einem bekannten Wort zu reden – zusammenwachsen, was eigentlich zusammengehörte.

Sie sind unter anderem studierter Historiker, was verbunden ist mit dem Expertenblick auf das Zurückliegende. Nun riskieren Sie aber bitte einmal einen Blick nach vorn. Was vermuten Sie, in welchem Zustand, in welcher Verfassung sich Ostdeutschland, die Gesellschaft in Ostdeutschland, in drei oder fünf Jahren befinden wird.

Ich bin kein Prophet, aber ich glaube, daß sie im wesentlichen das fünfte Rad am Wagen bleiben wird. Denn die Grundlage ihrer Entwicklung – ich meine der Entwicklung der fünf Ostländer – ist die Industrie. Und diese Industrie hat gelebt zu 50%, 54% vom Außenhandel. Und dieser Außenhandel ist zusammengebrochen und nicht wieder organisiert worden, und daher die Situation, die wir jetzt haben. Die jungen Leute gehen in die Westländer und besetzen dort die dritte Schicht, nutzen die Kapazitäten aus, hier brechen die Kapazitäten zusammen, und demzufolge alles, was an einem solchen Betrieb hängt. Das zu erkennen war bereits vor zwei Jahren möglich. Aber niemand hat anscheinend die Zahlen angesehen. Also glaube ich nicht, daß das, was jetzt zusammengebrochen ist, in kurzer Zeit von irgendeinem Zaubermeister mit irgendeinem Stab und einer Bewegung wiedererweckt werden kann.

Hans Bentzien, ein Mann, der hohe Funktionen im SED-Staat DDR innegehabt hat, stehen Sie heute vor den Trümmern Ihres Lebens, vor dem Trümmerhaufen Ihres Lebens, oder können Sie trennen zwischen den Trümmerhaufen Ihrer Ideale und Ihrer Absichten und Ihrem Leben als aktiver Mensch mit Erfolgen und Niederlagen?

Meine Ideale sind nicht zertrümmert. Sie sind stark beschädigt, das stimmt. Und zwar beschädigt durch eine entsetzliche Praxis, die bereits darin bestand, daß die grundlegenden Lehren des Sozialismus – ich meine auch schon des utopischen, aber dann auch des Sozialismus von Marx und Engels und Bebel und Liebknecht und Luxemburg – nicht angewandt wurden, obgleich sie täglich beschworen wurden.

Sie glauben, daß sie angewandt werden können in der Praxis?

Ich glaube, daß einiges von dem, was damals im 19. Jahrhundert entstand, auch im 20. Jahrhundert angewandt werden kann. Aber nicht auf militaristische, rigide Weise. Ich glaube – und deshalb fragen Sie mich an einem wunden Punkte –, ich glaube, daß der Grundfehler, der Mangel an Demokratie, beseitigt werden kann, indem man demokratische Verhältnisse zuläßt... *Und den Sozialismus...* Sozialismus setze ich als soziale Gerechtigkeit. Soziale Gerechtigkeit gleich Sozialismus ist möglich bei Demokratie und Anwendung ökonomischer Grundgesetze.

Ist soziale Gerechtigkeit nach Ihrer Vorstellung in einem anderen System überhaupt möglich?

Sie ist in keinem System vollkommen möglich, weil die alten Ideale der Gleichheit, sprich Gleichmacherei, nicht funktionieren und auch nicht funktioniert haben, wenn man behauptet hatte bei uns, mit Prämien und ähnlichen Anreizen könne man die Leistungskurve erhöhen und die Gleichmacherei beseitigen. Nein, so geht es nicht. Aber bei Anwendung der einfachen von Marx entdeckten – unter komplizierten Untersuchungen entdeckten – Grundgesetze in der Ökonomie und bei Einführung der politischen Demokratie kann ein höheres Maß an sozialer Gerechtigkeit, als es der Kapitalismus bieten kann, durchaus möglich sein... *Das kann sich auch wirtschaftlich sehen lassen?...* Ich weiß, daß es vielleicht etwas merkwürdig klingt, wenn ich sage, daß diese Leute, die in der Wirtschaft regiert haben, alle vergessen haben, daß sie mal den ersten Abschnitt und das erste Kapitel »Ware und Wert« bei Marx gelesen haben. Das haben sie nie mehr repetiert, sondern sie haben geglaubt, man könne manipulieren, was das Zeug hält. Bei uns stimmte kein Preis mehr. Der Preis ist ja der Geldausdruck der Ware.

Dies ist eine Interview-Sendung, keine Diskussion. Sie haben – ich habe es schon erwähnt, und wir werden wei-

ter davon sprechen – oft den Kopf hingehalten. Sie haben, soweit bekannt, Ihren Rücken geradegehalten, wo andere ihn gekrümmt haben. Dennoch gefragt: Messen Sie sich eine Schuld zu an Fehlentwicklungen, am Niedergang von SED und DDR? Und welche Schuld wäre das?

Wenn ich mein Gewissen befrage, habe ich wissentlich keinem weh getan. Wenn ich historisch frage wie Sie, dann sage ich, ich trage Mitschuld. Ich habe an leitender Stelle versucht, den sozialen Gedanken in einem ganz schwierigen geistigen Prozeß, nämlich in der Kulturentwicklung, hochzuhalten, und das ist nicht gelungen. Insofern hätte ich mich vorher kritischer befragen müssen. Aber ich war ein junger Mann – was nichts entschuldigen soll, junge Leute bringen ganz schöne Sachen zutage und hervor –, aber ich habe auch zu wenig kritische Anleitung erfahren von Freunden und Kollegen, die eigentlich froh waren, wenn einer das aussprach, was sie auch dachten und sich nicht zu sagen trauten.

Es ist ja in der SED im vertrauten Kreis durchaus diskutiert und gefragt und gegrübelt worden, mehr als der oberflächliche und befangene, voreingenommene Beurteiler und Verurteiler einzuräumen vermag. Aber zu einem konkreten Reformansatz ist es nicht mehr gekommen, nachdem Ulbricht in den 50er Jahren mögliche Machtkonkurrenten, die nach einem eigenen deutschen Weg zum Sozialismus suchten, ausgeschaltet hatte. Was hat die Partei so gefügig gemacht gegenüber den Oberen? Aus den verschiedenen Gründen, die es da sicherlich gibt, ist welcher für Sie der vorherrschende?

Diese, ich sage nicht Cliquenkämpfe, aber diese Streitigkeiten, dieses Beseitigen, dieses rigorose Durchsetzen e i n e r Meinung war natürlich eine Folge des Anschlusses an die Entwicklung in der Sowjetunion, die Stalin dort zu verantworten hatte; und diese Leute, die aus Moskau kamen, hatten das dort so gelernt. Und sie waren ganz eng geschlossen, also mit engstem Schulterschluß, an jede Bewegung, die in der Sowjetunion in der Partei... *bis 1985, dann nicht mehr...* gemacht wurde. Bis 1985... *Als Gorbatschow kam...* Dann aus anderen Gründen, aber auf der stalinistischen Basis funktionierte dieser Schulterschluß. Und ich war – ich hab das alles schon einmal mitgemacht, Perestroika –, ich war während des XX. Parteitags Student in der Sowjetunion. Und dort war... *Das ist der Parteitag der KPdSU, Chruschtschows Rede über Stalin...* Ja. Wir waren eingeladen in eine Versammlung der Grundorganisation der KPdSU. Und ich war geschickt als Vertreter der deutschen Landsmannschaft, und ich saß neben Alexander Dubcek, der als Vertreter der tschechischen Landsmannschaft dorthin geschickt wurde. Und er sprach sehr gut deutsch, und ich verstand manche Zahlen nicht. Und dann hab ich gehört, was dort gesagt wurde. Es war eine Verlesung des Berichts von Chruschtschow. Den hab ich an diesem Abend gehört, wenn auch nicht voll verstanden. Und dann bin ich mit meinem Zimmerkumpel Jascha Pawlow, einem ganz berühmten Mann in der Sowjetunion, dem Helden von Stalingrad, der das Pawlow-Haus verteidigt hat, nach Hause gegangen, und er hat mit mir kein Wort gesprochen. Denn ich war ja auch Deutscher. Und das hatten er und seine Partei und alle zu verantworten. Und wir waren uns nähergekommen, aber er sprach nicht mit mir, er sprach eine Woche, vierzehn Tage nicht mit mir, bis wir uns dann verständigt haben und haben gesagt, wir werden da schon rauskommen. Und es sah ja auch so aus. Die Lehrer, die uns entgegentraten, die Bevölkerung auf der Straße, sie alle atmeten wieder durch. Und ich war dann mit ihm in seinem Dorf Krestowaja im Waldai, ich war der erste Deutsche dort. Es war eine Explosion in diesem Dorf, dem man alles genommen hatte. Die Soldaten waren gekommen und hatten alles Getreide geholt. Und die Gründer der Kolchose waren in den Untergrund gegangen, hatten aber die Macht im Dorf behalten. Und diese Untergrundparteileitung beschloß: Wir werden nach dem XX. Parteitag unsere Felder wieder bestellen. Und als ich das hörte, ich war Zeuge dafür, hab ich gesagt: Es geht wieder los. Und dann sah es auch eine Zeitlang so aus. Und so haben wir auch in den 60er Jahren versucht, hier Reformpolitik zu machen. Das ging nicht außerhalb der Partei. Das ging nur innerhalb der Partei. Und auch Ulbricht war von diesem Druck gezwungen, auch er machte, zwar keine echten, aber Reformansätze. Es waren meistens organisatorische Änderungen, aber sie gaben gewissen Kommunen, Kreisen usw. auch größere Möglichkeiten. Und er brauchte damals die Künstler, um die Beschädigungen, die durch die Mauerziehung eingetreten waren, gering zu halten.

Ich komme darauf zurück, gehe jetzt aber ein bißchen weiter zurück im Leben von Hans Bentzien. Hans Bentzien, am 4. Januar 1927 in Greifswald als Kind einer Arbeiterfamilie geboren. Der Vater war Maurer... Mutter Dienstmädchen... *Waren Ihre Eltern politisch bewußte Menschen? Haben Sie Kindheits- und Jugenderinnerungen an die nationalsozialistische Zeit?*

Sehr starke. Ich kam 33 zur Schule. Der Lehrer, den ich hatte, war ein gemaßregelter Sozialdemokrat, der vom Gymnasium oder von der Realschule versetzt wurde in die erste Klasse einer Volksschule. Und das war mein Glück. Diesen Mann hatte ich sieben Jahre lang in allen Fächern, außer Religion. Und der gab uns, was wir brauchten, entwickelte uns. Ich habe nie ein hartes Wort, nie Prügel, obgleich es üblich war damals, erlebt, gesehen in unserer Klasse von diesem Lehrer. Er wurde dann genötigt, in die NSDAP einzutreten. Er war ein Schulreformer und wurde dann nicht mehr für die Schulreform eingesetzt.

Ich habe auch meinem Vater viel zu verdanken, einem aufrechten Gewerkschaftler, der Bauholzgewerkschaft. Er war nicht organisierter Kommunist, dachte aber kommunistisch. Und er ist 45 in die KPD eintreten, wie auch ich etwas später. Mein Vater hat – allerdings, hat er immer sich geweigert, mit mir darüber zu sprechen, man spricht nicht darüber, sagte er – mit einem Fischer zusammen, aus Greifswald-Wieck – die hießen alle Nachbar, es war, ich glaube Nachbar 13 oder Nachbar 12, die Familien hatten da Nummern – Leute ausgeschleust, auf Fischerboote gebracht. Und diese Leute haben immer einen Tag oder zwei Tage vorher bei uns in der Anderthalbzimmerwohnung gewohnt, ohne daß ich das groß merkte, muß ich auch sagen dazu. Und ich habe es aber doch entdeckt. Und dieser Mann ist nach 45 bei uns aufgetaucht und hat sich bedankt. Und der hat es mir erzählt, mein Vater nicht. Ein Steinmetz aus Berlin war es übrigens.

Kurze Lehrerausbildung für den jungen Hans Bentzien... Drei Jahre lang... *bevor er 1944 Soldat wird. Flucht aus der britischen Gefangenschaft, Junglehrer in der sowjetischen Besatzungszone, Eintritt in die Partei. Als die DDR 1949 gegründet wird, Student der Philosophie, Geschichte und Volkswirtschaft an der Universität Jena. Kann man, Herr Bentzien, der Sie auch Bücher schreiben und Fernsehfilme gemacht haben, kann man den Nachwachsenden die eigenen Prägungen, die man in einer bestimmten Zeit erhalten hat, verständlich machen? Kann man beispielsweise die Stimmung, die Gefühle der jungen Menschen in Deutschland in den ersten Nachkriegsjahren – unabhängig von der Besatzungszone –, diese Mischung aus Friedensbeglückung, guten Vorsätzen, großen Erwartungen nach 40 Jahren den Nachgewachsenen noch vermitteln?*

Ich will es versuchen. Ein Verlag hat mich aufgefordert, das zu tun. Und ich will es versuchen im nächsten Jahr. Ich hoffe es. Ich bin eigentlich ein Anhänger, sagen wir mal, der Volkshochschulidee. Ich bin ein Schulreformer. Ich bin so ausgebildet worden. Denn die, die damals da waren 45, 46, waren übriggebliebene Schulreformer. An ihnen hab ich mich aufgerichtet. Unser Schulrat, Max Burwitz, war so ein sozialdemokratischer Schulreformer. Ich hab mich mit Reichwein beschäftigt, der ein solcher Mann war. Also ich glaube, daß man das kann, und ich glaube auch, daß man das tun soll. Aber Geschichte kann man nicht, wie es heute so heißt, bewältigen. Geschichte kann man darstellen, redlich, und dann muß jeder daraus lernen. Und ob er das tut, das ist seine subjektive Entscheidung. Das kann man nicht veranlassen.

Aber Sie sind ein Optimist. Sie selber haben von der – ich sag es jetzt mal auf meine Weise – von der Volkshochschulideologie gesprochen. Sind Sie vielleicht im Grunde doch – Friedrich II., Sie sagen: der Große, von Preußen, den Sie in Büchern und Filmen verewigt haben, soweit er das nötig hatte, wäre vielleicht auf Ihrer Seite gewesen – sind Sie insgeheim ein Anhänger einer Erziehungsdiktatur, weil es den Menschen frommt?

Nein, einer rationalen Aufklärung... *Und Sie glauben an die Wirkung...* Ich bin Aufklärer, ich glaube an die Wirkung... *Sie glauben, der Mensch verändert sich, wenn er richtig aufgeklärt wird...* Ja, Herr Gaus, ich glaube das, und das ist keine Erfindung der Sozialisten. Das ist eine Erfindung des Christentums. Der neue Mensch ist eine Erfindung der urchristlichen Gemeinden. Und sie haben damals ganz schnell neue Menschen werden wollen, weil das Jüngste Gericht... *Aber sie sind immer noch damit beschäftigt, neue Menschen zu werden. Allmählich wird die Zeit knapp...* Ja, das Jüngste Gericht läßt auf sich warten, wie man weiß. Nein. Es ist ein Prozeß. Ich glaube, daß der Mensch sich veredeln kann, obgleich wir alle Argumente dafür haben, es nicht zu glauben. Aber es muß einen moralischen Fortschritt geben... *Warum muß es ihn geben? Weil Sie es wollen?...* Weil es diesen Kant gegeben hat, der ein Leben lang zwischen dem Hörsaal und der Wohnung hin- und hergelaufen ist. Und hat es dann doch entdeckt... *Was hat er entdeckt?...* Den ethischen Grundsatz, nach dem man leben soll. Und ich habe mir angesehen... *Wieviel Prozent der Menschen leben nach diesem ethischen Grundsatz?...* Mehr als damals... *Das heißt, Sie glauben, es geht aufwärts...* Ja, es geht. Ich habe mir auch angesehen, was der Alte Fritz, von dem Sie gerade sprachen, nach Kunersdorf geschrieben hat, als er seinem Minister schrieb: »ich höre auf jetzt.« und seine Opiumdose auf dem Tisch hatte. Und er hat es dann nicht getan, weil in Fürstenwalde, meinem Kreis, wo ich wohne, er die Truppen wieder sammelte, und sie haben die Hauptstadt, das Wichtigste des Landes, wieder schützen können.

Ich werde mit Ihnen nicht über Preußen diskutieren, Herr Bentzien... Schade... *Denken Sie, daß die damalige Nachkriegsprägung erheblich dazu beigetragen hat, daß man manche späteren Fehlentwicklungen auch verdrängt hat aus dem Bewußtsein, wenn man den Traum von damals, als der Krieg zu Ende war und nun alles, al-*

les besser werden sollte, nicht preisgeben wollte? Keine Entschuldigung, aber eine Erklärung für Ihre Generation?

Sie haben in einem Punkt recht, ich würde es nicht Traum nennen, sondern es war Realität. Wir haben ja gearbeitet. Wir haben ja gebaut. Wir haben ja begonnen, etwas zu tun. Ich habe ja dem Mädchen, das keine Strümpfe anhatte, die Füße warmgerieben und Socken besorgt. Es war ein Flüchtlingskind. Nein, nein, wir haben ja was gemacht. Wir haben gar nicht so sehr viel geträumt. Aber was wir eigentlich wollten, das war richtig umschrieben mit den Zielen, die es damals gab: eine antifaschistisch-demokratische Ordnung. Und hätten wir eine demokratische Ordnung fertigbekommen, auf antifaschistischer Grundlage, dann wäre alles gut gegangen.

Warum haben Sie sie nicht zustande bekommen?

Es kam dieser unsägliche antidemokratische Dogmatismus, schleichend wie die Pest, wie ein Krebsgeschwür in die Partei und in den Staat. Das begann leider nach ganz wenigen Jahren schon 49, 50.

Sie wurden dann in dieser Partei, Herr Bentzien, ein hauptamtlicher Funktionär... Ja... *Aufstieg über Stadt- und Bezirkspositionen in Jena, Gera und Halle. Die Arbeitsgebiete waren Kultur und Volksbildung...* In Jena nicht. In Jena war ich Erster Kreissekretär nach dem 17 Juni 53... *Ja, richtig...* Und ich habe auch dort wieder gebaut. Ich habe die Trümmer wieder weggefegt, die Scherben wieder gekittet und einigermaßen wieder Hoffnung in die Stadt gebracht.

Hat Sie der 17. Juni irritiert?

Tief. Ich stand als einziger in der Stadtleitung Gera, alle waren weggelaufen. Mit einer Sekretärin und einem Hausmeister, wir hatten uns verbarrikadiert. Und die

Wismut-Leute kamen mit Kippern angefahren und schrien ihre Losungen gegen Ulbricht, Pieck, Grotewohl. In der Nacht dann bin ich in das Stahlwerk Silbitz, das ist ein Edelstahlwerk bei Eisenberg, da brannten die Öfen, und es war keiner drin. Und ich habe organisiert, daß die Öfen wieder neu beschickt werden konnten – es wurden Blöcke gegossen –, damit sie nicht erkalteten und damit wieder die Grundlage für den ganzen Bezirk... *Haben Sie die, die am 17. Juni auf die Straße gegangen sind, verstanden?...* Jetzt mehr als damals, aber ich habe verstanden, daß – ich habe es heute noch im Ohr –, daß das, was Schnitzler den Leuten damals beibrachte, daß es gut ist, die Marmelade, die Fahrpreise enorm zu erhöhen und dafür schlechter zu leben, daß das keiner verstehen kann – das hab ich kapiert. Und ich habe mit dem Neuen Kurs allerdings geglaubt, daß wir es jetzt wieder packen.

Seit ich die SED und seit ich die DDR studiere, habe ich immer wissen wollen, wie ein aufgeweckter SED-Funktionär, ich meine nicht die Dummen und nicht die Oberen in ihren abgeschirmten Wolkenkuckucksheimen, sondern wie ein aufgeweckter SED-Funktionär mit dem Abstand zwischen seinen Überzeugungen, seinen vorformulierten Parolen und der abwartenden, skeptischen, mindestens zweiflerischen Haltung großer Teile der Bevölkerung in der DDR, mit deren Lippenbekenntnissen fertig geworden ist. Hat er die Kluft nicht gesehen, hat er sich blind gestellt, um seelisch zu überleben? Hat er sich nach einer gewissen Zeit in Routine und Amtsarroganz geflüchtet? Hat er sich manchmal noch die Einsicht gestattet, daß er eine Wirklichkeit behauptet, die tatsächlich eine Scheinwirklichkeit war? Wie ist es gewesen, Herr Bentzien?

Das alles, was Sie sagen, ist Urteil von außen. Wirklich war, daß man jeden Tag seinen Überzeugungen leben mußte. Und innerhalb dieser Partei gab es sehr viele Überzeugungen, wenn auch nicht sichtbare Flügel. Und ich verdanke auch politischen Sekretären größeren Formats sehr gute Einsichten. Ich denke an Bernard Koenen in Halle und ähnliche Personen, die alles durchlebt hatten, was in diesem Jahrhundert ein Hamburger Metallarbeiter durchleben konnte. Und an die hab ich mich gehalten.

Da mußten Sie aber blind sein oder sich blind machen gegenüber Arroganz, Amtsüberheblichkeit gegenüber denen, die da vor dem Schalter standen in der Amtsstube, auch gegenüber Korruption, gegen Privilegienmißbrauch – mußten Sie sich dafür blind machen?

Wir sprechen jetzt bisher von den 50er Jahren. Das, was Sie zu Recht jetzt sagen, beginnt nach der Mauer. Eigentlich nach 65.

Dann jetzt zwei Fragen: Im Februar 1961 wurden Sie Kulturminister der Deutschen Demokratischen Republik, Herr Bentzien. Ist das richtig, daß Sie unmittelbar nach Ihrer Ministerernennung, also noch im Februar, davon unterrichtet wurden, daß in Berlin sehr bald eine Mauer gebaut werden würde – was dann am 13. August 1961 geschah –, um ein Leerlaufen der DDR zu verhindern.

Es ist richtig. Falsch ist, daß ich das Datum, 13. August, gewußt habe... *Ja, aber Sie haben im Februar erfahren...* Ich wurde mit meinem Amtsantritt, am selben Tag oder ein paar Tage später, das weiß ich nicht mehr so genau... *Im Februar 61...* im Februar 61 damit beauftragt, die Vorbereitungen dafür zu treffen in meinem Bereich, und das hieß Werte sichern und dafür zu sorgen, daß nach diesem Tag im Sommer – das wußte ich, die Vorhänge wieder aufgehen... *Was heißt das?...* Das heißt, daß der Kulturbetrieb normal weiterlaufen mußte. Das war mein Auftrag... *Das war der Grund, warum der Kulturminister, beim Bauminister hätte man es eher verstanden...* Er war auch dabei... *Ja, da hätte man es eher verstanden...* Es war eine kleine Gruppe von Ministern... *warum der Kulturminister unterrichtet wurde...* Ja, ich war unterrichtet... *Im Februar 1961...* Ja, und habe sofort die Vorbereitung dafür begonnen. Das heißt, ich habe mir überlegt, wo sind die neuralgischen Stellen. Die neuralgischen Stellen waren die führenden Künstler im Theater, also ich sage mal: Felsenstein, Weigel und andere. Und habe mit ihnen engere Fühlung aufgenommen... *Haben Sie denen gesagt...* Ich kannte sie ja gar nicht persönlich. Ich mußte mich ja vorstellen. Ich habe denen gar nichts gesagt, überhaupt gar nichts. Ich war allerdings am 14. August auf Hiddensee bei Felsenstein.

Bereuen Sie heute, daß Sie seinerzeit auf Ihre Weise an diesem Mauerbau teilgenommen haben, oder sagen Sie, historisch gesehen, war es eine Notwendigkeit, nicht wegen der DDR, sondern wegen des Friedens in Europa?

Ich muß dazu sagen, daß bei dieser Auftragserteilung, es war ein kleiner Kreis, Ulbricht hatte den Vorsitz, er ergänzend sagte: »Es wird noch einmal ein Versuch gemacht zwischen Amerika und der Sowjetunion, sich zu verständigen über den Abbau des kalten Krieges in Europa.« Er spielte sicher dann auf das Treffen an zwischen Kennedy und Chruschtschow in Wien, das im Juni, wenn ich mich richtig erinnere, stattfand. Und das mißlang. Es war weiter kalter Krieg. Das wird heute übersehen. Man glaubt, das sei eine normale Entwicklung. Es war kalter Krieg. Es wurden wirklich ganze

Schweißerbrigaden abgeworben. Ich habe dafür gesorgt, daß der Satz herankam, von Dessau nach Halle gefahren jeden Tag. Es war schon ernst. Und nun war mir dieses soziale Experiment DDR das schon wert, daß man alle Tiefen, alle Talsohlen, wie es heute heißt, durchschreiten sollte.

Manche in der SED, auch manche Intellektuelle, Künstler, Schriftsteller, außerhalb von ihr, dachten, hofften, erwarteten nach dem Mauerbau, nun werde die DDR sich stabil genug fühlen, um Reformen einzuleiten... Richtig... *Es gab Liberalisierung in der Kultur, es gab Ansätze zur Wirtschaftsreform. Ulbricht und sein Apparat aber suchten solche Tendenzen zu ersticken. Im Dezember 1965 kam es zum berüchtigten 11. Plenum des Zentralkomitees der SED, das sich hauptsächlich mit sogenannten Dekadenzerscheinungen in der Kunst der DDR, mit deren Parteifeindlichkeit beschäftigte. Filmemacher der DEFA – Sie waren immerhin Kulturminister, zuständig sozusagen für alles...* Ja, ich hatte die Filme alle genehmigt... *Filmemacher der DEFA, Schriftsteller wie Wolf Biermann und Stefan Heym wurden persönlich scharf angegriffen. Christa Wolf widersprach mutig. Aber die Reformgegner triumphierten. Einen Monat später, im Januar 1966, wurden Sie, Herr Bentzien, als Kulturminister abgelöst. Sie hatten im Sinne Ulbrichts versagt. Was bedeutet im Rückblick für Sie das 11. Plenum? War es, wenn man zurückblickt, der Anfang vom Ende?*

Es war der tiefste Stand in der Entwicklung der deutschen Arbeiterbewegung. Es war für mich – nicht privat natürlich – das Ende, und von da ab brach der ganze Intellektuellenhaß und alles, was man an Freiheitsgefühlen – »Sire, geben Sie Gedankenfreiheit« – der alte Schillersche Traum – versucht hatte, zu verwirklichen. In

Maßen, ich übertreibe das alles gar nicht. Aber einen höheren, größeren Spielraum hatten wir schon erkämpft. Und dann ging das Reformwetter, das »Tauwetter«, wie ja der Roman hieß von Ehrenburg, in der Sowjetunion zu Ende, und mit dieser – es war übrigens 64, zur Zeit der Olympiade, dieser Absetzung Chruschtschows – änderte sich das gesamte Klima. Breschnew... *Sie sagen, es war der tiefste Punkt in der deutschen Arbeiterbewegung, dieses 11. Plenum des ZK der SED...* Ja, das war es... *War es, rückblickend gesehen, der Anfang vom Ende?...* Ja. Ich glaube, ja. Denn nachher gab es an freiheitlichen Bewegungen nur noch eine kleine Periode zwischen dem VIII. und IX. Parteitag. Es waren vier Jahre. Da war ich... *Es ging diese Bewegung weg von der Partei. Sie ging hin ins Seitenschiff der Kirche...* Damals noch nicht... *Nein, aber dann, später...* Dann, später, ja. In Maßen... *Ja. Und die Intellektuellen hatten die Partei verlassen wegen des 11. Plenums. Sie halten das für einen so zentralen Punkt...* Ja.

Sie waren 1966 als Kulturminister, also, wie gesagt, abgehalftert worden... Wegen Sabotage der Parteilinie... *Sie wurden Leiter des belletristischen Verlags »Neues Leben«...* Ja... *gaben dort auf, gingen 1975 in leitende Funktionen bei Rundfunk und Fernsehen der DDR. Unter Ihrer Verantwortung wurden der SED-Spitze mißliebige Fernsehfilme produziert, z.B. »Geschlossene Gesellschaft«. Sie wurden aus den Leitungsfunktionen entfernt, zurückgestuft und machten – nun als Redakteur und Produzent – vor allem historische Dokumentationen. Was hat Sie nach all den Rückschlägen und Niederschlägen immer wieder aufstehen lassen, Herr Bentzien?*

Erst mal hat man keine andere Wahl. Entweder man erschießt sich, oder man arbeitet. Dann hab ich eines Tages einen Pfarrer von der Nikolai-Kirche für mich entdeckt, Paul Gerhardt hieß der Mann... *Ein berühmter Liedermacher...* Ja. Und als es noch rauchte in Deutschland vom Kriege... *der 30jährige Krieg...* da ging er im Krach mit seiner Kirche weg. Er wollte nämlich nicht zu den Reformierten gehören. Das war damals die königstreue Kirche. Und er ging nach Jüterbog. Und dort schrieb er: »Geh aus, mein Herz, und suche Freud, in dieser schönen Sommerzeit.« Und daraus, behaupte ich, entwickelte sich die große deutsche Musik, aus diesem weltlichen, lutherisch- weltlichen Choral. Ich sage, es ist ein bißchen einfach und ein bißchen bildhaft. Aber das ist es... *Weitermachen...* Weitermachen... *Weil wenn man nicht weitermacht, existiert man nicht mehr, selbst wenn man weiterlebt...* So ist es. Das ist ja dieser dumme Begriff des real existierenden Sozialismus. Was ist denn das? Wenn er real ist, existiert er, wenn er existiert, dann ist er auch real. So ein Blödsinn. Es war ja ein surreal existierender Sozialismus. Und den wollte ich nicht. Ich wollte einen ... Ich war ein Macher, ich wollte machen, und zwar nicht blind, sondern bewußt. Und so hab ich wieder angefangen, Neues zu lernen, ich konnte es ja nicht, Filmemachen. Ich hab es ja gelernt. Ich hab immer alles wieder neu gelernt. Ich mußte auch aus dem Verlag nicht weg. Aber ich konnte nicht... *Ja, ich weiß. Aber Sie dachten, es ist jetzt besser, ich gehe. Weil sich Zeichen zeigten, daß es...*

Wie haben sich denn so, nach Ihrer Erfahrung, die Menschen, von denen Sie so viel erwarten, verhalten, jeweils nach einem Sturz, den Sie getan hatten?

Die, von denen ich es vorher angenommen hatte, haben sich opportunistisch verhalten und haben gesagt: »Grüß mich nicht in Unter den Linden.« Aber sehr viele kamen von sichaus, Leute, die ich vorher gar nicht so genau kannte, und sagten auch nicht: »Du hast das richtig gemacht« oder so etwa. Sie sagten: «Sag mal, du suchst doch noch einen, ich hab da ein Manuskript neulich gesehen, ich würde ganz gern mit dem mal reden. Und hab den für den Verlag gewonnen, über diesen Mann. Oder Brigitte Reimann, die weg wollte... *Franziska Linkerhand...* Und das war wieder das eigentliche, nicht die »Geschlossene Gesellschaft«, die war produziert. Ich wollte Franziska L i n k e r hand produzieren, das war der Hauptpunkt. So durfte ich nicht weitergehen. Die Widersprüche durfte man nicht zeigen... *Beyer sollte das machen, nicht wahr?...* Ja. Die Widersprüche sollte man nicht zeigen. Ich wußte aber, ich wußte es einfach besser: Der Widerspruch treibt die Entwicklung. Und vor allen Dingen auch in einer Geschichte. Wem sag ich das hier gegenüber.

Ihre Liebe als Dokumentarist für das Fernsehen und als Buchautor gilt Preußen, sage ich als Sproß einer Welfen-Familie, Sie waren höchstbeteiligt an der Rettung des Rauchschen Reiterstandbilds von Friedrich II. – Friedrich der Große, wie Sie denken und wie man wohl sagen soll. Das Denkmal Friedrichs des Großen Unter den Linden, das während des Krieges in Berlin eingemauert war, mit einem Splitterschutz versehen, und 1950 in den Schloßpark von Potsdam gebracht wurde. Erzählen Sie die Geschichte, wie S i e erheblich mitgewirkt haben an der Rettung des Denkmals von Friedrich dem Großen, wie er jetzt wieder Unter den Linden reitet.

Ja. Ich kann Ihnen sagen, daß Friedrich Ebert, der Sohn des früheren Reichspräsidenten Friedrich Ebert, der eigentlich noch an eine konstitutionelle Monarchie dachte, dieses Reiterstandbild nicht haben wollte. Nun darf man nicht vergessen: Alliierter Kontrollrat, Preußen war tabu. Wohin mit dem Ding. Er schenkte es seinem Amtskollegen in Potsdam. Der legte es dorthin. Dort lag es. Und ich muß sagen – zur Schande der Potsdamer und auch der Leute von Sanssouci –, es kam keiner auf den Gedanken, damit was Vernünftiges zu machen. Nur ein Maurermeister, und der hatte den Parteiauftrag, dafür zu sorgen, daß kein Unfug damit geschieht. Er war Mitarbeiter von »Stuck und Naturstein«. Die machten diese Restaurationen. Dort lag das. Und der machte das, und dann kam er eines Tages – ich will das alles ganz kurz fassen – und sagte: »Es ist der Befehl gekommen vom Magistrat Berlin« – dem das ja noch gehörte – der Betrieb war ja auch ein Berliner Betrieb, wenn er auch in Potsdam arbeitete – das Denkmal zu verschrotten, und das soll dann und dann geschehen. Na, und da wir auch ein bißchen was können, haben wir gesagt: Es geht nicht... *Damals waren Sie Kulturminister...* Natürlich, ja. Das war 61. Das hing damit zusammen: nach der Mauer glaubte man, man könne ein neues Stadtzentrum bauen. Man sprengte die Bauakademie – eine Schande. Und nun die Frage: Wo ist das Denkmal? Und das muß weg. Preußenhaß. Dumpfer Preußenhaß.

Und wie wurde es dann gerettet von Ihnen?

In einer Nacht-und-Nebelaktion mit Hilfe eines Obersten der Volkspolizei, den ich kannte. Der schickte zwei weiße Mäuse, eine fuhr vor, eine dahinter. Der Tieflader war von Stuck und Naturstein, den besorgte der Meister, und der Ökonom des Ministeriums stellte einen Schrottschein aus »empfangen«, denn wir waren ja zuständig für Denkmäler. Und der Abteilungsleiter für Bildende Kunst Dr. Bartke saß auf dem Tieflader, der fuhr einmal ums Karree. Wir legten das Denkmal beiseite, fegten Laub darüber, es muß im November gewesen sein, so im Winter, und im nächsten Frühjahr stand es da. Und nun war es nicht mehr wegzunehmen. Und es stand in Potsdam... *Und kam dann schließlich wieder Unter die Linden...* Ja.

Sie haben auch als erster, soweit mir bekannt ist, den Gedanken gehabt, die Gebeine Friedrichs des Großen in Sanssouci zu bestatten, wie er es testamentarisch gewünscht hat. Das war 1987, Sie haben die überwachsene Gruft suchen lassen und gefunden, haben sich Honeckers Zustimmung versichert, über die Umbettung ein Gespräch mit Prinz Louis Ferdinand, dem Chef des Hauses Hohenzollern, zu führen, haben es auf der Burg Hohenzollern geführt. Nach der Wende wurde dann Ihr Gedanke, Herr Bentzien, verwirklicht. Was besagt Ihnen Preußen? Sind Sie ein konservativer Mensch, Herr Kommunist?

Nein. Preußen hat ein schwarzes und ein weißes Feld in der Fahne, es ist schwarz und weiß, beides. Was heute einen Sinn haben könnte, darüber nachzudenken, das hab ich erkannt. Daß dort eine gewisse Ethik bestand, sie kreiste um den kategorischen Begriff der Pflicht. Konsumtion ist keine Idee. Ich glaube, daß diese Pflicht, dieses Eintrefen für die Allgemeinheit, für die Gesellschaft, für – nun gut, wie man das ausdrückt – für das Ganze einzutreten, daß das ethisch in Ordnung ist. Und das kann man von den Preußen allerdings lernen. So sind sie auch – wenn auch nur ein Teil, ein kleiner Teil, aber immerhin zur Ehre Deutschlands – unters Fallbeil gegangen am 20. Juli. Die meisten waren aus preußischen Familien. Und auch Stauffenberg war eine Nachfahre Gneisenaus. Also es muß was dran sein, und das wollte ich ergründen. Und im übrigen wollte ich einfach einen Film machen, ein Plädoyer: Warum auf demHohenzollern, wenn der Alte Fritz es selber gewollt hat, das Grab soll in Potsdam sein – und das wollte ich unter den Bedingungen der zwei deutschen Staaten organisieren. Jetzt war es keine Kunst mehr.

Erlauben Sie mir eine letzte Frage: Sie sind doch noch ein Kommunist, Herr Konservativer, oder?

Ja.

Vom Alltag, der keiner ist …
Reportagen, die in den Mittelpunkt rücken, was um den Mittelpunkt herum geschieht.

Alexander Osang
Das Jahr Eins

Berichte aus der neuen Welt der Deutschen
»Report«

160 Seiten · Broschur · DM 19,80 · ISBN 3-353-00898-5

Seit einem Jahr läßt der junge Berliner Journalist Alexander Osang mit packenden Reportagen aufhorchen. Seine Stoffe findet er abseits der großen Sensationen. Und doch ist er inmitten dessen, was Menschen in Deutschland heute bewegt. In Neuhardenberg, das vorher Marxwalde hieß. In Pirna, wo die Hoyerswerdaer Asylbewerber Zuflucht suchten. In Berlin, wo Polizeibeamte aus Ost und West gemeinsam auf Streife gehen …

Verlag Volk & Welt Berlin